Fettarm leben
Das Kochbuch

Leslie L. Cooper

Fettarm leben
Das Kochbuch

Über 170 tolle Rezepte

Wissenskraft
statt
Willenskraft

Bechtermünz

Titel der Originalausgabe *Low-Fat Living Cookbook*
veröffentlicht in Zusammenarbeit mit Rodale Inc. Emmaus, Pennsylvania, USA

Deutsche Erstausgabe

Layout: Lydia Koch, Augsburg
Koordination und Bearbeitung der deutschen Ausgabe: txt redaktion & agentur, Lünen
Übertragung ins Deutsche: Katja Schulz, Murat Tunakan
Umschlaggestaltung: Gestaltungsbüro Lehmacher, Friedberg (Bayern)
Gesamtherstellung: Offizin Andersen Nexö –
ein Betrieb der INTERDRUCK Graphischer Großbetrieb GmbH
Printed in Germany

ISBN 3-8289-1947-2

Hinweis

Dieses Buch ist als Nachschlagewerk gedacht, nicht als medizinisches Handbuch. Die vorliegenden Informationen wurden hier zusammengefasst, damit Sie selbst mit dem entsprechenden Hintergrundwissen Entscheidungen bezüglich Ihrer Gesundheit treffen können. Sie ersetzen aber auf keinen Fall eine ärztliche Konsultation, wenn Sie sich krank fühlen.

Die Kalorienangaben in diesem Buch beziehen sich auf die Rezepte des US-Originals. Da einige Zutaten in Europa nicht oder nur sehr schwer erhältlich sind, wurden sie für die deutschsprachige Ausgabe durch vergleichbare Lebensmittel ersetzt. Die Kalorienangaben einiger Rezepte stellen daher Näherungswerte an die tatsächlichen Kalorienwerte dar.

Dieses Buch ist meinem Ehemann
Robert K. Cooper gewidmet,
der Liebe meines Lebens, meinem
besten Freund, Mentor und Leitstern.
Deine außergewöhnlichen Talente,
deine Leidenschaft und Intelligenz,
dein Mut, deine unerschöpfliche
Energie und unendliche Liebe
und dein großes Engagement
für mich, unsere Familie,
unser Leben und deine Arbeit
inspirieren uns alle.

Inhaltsverzeichnis

Abschnitt 2: Ein neuer Start – fettarme Rezepte

Danksagung

Während meiner einsamen Stunden, die ich mit Recherche, Schreiben und Kochen verbrachte, freute ich mich stets auf die wunderbare Gesellschaft, die bedingungslose Unterstützung und die konstruktive Kritik meiner Familie und meiner Freunde, die meine neuen Rezepte probierten. Ohne sie hätte ich dieses Buch nicht verwirklichen können.

Mein Dank gilt auch meinem Herausgeber, David Joachim, der, neben viel Geduld und Verständnis, große Sachkenntnis, Hingabe und Liebe zum Detail bewiesen hat. Ihm ist es gelungen, meine Worte und Ideen in einen anregenden Text zu verwandeln.

Ein Dank ebenfalls an Linda Miller für ihre detaillierten Bearbeitungen der Rezepte und ihren Humor, der mich während unserer langen Diskussionen stets aufheiterte. Danke an Linda R. Yoakam, M.S., R.D., für die Nährstoffanalyse aller Rezepte. Und ein besonderes Dankeschön an Rodale Books für die Unterstützung, die ich für dieses Buch erhielt – Pat Corpora, Peter Igoe, Debora T. Jost, Jean Rogers, Susan Massey, Cindy Ratzlaff, Dennis Lockard, Kathy Everleth, Christine Dreisbach, Debra Sfetsios, Thomas P. Aczel, Edward Claflin, Patrick T. Smith, Tom Ney, JoAnn Brader und Nancy Zelko.

Ganz besonders herzlich danken möchte ich denjenigen, die meine Rezepte ausprobiert haben, für ihre umfangreiche Unterstützung und ihre Anregungen: Lynn und Larry Taylor, Dr. Robert und Renae Allen, Becka Lessard, Ambrose Lessard, Dottie Williams, Linda Weidmayer, Margaret Cooper, Hugh Cooper, Dan und Bobbie Marsh, Debbie Eisner, Clay und Deena Loecher, Jerry und Ana Loecher und dem gesamten Loecher-Clan, Mary Hershberger, Ruth Hapgood, Suzanne Price und der Belegschaft der Sunshine-Special-School.

Zum Schluss möchte ich meinem lieben Ehemann Robert und meinen Kindern Shanna, Chelsea und Chris danken, die mich während der gesamten Zeit, in der dieses Buch entstanden ist, unterstützt und motiviert haben. Ich liebe Euch sehr.

Vorwort

Die Vorzüge fettarmer Ernährung werden heute überall diskutiert. Viele Menschen haben den guten Vorsatz, sich fettarm zu ernähren. Aber – Hand aufs Herz – genießen Sie fettarme Mahlzeiten wirklich? Haben Sie ein tägliches Bedürfnis nach fettarmer Kost? Schmecken Ihnen die Gerichte so gut, dass Sie sie an Freunde und Nachbarn weitergeben?

Genau diese Dinge will dieses Buch vermitteln. Ich selbst habe alle Rezepte mindestens zweimal ausprobiert und heute genieße ich viele mit großer Leidenschaft. Dies ist um so erstaunlicher, da die Rezepte sehr gesund sind, den Stoffwechsel anregen, den Energiehaushalt verbessern und die Fettverbrennung fördern.

Seit Leslie und ich das Buch „Fettarm leben" geschrieben haben und sie dieses Kochbuch zu schreiben begann, probierte die Belegschaft von Rodale Books und des Prevention-Magazins die Rezepte aus – und sie konnten nicht genug davon bekommen. Auch Kollegen, Nachbarn und Freunde testeten Leslies neue Rezepte. Seitdem sind sie eher kritisch gegenüber herkömmlicher fettarmer Kost, die in Restaurants und anderen Kochbüchern angeboten wird. Sie waren begeistert von Leslies köstlichen Gerichten. Alle fragten nach einem Vorausexemplar des Buchs.

Diese positive Resonanz auf gesundes Essen ist erstaunlich, denn eine solche Begeisterung für fettarme Gerichte kommt nicht häufig vor. Meist ernähren wir uns aus gesundheitlichen Gründen fettarm. Doch fast niemand schafft es, bei einem Essensplan zu bleiben, der seinen Geschmack nicht wirklich trifft.

Was können wir tun? Mit eisernem Willen Speisen essen, die fade und langweilig schmecken? Nein! Willenskraft mag ein guter Anfang sein, aber was auf Dauer hilft, ist eine spezielle Wissenskraft – d.h. die Fähigkeit und der Wunsch, bei der Auswahl jeder Mahlzeit eine kluge Entscheidung zu treffen. Fettarme Ernährung wird zum Kinderspiel, wenn Sie wissen, was Sie wann und warum essen möchten und es dabei auch noch gut schmeckt.

Das Buch vermittelt Ihnen diese Wissenskraft. Es erklärt Ihnen einfache Ess-Strategien, mit denen Sie lernen, fettarme Ernährung wirklich zu genießen. Es hilft Ihnen, mit dem fettreichen Kochen abzuschließen und öffnet Ihnen die Tür zur fettarmen Küche. Gesundes Essen wird so automatisch ein Teil Ihres Lebens. Sie werden schnell merken: Fettarm zu leben ist genauso einfach wie das Öffnen der Küchentür und das Einschalten des Lichts.

Was bewirkt fettarmes Essen? Ganz einfach: Sie bekommen einen schlanken, gesunden Körper. Die Ess-Strategie (zusammen mit den anderen Strategien aus „Fettarm leben") hilft Ihnen, überschüssiges Fett zu verbrennen, 24 Stunden am Tag – sogar, wenn Sie schlafen. Wir wissen aus der wissenschaftlichen Forschung, dass fettarme, ballaststoffreiche Nahrungsmittel den Stoffwechsel anregen und fettverbrennend wirken. Sie werden bald schlanker werden, höhere Energiereserven sowie ein gestärktes Immunsystem werden sich einstellen.

Noch ein Wort zu Leslies Rezepten: Ich gebe zu, ich war voreingenommen und ich erkläre Ihnen warum. Leslie und ich sind viel gereist und haben dabei die fettarme Küche der besten Köche kennen gelernt. Dennoch würde ich jederzeit die Mahlzeiten und Snacks aus diesem Buch vorziehen. Niemand, den ich kenne, hat so ein feines Händchen für fettarme, leckere und gesunde Rezepte wie Leslie. Das hat Sie schon mit ihrem ersten Kochbuch bewiesen. „America's New Low-Fat Cuisine" wurde von der Zeitschrift „Cooking Light" ausgezeichnet.
Leslie hat ein großes Talent dafür, gewöhnliche Zutaten und Gewürze so zu kombinieren, dass die höchsten Gaumenfreuden dabei herauskommen. Ich bin überzeugt, Sie werden mir zustimmen, nachdem Sie die Rezepte ausprobiert haben.
Leslie stellt die Rezepte so zusammen, dass wichtige Nährstoffe darin ausreichend enthalten sind. Die Mahlzeiten und Snacks erfüllen die aktuellsten Richtlinien wichtiger Gesundheitsorganisationen, z.B. der American Heart Association, des National Cancer Institute und des Food and Nutrition Board.
Das Beste ist, dass die meisten Rezepte einfach und schnell zubereitet sind. Wir sind eine beschäftigte Familie und haben keine Zeit, viele Stunden in der Küche zu verbringen. Wie hektisch unser Leben im vergangenen Jahr jedoch auch war – die Mahlzeiten und Snacks, die Sie auf den nächsten Seiten kennen lernen, waren für uns stets einer der Höhepunkte des Tages. Um Ihnen in unserer viel beschäftigten Welt eine kleine Ruhepause zu verschaffen, gibt Leslie Ihnen Tipps, wie Sie beim Kochen Zeit sparen können.
Das Buch hat es unserer Familie in vielerlei Hinsicht einfacher gemacht, fettarm zu kochen – mehr als ich es je für möglich gehalten hätte. Dieses Buch hilft Ihnen, die Grundlage für ein gesundes, fettarmes und energiereiches Leben zu legen – und das Tag für Tag. Welches größere Geschenk können Sie sich und denen, die Sie lieben, machen?

Robert K. Cooper, Ph.D.

ABSCHNITT 1

Willkommen

IN DER FETTARMEN KÜCHE!

STRATEGIE 1
DER SCHRITT ZUM FETTARMEN LEBEN

Fettarm zu leben ist kein Trend oder eine von unzähligen Diäten. Es ist ein Lebensstil. Viele Menschen möchten überflüssiges Fett bei der Ernährung vermeiden. Seit der Veröffentlichung von „Fettarm leben" haben mein Ehemann Robert und ich Hunderte von Briefen bekommen. Unsere Leser genießen die fettarme Lebensweise und finden, das Programm passe hervorragend in ihr Alltagsleben. Durch einfache, schrittweise Veränderungen führt es zu optimaler Gewichtskontrolle und nachhaltiger Verbesserung der Gesundheit. Aber unsere Leser möchten noch mehr über die Prinzipien fettarmer Zubereitung wissen. Fettarmes Essen ist für viele von uns von zentraler Bedeutung. Häufig gestellte Fragen betreffen den Geschmack, den Zubereitungsaufwand und das Problem des „Dabeibleibens". Hier sind die Antworten auf diese und weitere Fragen.

Schmeckt es denn auch?

Aber natürlich! Wenn Sie fettarm kochen, bedeutet das nicht, dass das Essen fade schmeckt. Unsere Test-Esser lernten durch die Rezepte sogar viele neue Geschmacksrichtungen kennen und schätzen. Überraschend war für viele, dass Schokolade, Butter und Käse durchaus Bestandteile des Programms sind.

Niemand muss bei der fettarmen Ernährung hungern. Das Essen schmeckt gut und die Portionen sind größer, als die in den meisten anderen Kochbüchern zu diesem Thema. Viele waren geschockt, dass Süßigkeiten elementarer Bestandteil des Programms sind. Haben Sie Lust auf etwas Süßes? Nur zu! Auf diese Weise aktivieren Sie den Stoffwechsel vor der Hauptmahlzeit. Die Rede ist natürlich von fettarmen und ballaststoffreichen Brownies oder Muffins. In diesem Buch finden sie die dazugehörigen Rezepte.

Wenn Sie sich für eine fettarme Ernährung entscheiden, denken Sie daran, dass die Entwicklung des Geschmacks Zeit braucht. Wir sind den Geschmack von Fett gewöhnt. Es erzeugt ein cremiges Gefühl im Mund. Sind fettarme Gerichte etwas völlig Neues für Sie, rechnen Sie mit etwa acht Wochen, bis sich Ihre Geschmacksknospen umgestellt haben. Nehmen Sie sich Zeit. Eine langsame Änderung der Essensgewohnheiten ist am besten – so erzielen Sie die nachhaltigsten Fortschritte.

Ist es aufwändig?

Heutzutage sollte nichts kompliziert oder zeitraubend sein. Niemand hat Lust, den ganzen Tag in der Küche zu stehen. Die Kapitel 5 und 9 zeigen Ihnen, wie Sie Einkäufe schnell erledigen können und geben Ihnen Tipps zum Anlegen eines Vorrats für schnell zubereitete Gerichte. Bei vielen Rezepten finden Sie zusätzliche Kochhinweise, die die Zubereitung erleichtern.

Die bei allen Rezepten angegebenen Zubereitungs- und Kochzeiten erleichtern die Auswahl. Die meisten Gerichte stellen Sie einfach auf den Herd oder in den Backofen oder lassen sie im Kühlschrank kalt werden. Die Zutaten sind überwiegend leicht erhältlich. Manche finden Sie im Reformhaus. Bei einigen Rezepten veranschaulichen Schritt-für-Schritt-Abbildungen die Zubereitung.

Ist fettarmes Essen gesund?

Ein fettarmes Leben basiert auf einer gesunden Ernährungsweise. Es ist keine Crash-Diät, nach der Sie die verlorenen Pfunde meist wieder zunehmen. Forschungsergebnisse bestätigen, dass eine solche Diät sogar eine Gewichtszunahme zur Folge haben kann. Menschen, die häufig ab- und wieder zunehmen, neigen zudem zu verstärkter Fettbildung im Unterleibsbereich.

Gewohnheitsmäßiges Diäten kann sowohl bei Männern als auch bei Frauen das Osteoporose-Risiko erhöhen, wie Forscher der University of California herausfanden. Weitere Forschungsergebnisse belegen, dass bei häufiger Ab- und Zunahme die Blutdruckwerte und das Diabetes-Risiko steigen. Diäten führen meist zu nichts und können Ihrer Gesundheit sogar schaden.

Unser Programm steht für einen nachhaltigen und gesunden Gewichtsverlust. Anders als erfolglose Diäten, die Sie vielleicht schon ausprobiert haben, basieren unsere Rezepte auf ausgewogenen Ernährungsstrategien. Die Mahlzeiten und Snacks in diesem Buch folgen den Ernährungsempfehlungen ausgewiesener Fachleute. Die meisten Rezepte enthalten zwischen 20 und 25 Prozent Fett-Kalorien, viele Ballaststoffe und komplexe Kohlenhydrate, ein gesundes Maß an Protein und wenig gesättigte Fette, Cholesterin und Natrium (Salz).

Welche Vorteile bringt eine fettarme Ernährung für die Gesundheit? Deutsche und amerikanische Forscher haben herausgefunden, dass eine fettarme Ernährung mit viel Obst und Gemüse das Krebs-Risiko um die Hälfte verringert. Verschiedene Studien führen einen normalen Blutdruck auf einen fettarmen Lebensstil zurück. Nach Henry N. Ginsberg, Medizinprofessor am Columbia University College of Physicians and Surgeons in New York, ist die Reduzierung der gesättigten Fette in unserer Nah-

U M D E N K E N !

Wissenskraft statt Willenskraft

Überlegen Sie sich ein gesundheitliches Ziel, das Sie erreichen möchten. Möchten Sie abnehmen? Besser schlafen? Mehr Energie haben? Nehmen Sie Stift und Papier und notieren Sie Ihr Hauptziel unter der Überschrift „Gesundheitliches Ziel". Darunter schreiben Sie eine weitere Überschrift: „So erreiche ich mein Ziel". Denken Sie jetzt kurz darüber nach, welche kleinen Schritte Sie an Ihr Ziel bringen. Was können Sie schon heute tun, wenn Sie z.B. abnehmen möchten? Notieren Sie einfache, konkrete Handlungen, z.B. „morgens Knäckebrot essen anstelle von Weißbrot" oder „nach dem Abendessen spazieren gehen anstatt fern zu sehen". Wenn Sie ein paar Dinge aufgeschrieben haben, wählen Sie den einfachsten Punkt aus und setzen diesen noch heute in die Tat um. Das ist am schwersten. Lassen Sie sich deshalb Zeit und erfüllen Sie heute nur diesen einen Punkt, auch wenn es etwas so Simples ist wie „Marmelade aufs Brot tun anstatt Sahnekäse". Am nächsten Tag erfüllen Sie wieder diesen Punkt. Nach ein paar Tagen werden Sie feststellen, dass es ganz automatisch geschieht. Befestigen Sie die Liste an Ihrem Kühlschrank. Wenn Sie eine Handlung automatisiert haben, gehen Sie zu einem anderen Punkt auf der Liste über. So gewöhnen Sie sich Schritt für Schritt an ein fettarmes Leben.

rung der beste Weg, das Cholesterin im Blut zu senken und Herzkrankheiten vorzubeugen. Weniger Fett im Essen bedeutet weniger Körperfett und ein reduziertes Risiko von Krankheiten, die durch Übergewicht hervorgerufen werden können. Haben Sie erst einmal mit dem fettarmen Kochen begonnen, gehören Gewichtsprobleme bald der Vergangenheit an. Und nicht zu vergessen: Ein schlanker, gesunder Körper ist vitaler und resistenter gegen Krankheiten.

Schaffe ich es, dabei zu bleiben?

Das Programm basiert auf einfachen Strategien, die Ihnen für den Rest Ihres Lebens nützen. Sie kurbeln unseren Stoffwechsel an und helfen uns, mehr Fett zu verbrennen. Sehr wichtig ist die Flüssigkeitsaufnahme. Sie machen einen wichtigen Schritt zum fettarmen Leben, wenn Sie jetzt ein Glas Wasser trinken. Warum, lesen Sie auf Seite 10f. Die Küche ist der Schlüssel zu nachhaltigem Gewichtsverlust, erhöhter Vitalität und der Vorbeugung von Krankheiten. Lassen Sie das fettreiche Kochen hinter sich und aktivieren Sie stattdessen das Fettverbrennungs-Potenzial ihres Körpers. Haben sich erst einmal Gewohnheiten eingestellt, ist es einfach, sie auch anderswo zu pflegen, z.B. im Restaurant oder bei der Arbeit. Sie werden merken, dass sich etwas Grundlegendes in Ihrem Leben geändert hat.

Renae Allen, zweifache Mutter und Erzieherin, hat Rezepte aus diesem Buch getestet. Da ihre Mutter hauptsächlich Fleisch, Fisch, Kartoffeln und Nudeln auf den Tisch brachte, waren Renaes Kochkünste sehr dürftig. Auf die Bitte ihres Ehemannes, gesünder und mit weniger Fleisch zu kochen, antwortete sie: „Das würde ich gern tun, aber ich weiß nicht wie." Schritt für Schritt zeigte ich Renae, wie sie ihre Lieblingsspeisen verändern kann. Auf die Frage, ob der Übergang zur fettarmen Ernährung schwierig gewesen sei, antwortete sie: „Es war einfach, denn die Gerichte schmecken gut und Rob [ihr Ehemann] ist ganz begeistert."

Renae hat schnell gelernt, fettarm und schmackhaft zu kochen. Fettreiche Zutaten ersetzt sie durch fettarme. „Ich kann aus jedem gewöhnlichen Rezept ein fettarmes, leckeres Gericht zaubern", sagt sie heute. Sie hat ein neues Repertoire von Rezepten, das bei der ganzen Familie Anklang findet.

Wo fange ich an?

Der Vorteil unseres Programms zur fettarmen Ernährung liegt darin, dass es keiner bestimmten Reihenfolge unterliegt. Beginnen Sie mit etwas, das Sie anspricht und Ihnen Appetit macht. Blättern Sie durch die Kapitel dieses Buchs, die Sie am meisten interessieren. Suchen Sie sich ein beliebiges Rezept aus. Die Strategien, Tipps und Rezepte sind einfach umzusetzen. Sie vermitteln Ihnen die nötige Wissenskraft, um ein aktiveres Leben zu führen und die Fettverbrennung zu steigern. Einfache Methoden sorgen für eine nachhaltige Verbesserung Ihrer Lebensqualität.

Strategie 2
Schluss mit den Fettmachern

Gleichzeitig abzunehmen und die körpereigenen Abwehrkräfte und Energievorräte zu stärken – das klingt schwierig. Sie brauchen jedoch lediglich einige grundlegende Dinge zu ändern, um die körperliche Fettverbrennung zu aktivieren. Diese simple und effektive Methode stützt sich auf die aktuellsten Erkenntnisse und hilft gegen die Produktion und Speicherung von Körperfetten vorzugehen. Es folgt eine kurze Übersicht über die zehn wichtigsten Fettmacher:

1. fettreiche Mahlzeiten oder Snacks
2. übermäßiger Genuss – auch ein Zuviel an fettarmem oder fettfreiem Essen ist falsch.
3. Mahlzeiten oder Snacks mit geringem oder gar keinem Ballaststoff-Anteil
4. nachlassender Muskel-Tonus
5. Alkohol – zwei oder mehr Drinks pro Tag
6. Auslassen von Mahlzeiten und Snacks
7. versteckte Dehydrierung
8. Inaktivität
9. schlechter Schlaf
10. nicht verarbeiteter Stress

Wenn Sie diese zehn Punkte vermeiden, werden die natürlichen Fettverbrennungs-Mechanismen Ihres Körpers aktiviert und Sie sind Ihrem Ziel – ein konstantes Gewicht und Gesundheit – einen wesentlichen Schritt näher gekommen.

Bringen Sie Ihren Stoffwechsel morgens in Schwung

Unmittelbar nach dem Aufwachen fühlt man sich meist müde und schlapp. Forscher haben entdeckt, dass genau in diesem Moment das Gehirn den Körper auf die physischen Anforderungen des Alltags vorbereitet.

Studien zufolge sitzen wir morgens besonders gern, was den Stoffwechsel nicht gerade fördert. Schon fünf Minuten leichte Aktivität reichen aus, um ihn in Schwung zu bringen. Ob vor oder nach dem Frühstück, nach einer kurzen Aufwärmphase genügen schon einige Minuten Sport. Machen Sie einen kurzen Spaziergang oder verfolgen Sie die Nachrichten von Ihrem Heimtrainer aus. Auch etwas Training an der Rudermaschine bringt den „Motor" in Schwung – Sie müssen nicht 15 Kilometer joggen.

Zur Abwechslung können Sie auch etwas Hanteltraining oder Bauchmuskel-Übungen machen. Diese Aktivitäten geben Ihnen einen Energieschub für den ganzen Tag.

Ich finde mittlerweile so viel Gefallen daran, dass ich morgens manchmal bis zu 20 Minuten mit Übungen verbringe. Je länger Sie etwas tun, desto stärker aktivieren Sie den körperlichen Fettverbrennungsprozess.

Essen Sie fettarme, ballaststoffreiche Snacks zwischen den Mahlzeiten

Die gute Nachricht: Snacks sind gesund! Dies bedeutet aber nicht, dass Sie nach dem Mittagessen eine Schachtel Kekse essen sollten. Sinnvoller ist es, kleinere Snacks über den Tag zu verteilen, um den Energielevel konstant zu halten. Nach neuesten Erkenntnissen haben gesunde Snacks zwischen den Mahlzeiten eine positive Wirkung auf den Stoffwechsel, die Verbrennung von Körperfett, den Cholesterin-Spiegel und die Verdauung.
Die Einnahme dreier Hauptmahlzeiten führt zu einem „toten Punkt“ am Vormittag und einem nach dem Mittagessen. Der 3-plus-4-Plan sieht deshalb stattdessen täglich drei mittlere Mahlzeiten plus zwei bis vier fettarme, ballaststoffreiche Snacks vor. Sie sollten immer eine solche Zwischenmahlzeit bei sich haben. Schon zwei Snacks – um ca. 10 Uhr und 15 Uhr – versorgen Sie mit wichtiger Energie, die Ihnen nicht nur über die „toten Punkte“ hilft, sondern auch dem Fett zu Leibe rückt. Auch ein weiterer Snack vor oder nach dem Abendessen ist nicht tragisch. Im Folgenden einige Beispiele.

- 1 Apfel oder 1 Orange oder 1 Banane oder anderes Obst
- 1 fettarmer Müsli-Riegel
- 1 Becher fettarmer Joghurt mit Obst oder Müsli
- ca. 100 g gefrorener fettarmer Joghurt
- 1 Vollkorn-Bagel oder 5 Vollkorn-Cracker mit fettarmem Frischkäse und Diät-Fruchtaufstrich
- Frisches Gemüse oder Obst mit fettfreiem Dip und 3 Vollkorn-Crackern
- 1 Tasse Dosen-Gemüse oder Bohnensuppe
- 1 Scheibe Vollkornbrot mit einem Teelöffel Diät-Majonäse und etwa 50 g (in Wasser eingelegtem) Thunfisch
- 1 Vollkorn-Bagel mit 1 Teelöffel Senf, 1 Teelöffel Diät-Majonäse und 2 dünnen Scheiben Putenbrust oder fettreduziertem Käse

Mehr fettarme Snacks finden Sie bei den Rezepten „Fettverbrennende Snacks für Unterwegs“ (ab Seite 80) und „Fettverbrennende Dips, Aufstriche und Soßen” (ab Seite 252).

Trinken Sie Wasser und andere kalorienarme Getränke

Fühlen Sie sich nach einem langen Arbeitstag oft erschöpft, haben Kopfschmerzen und sind unkonzentriert? Dies könnte daran liegen, dass Sie zu wenig Flüssigkeit aufnehmen. Im Gegensatz einem weit verbreiteten Glauben ist es wichtig, genügend zu trinken, um aufgestautes Wasser im Körper abzubauen. Wenn Sie zu wenig trinken, schaltet Ihr Körper auf „Verdursten“ um und antwortet mit der Speicherung von Wasser. Studien zeigen, dass zu wenig Wasser zur Bildung von Fettreserven im Körper beitragen kann. Erhält der Körper im Gegensatz dazu viel Wasser, so hilft dies bei der Fettreduzierung.

Die Flüssigkeitszufuhr setzt die Fettsäuren in den Fettzellen frei, so dass diese zu den Muskeln weitergeleitet werden können, wo sie verbrannt werden. Um diesen Effekt positiv zu beeinflussen, empfiehlt sich das Trinken von kühlem Wasser, so Ellington Darden, Forscher an den Biotest Laboratories in Colorado Springs. Bei der Erwärmung kalten Wassers auf Körpertemperatur verbraucht der Körper Energie und somit Kalorien. Am besten holen Sie sich jetzt ein Glas Wasser und trinken es langsam, während Sie weiterlesen. So einfach ist Fettverbrennung. Probieren Sie auch Kräutertees sowie entkoffeinierten schwarzen Tee und entkoffeinierten Kaffee mit Eis. Verzichten Sie auf Getränke mit Zuckerzusatz.

U M D E N K E N !

Wissenskraft statt Willenskraft

Möchten Sie gleich mit der fettarmen Ernährung anfangen? Schlagen Sie Seite 254 auf und bereiten Sie den Kräuterbutter-Aufstrich zu. Sie brauchen ein paar frische Kräuter, etwas Butter und etwas fettarmen Frischkäse. Haben Sie die Zutaten nicht im Haus? Gehen Sie kurz einkaufen. Wenn der Supermarkt in der Nähe ist, laufen Sie oder fahren Sie mit dem Rad anstatt mit dem Auto. Toasten Sie eine Scheibe Ihres Lieblingsbrots und bestreichen Sie sie mit dem Aufstrich. Trinken Sie ein Glas Wasser dazu. Setzen Sie sich bequem hin und genießen Sie diesen Snack. Ob Sie es glauben oder nicht, soeben haben Sie die Fettverbrennung Ihres Körpers in zwei – vielleicht sogar drei – Punkten angekurbelt.

Erstens haben Sie Flüssigkeit in Form von Wasser aufgenommen. Wasser trinken sättigt, deshalb laufen Sie weniger Gefahr, zu fettreichen Snacks zu greifen. Ihr Körper hat das kalte Wasser auf Körpertemperatur (etwa 37 °C) aufgewärmt und auf diese Weise einige Kalorien verbraucht.

Zweitens haben Sie einen fettarmen Snack zu sich genommen. Gesunde Snacks sind ein Schlüssel, um die Fettverbrennung den ganzen Tag in Gang zu halten.

Wenn Sie zum Supermarkt gelaufen sind, waren Sie drittens körperlich aktiv, was zu einer dauerhaften Gewichtskontrolle führen kann. Aktiv zu bleiben ist ein weiterer Schlüssel zur fettarmen Ernährung und 24-stündigen Fettverbrennung.

Leichte Aktivität und Aerobic

Die wenigsten Menschen möchten täglich stundenlang trainieren. Seien Sie beruhigt, Sie müssen kein vollständiges Trainingsprogramm absolvieren. Schon wenige Minuten körperlicher Bewegung reichen aus. Nehmen Sie z.B. die Treppen statt den Fahrstuhl, laufen Sie einmal um den Block, arbeiten Sie im Garten, rechen Sie Laub zusammen oder wischen Sie einfach den Fußboden. Durch diese aktiven Minuten wird der Stoffwechsel bereits in Gang gesetzt. Sie verbrennen überschüssiges Körperfett und gleichzeitig lässt Ihr Verlangen nach fettreichem Essen nach. Weitere positive Nebeneffekte sind ein geringeres Risiko von Herzkrankheiten, hohem Blutdruck, Osteoporose, Fettleibigkeit sowie Brust- und Darmkrebs. Auch Depressionen, Angstzuständen und Stress können Sie mit leichten Aktivitäten entgegenwirken.

Wenn Sie die Aktivitäten auf täglich 30 Minuten ausdehnen, tun Sie sich noch mehr Gutes. Meine Familie und ich z.B. machen dreimal in der Woche nach dem Abendes-

sen einen halbstündigen Spaziergang. Unsere vier- und sechsjährigen Töchter kommen manchmal mit oder spielen auf dem Spielplatz. Ab und zu geht auch unser 17-jähriger Sohn mit uns raus, um zu joggen oder etwas Streetball zu spielen. Lassen Sie sich nicht vom schlechten Wetter abhalten. Bei Kälte oder Regen können Sie sich auch zu Hause sportlich betätigen. Haben Sie einen Heimtrainer, ein Laufband oder einen Stepper? Tanzen Sie, wenn Sie Lust haben. Gestalten Sie die Zeit nach dem Abendessen mit Spaß und Bewegung. Es muss nicht täglich sein, versuchen Sie jedoch, sich nach dem Abendessen zu bewegen, selbst wenn Sie nur zehn Minuten Fangen spielen.
Solche Aktivitäten sind ein wichtiger Bestandteil der fettarmen Ernährung. Körperliche Aktivitäten (einschließlich Essen) regen den Stoffwechsel an. Nach etwa einer Stunde normalisiert sich der Stoffwechsel wieder. Das heißt, Übungen, die Sie 30 Minuten vor oder nach dem Abendessen machen, unterstützen die körperliche Fettverbrennung genau dann, wenn Ihr Stoffwechsel wieder langsamer arbeitet. Forschungsergebnissen zufolge kann die kombinierte Stoffwechsel-Anregung durch Essen und Bewegung – im Abstand von einer halben Stunde – den Fettverbrennungsprozess auf bis zu zehn Stunden ausdehnen.

Stress reduzieren

Je weniger negativen Stress Sie haben, desto stärker arbeitet Ihr Stoffwechsel. Ängstliche, ungehaltene oder feindselige Menschen wandeln Fette langsamer um als andere. Erhöhter Stress setzt Adrenalin frei, was wiederum die Fettbildung stimuliert. Darauf können Sie auf zwei Arten reagieren. Entweder Sie machen Entspannungsübungen oder Sie bleiben in einer längeren angespannten Phase, in der das Stresshormon Kortisol freigegeben wird. Kortisol beeinträchtigt die Fettverbrennungsprozesse des Körpers und kann sogar Fettablagerungen begünstigen. Plagt Sie etwas Unangenehmes? Strecken Sie sich ein wenig, hören Sie beruhigende Musik oder praktizieren Sie andere Entspannungsübungen. So wirken Sie schnell und einfach dem Stress entgegen, erhöhen Ihren Energie-Level und regen die Energieverbrennung wieder an.

Einfache Übungen für mehr Muskelkraft

Unser Körper verfügt über mehr als 400 Muskeln. Werden sie vernachlässigt, schlägt sich dies u.a. in einem schwächeren Stoffwechsel nieder. Gut ausgebildete Muskeln spielen beim fettarmen Leben eine wichtige Rolle. Sie wirken bei der Fettverbrennung wie ein Schmelzofen und regen den Stoffwechsel an. Laut Bryant A. Stamford, Physiologe an der University of Louisville, verlieren Sie überschüssiges Körperfett am besten durch viel Bewegung und einen gut ausgebildeten Muskelapparat. Über 40-Jährigen empfiehlt William Evans von der Pennsylvania State University unbedingt ein Muskeltraining. Eine Stärkung der Muskeln erhöht die Stoffwechselfunktion im Ruhezustand. Das bedeutet, Sie verbrennen auch dann Fett, wenn Sie untätig sind.

Kalorien durch Bewegung verbrennen

Sie brauchen kein kompliziertes Trainingsprogramm, um Kalorien zu verbrennen, denn Ihr Körper verbraucht den ganzen Tag lang Kalorien. Trinken Sie einen Schluck kühles Wasser – schon wird dieser Prozess positiv beeinflusst. Im Folgenden erfahren Sie, wie viele Kalorien Sie mit einfachen 30-minütigen Aktivitäten verlieren. Eine knapp 70 kg schwere Frau kann fast 100 Kalorien verbrennen, wenn sie lediglich in die Küche geht und eine halbe Stunde lang Essen zubereitet. Durch das Einnehmen der Mahlzeit verliert sie weitere 50 Kalorien.

AKTIVITÄT	VERBRANNTE KALORIEN NACH 30 MIN.	
	55 KG GEWICHT	68 KG GEWICHT
Bowling	162	198
Gymnastik	126	143
Auto waschen	117	144
Kochen	75	93
Rad fahren (15 km/h)	168	203
Tanzen	174	210
Essen	39	48
Einkaufen	105	126
Hausputz	105	126
Bügeln	54	66
Klavier spielen	66	81
Laufen (ca. 10 km/h)	276	336
Tippen	45	54
Gehen	135	162

Sowohl Männer als auch Frauen profitieren von muskelstärkenden Übungen, sagt Barbara Drinkwater, die ehemalige Präsidentin des American College of Sports Medicine: „Es ist gut, dass Frauen Muskeln heute als Bestandteil eines normalen Körperbaus betrachten.“

Um Ihre Muskeln zu stärken, brauchen Sie nicht ständig ins Fitnessstudio zu gehen. Einfache Übungen wie Sit-Ups und Liegestütze können Sie überall machen. Trainieren Sie mit leichten Gewichten. Wenn Sie bei der Arbeit sitzen, achten Sie auf eine aufrechte Sitzhaltung, um die untere Rückenmuskulatur zu trainieren. Mit einfachen Übungen wie diesen werden Sie bald die ersten Erfolge feststellen.

Stärken Sie Ihren Stoffwechsel durch tiefen Schlaf

Während Sie schlafen – besonders, wenn Sie tief schlafen –, baut sich Muskelmasse auf, nicht während der eigentlichen sportlichen Aktivität. Während der Ruhephase erholen sich die Muskelfasern und ihre Stoffwechselkapazität verstärkt sich. Einen tiefen, den Stoffwechsel fördernden Schlaf erreichen Sie am besten mit etwas Bewegung nach dem Abendessen. Es ist wissenschaftlich erwiesen, dass körperliche Aktivität den

Schlaf verbessert. So ist es nicht weiter verwunderlich, dass Trägheit zu den Hauptgründen für Schlaflosigkeit zählt.

Warum ist Bewegung so wichtig für den Schlaf? „Weil Bewegung die Körpertemperatur erhöht. Wer sich drei bis sechs Stunden vor dem Zubettgehen körperlich betätigt, erreicht seinen biologischen Tiefpunkt dann, wenn er sich anschließend schlafen legt. Ein fester Schlaf ist die Folge“, so der amerikanische Schlafforscher Peter Hauri.

Ein heißes Bad oder eine heiße Dusche drei Stunden vor dem Zubettgehen haben den gleichen Effekt, so James A. Horn, Schlafforscher an der Loughborough University (Großbritannien). Doch im Gegensatz dazu begünstigt körperliche Aktivität zusätzlich die Fettverbrennung. Deshalb sollten Sie sich nach dem Abendessen so häufig wie möglich bewegen.

Verwenden Sie weniger Fett beim Kochen

Ein Schlüsselfaktor für Gewichtskontrolle und Gesundheit ist Aktivität. Natürlich ist es ebenso wichtig darauf zu achten, was, wann und wie Sie essen. Wenn Sie das im Griff haben, lassen erhöhte Energie und Widerstandsfähigkeit gegen Krankheiten sowie ein dauerhafter Gewichtsverlust nicht lange auf sich warten. Mit diesem Kochbuch lernen Sie fettreduzierende und stoffwechselfördernde Methoden kennen. Die folgenden Seiten geben Ihnen eine Fülle von Hinweisen fürs Kochen sowie andere nützliche Tipps, außerdem viele leckere Rezepte, die Ihnen zeigen, wie Sie selbst dann Fett verbrennen können, wenn Sie gar nicht daran denken.

3

Strategie 3
Fettverbrennung durch bewusste Ernährung

Was haben Sie heute Morgen zum Frühstück gegessen? Ein Käsebrot, Rührei mit Toast oder eine Schüssel Müsli? Was Sie morgens zu sich nehmen, ist entscheidend für den weiteren Verlauf des Tages. Es beeinflusst nicht nur Ihre Energie, sondern auch Ihre Stimmung und Denkleistung. Wie Sie sich vorstellen können, wirkt sich das Essverhalten der vergangenen Jahre auf Ihren heutigen Gesundheitszustand aus.
Ernährung und Krankheiten sind eng miteinander verknüpft. Studien belegen, dass die häufigsten Krankheiten durch eine gesündere Ernährung vermieden werden können. Das amerikanische National Cancer Institute geht davon aus, dass durch eine Ernährungsumstellung 70 bis 75 Prozent der meisten Krebsarten vorgebeugt werden kann. Gemüse, Obst, Hülsenfrüchte und Getreideprodukte, dazu geringe Mengen Fleisch, Fisch, Geflügel und Milchprodukte scheinen die beste Kombination zu sein.
Auch in Bezug auf die Gewichtsabnahme ist gesunde Ernährung wichtig. Gesunden Lebensmitteln kommt dabei eine große Bedeutung zu. Seit meine Familie und ich fettarm leben, hat sich mein Gewicht wieder normalisiert, die überflüssigen Pfunde nach der Schwangerschaft wurde ich in weniger als sechs Wochen los. Mit den Jahren lernte ich, dass vier Faktoren wichtig für eine nachhaltige Gewichtskontrolle sind:

- eine dauerhaft fettarme Ernährung
- wenig Süßigkeiten – für das seelische Gleichgewicht
- regelmäßige gesunde Snacks
- viel Sport und körperliche Bewegung

Ausgewogenheit ist am wichtigsten. Wer sich an die Regeln fettarmer Ernährung hält, kann zwischendurch auch einmal „sündigen“. Falls ein paar Kilo runter müssen, versuchen Sie etwas mehr Sport zu treiben, reduzieren Sie fettreiche Leckereien und beschränken Sie sich auf gesundes Essen. Der größte Vorteil einer fettarmen Lebensweise ist, dass sie den Heißhunger zügelt und Gewicht sowie Appetit unter Kontrolle hält.

Wählen Sie Vollkornprodukte

Vollkornprodukte sind wichtig für die Fettverbrennung und die Gesundheit. Sie versorgen den Körper mit Ballaststoffen, komplexen Kohlenhydraten und vielen Vitaminen und Mineralstoffen. „Wer sich vollwertig ernährt, nimmt mehr wichtige Nährstoffe wie Folsäure, Magnesium und Vitamin E auf“, so Walter Willet, Vorsitzender der Abteilung für Ernährung an der Harvard School of Public Health. Studien zeigen, dass Vollkorn-Erzeugnisse das Herz schützen können, indem sie Cholesterinspiegel, Blutdruck und Triglyceride senken sowie den Blutzucker regulieren.

Sieben Wege zur Vollwert-Ernährung

Vollkorn, wie es z.B. in Brot, Reis, Pasta und Zerealien enthalten ist, ist grundlegend für eine gesunde Ernährung. Im Folgenden finden Sie sieben Regeln, mit denen die Vollwert-Ernährung zur gesunden Routine wird.

1. Kochen Sie mit Naturreis statt mit weißem Reis.
2. Ersetzen Sie Weißbrot durch Vollwert- oder Vollkornbrot.
3. Benutzen Sie beim Backen Vollkornmehl statt weißem oder ungebleichtem Mehl.
4. Essen Sie Vollkorn- oder Roggen-Cracker als Snack.
5. Verwenden Sie kalt zuzubereitende Vollkorn-Zerealien (ab Seite 71 finden Sie Müsli-Rezepte).
6. Entscheiden Sie sich bei heiß zuzubereitenden Zerealien für Vollkornprodukte wie Haferschrot, Haferkleie und Mehrkornflocken.
7. Verwenden Sie Vollkorn-Teigwaren und Vollkorn-Couscous, den Sie – wenn nicht im Supermarkt – im Reformhaus bekommen.

Forschungsergebnissen an der Harvard-Universität zufolge sind Frauen, die sich auf Vollwert-Basis ernähren, weniger diabetesgefährdet. Sich vollwertig zu ernähren ist gar nicht kompliziert: Essen Sie Vollkorn- statt Weißmehl-Cracker. Kaufen Sie Vollkorn- und Vollwertbrot. Verwenden Sie zum Kochen Vollkornprodukte wie Naturreis und Vollkornmehl. Anders als gereinigtes Getreide, wie Weißreis und Weißmehl, besitzt Vollkorn noch seine Außenschicht, die wichtige Vitamine, Mineralstoffe und Ballaststoffe enthält.

Obst und Gemüse – fünf- bis neunmal am Tag

Essen Sie fünf bis neun Portionen Obst- und Gemüse pro Tag, denn Obst und Gemüse enthalten eine Fülle von Ballaststoffen, Vitaminen und Mineralstoffen. Forscher fanden heraus, dass Menschen, die regelmäßig Gemüse essen, meist gesünder sind. Studien beweisen, dass eine fettarme Ernährung mit viel Obst und Gemüse den Blutdruck beträchtlich senken kann.
Ferner bieten Obst und Gemüse reichlich Vitamin A und C sowie viele natürliche Antioxidantien – pflanzliche Wirkstoffe, die freie Radikale im Körper daran hindern, gesunde Zellen anzugreifen. Die Antioxidantien stärken so Ihr Immunsystem. Forscher an der State University of New York in Buffalo fanden heraus, dass Frauen vor der Menopause unter einem geringeren Risiko standen, an Brustkrebs zu erkranken, je mehr Gemüse sie zu sich nahmen. Die Forscher gehen davon aus, dass verschiedene Komponenten des Gemüses dabei zusammenwirken. Fünf bis neun Obst- und Gemüse-Rationen am Tag haben einen positiven gesundheitlichen Effekt:

- Sie bekommen die nötige Menge Folsäure, das senkt das Krebsrisiko.
- Die Aufnahme von Beta-Karotin und anderen Antioxidantien wird erhöht, auch das senkt das Krebsrisiko.

- Die Aufnahme von löslichen Ballaststoffen und Flavonoiden wird erhöht, das verringert das Risiko, eine Herzkrankheit zu bekommen
- Der Kaliumbedarf wird gedeckt. Das mindert das Risiko eines Schlaganfalls.

Vitaminreiches Gemüse

Ernährungsexperten empfehlen vitaminreiche Kost statt Vitamintabletten, denn während im Gemüse die Nährstoffkomponenten zusammen auf die Gesundheit einwirken, sind diese in Tabletten in Einzelbestandteile isoliert. Versuchen Sie, über die Woche verteilt, verschiedene Gemüsesorten zu essen. Besonders gesund sind diese Sorten:

- dunkle Blattgemüse, wie z.B. Spinat, Kohl und Mangold
- orange-gelbe Gemüse wie Süßkartoffeln, Kartoffeln und Möhren
- Kreuzblütler wie Brokkoli, Blumenkohl und Rosenkohl
- grüne und rote Paprika

Kochen mit Hülsenfrüchten

Essen Sie Hülsenfrüchte. Ernährungsexperten bestätigen deren positive Wirkung auf die Herzfunktion. Hülsenfrüchte senken das Cholesterin und die Triglyceride im Blut und stabilisieren den Blutzuckerspiegel. Bereits eine Tasse Bohnen decken den Tagesbedarf an Folsäure (400 Mikrogramm). Besonders wichtig ist diese Tatsache für schwangere Frauen, die durch eine ausreichende Versorgung mit Folaten einer Frühgeburt, Untergewicht des Babys und Geburtskomplikationen vorbeugen können. Wenn Sie schwanger sind oder stillen, planen Sie öfter Mahlzeiten mit Hülsenfrüchten ein – Sie tun dies für die Gesundheit Ihres Kindes.

Zu den bekanntesten Hülsenfrüchten neben Bohnen zählen viele Arten von Erbsen und Linsen – auch Erdnüsse. Hülsenfrüchte galten wegen ihres Proteinreichtums lange als das „Fleisch armer Leute". Doch sie sind sehr gesund: Hülsenfrüchte sind fettarm, ballaststoffreich und sättigend. Studien zufolge tragen sie zur Gesundheit und zu einem langen Leben bei.

Viele Menschen vermeiden den Verzehr von Bohnen und anderen Hülsenfrüchten aus Angst vor Blähungen. Dieser Effekt lässt sich reduzieren, wenn Sie die Bohnen zunächst in Wasser einweichen, das Sie vor dem Kochen abgießen. Durch das Einweichen werden die unverdaulichen Kohlenhydrate an der Oberfläche des Gemüses abgebaut. Sie können auch Linsen oder getrocknete Schälerbsen wählen. Diese müssen nicht in Wasser eingeweicht werden und produzieren nicht so viele Gase wie Sojabohnen und schwarze Bohnen. Die Rezepte in diesem Buch geben Ihnen weitere Anregungen. Achten Sie beim nächsten Einkauf auf folgende Sorten:

- japanische Azukibohnen: kleine rote Bohnen aus der asiatischen Küche
- schwarze Bohnen: ovalförmige Bohnen aus Lateinamerika und Asien
- Langbohnen: braune schwarzgefleckte Bohnen
- Cannellini-Bohnen: große nierenförmige weiße Bohnen

- Kichererbsen: runde gelblichbraune Bohnen, groß wie eine Haselnuss
- Cranberry-Bohnen: kleine braune ovalförmige Bohnen (besonders geeignet für Salate und Aufläufe
- Puff- oder Saubohnen: ähneln der Limabohne, sind aber größer (empfehlenswert bei italienischen Gerichten)
- Flageolett-Bohnen: grüne Bohnenart, die oft in der französischen Küche verwendet wird
- Great-Northern--Bohnen: die größten der milden weißen Bohnen
- Kidney-Bohnen: erhältlich in vielen Farben und vielseitig verwendbar
- Linsen: kleine, flache Hülsenfrüchte, die nicht eingeweicht werden müssen
- Limabohnen: hellgrün, beliebt für Suppen (Butterbohnen)
- Mungo-Bohnen: sehr kleine grüne Bohnen, meist als Sprossen
- Pinto-Bohnen (Wachtelbohnen): mittelgroße Bohnen mit rötlichbraunen Flecken, weisen den höchsten Ballaststoffanteil auf
- Rote Bohnen: kleine dunkelrote Bohnen, oft mit Reis kombiniert
- Sojabohnen: kleine runde braune Bohnen, können frisch oder getrocknet gegessen werden können. Aus ihnen werden Babynahrung, Sojaöl, Sojaprotein, Tofu, Tempeh (fermentierte Sojabohnen), Sojasoße und eine Reihe weiterer Lebensmittel hergestellt
- getrocknete Schälerbsen: kleine grüne flache Hülsenfrüchte, die vorher nicht eingeweicht werden müssen; gut für Suppen geeignet

Improvisieren Sie

Geflügel ist eine hochwertige Proteinquelle und enthält auch viel Eisen und Zink. Besonders fettarm ist Hähnchen- und Putenbrust ohne Haut. Schenkel und Unterkeulen – ebenfalls ohne Haut – können jedoch genauso reich an gesättigten Fettsäuren sein wie rotes Fleisch. Entfernen Sie vor der Zubereitung jegliches sichtbare Fett. So reduzieren Sie die Aufnahme von Pestiziden und anderen Substanzen, die sich im Fettgewebe ansammeln. Achten Sie beim Geflügelkauf auf Etiketten wie „Bio", „Freiland", „Öko" oder „natürliche Haltung". Diese Produkte enthalten weniger Zusatzstoffe.
Gebrauchsfertiges Geflügelhack können Sie ebenfalls verwenden. Aber achten Sie auf das Etikett, manchmal ist die Haut mit verarbeitet, was den Fettwert erhöht.
Verwenden Sie dieses Fleisch statt Rindergehacktem. So reduzieren Sie die Fettmenge, ohne einen qualitativen Geschmacksunterschied zu bemerken. Mischen Sie Putenhack mit Zwiebeln, Knoblauch, Paprika, Kräutern, Gewürzen und Steaksoße für einen leckeren Burger.

Essen Sie Fisch

Die meisten Fischsorten enthalten die wertvolle Fettsäure Omega-3. Nach Expertenmeinung senkt Omega-3 das Cholesterin im Blut, verhindert Bluthochdruck, reduziert das Risiko eines Herzinfarkts und beugt anderen Herzkrankheiten vor. Eine Studie der University of Washington belegt, dass eine monatliche 5,5-Gramm-Ration von Omega-3-Fettsäuren das Risiko eines Herzinfarktes um 50 Prozent vermindern kann. Eine gute Versorgung mit Omega-3-Fettsäuren kann auch die Anfälligkeit für Brustkrebs und rheumatischer Arthritis reduzieren. Auch Ihre Seele wird positiv beeinflusst: Forscher haben einen Zusammenhang zwischen Depressionen und geringen Omega-3-Fettsäure-Werten festgestellt.

Omega-3-Fettsäuren

Ernährungsexperten empfehlen Omega-3-Fettsäuren für ein gesundes Herz. Die beste Quelle ist Fisch, wie z.B. Lachs und Thunfisch. Auch Pflanzenöl, besonders Leinsamen-Öl, enthält viel Omega-3.

45 g von diesem Fisch (gegart)	enthalten ... g Omega-3-Fettsäuren
atlantische Makrele	2,5
atlantischer Hering	1,6
Seeforelle	1,6
Sardellen, in Olivenöl	1,4
Thunfisch (aus der Konserve)	1,3
Felchen (Weißfisch)	1,3
atlantischer Lachs	1,2
Rotlachs	1,2
Buckellachs	1,0
atlantischer Heilbutt	0,9
Silberlachs	0,8
atlantische Muscheln	0,5
pazifischer Heilbutt	0,4
Gelbflossen-Thunfisch	0,4
Kabeljau	0,3
Garnele, verschiedene Arten	0,3
Meerforelle	0,3
Zander	0,3
Meermuschel	0,2
Flunder	0,2
Hummer	0,2
Red Snapper	0,2
Jakobsmuschel	0,2
Schwertfisch	0,2
Seezunge	0,1
Hecht	0,1

Fette und Öle

Nicht alle Fette sind gleich. Wichtig ist nur, bestimmte Arten von Fetten zu meiden. Es wird zwischen gesättigten, einfach ungesättigten und mehrfach ungesättigten Fettsäuren unterschieden.

Gesättigte Fettsäuren, die z.B. in Bratfett, Schmalz, Back- und Kochfetten, Fleisch, Käse, Butter, Kokosnuss- und Palmöl enthalten sind, verstopfen die Arterien. Der Anteil der gesättigten Fettsäuren sollte 10 Prozent der täglichen Kalorienaufnahme nicht überschreiten, so die American Heart Association. Wählen Sie mageres statt fettiges Fleisch und ersetzten Sie Butter durch Olivenöl.

Einfach und mehrfach ungesättigte Fettsäuren sind wertvoller für die Ernährung und sollten daher beim Fettanteil Ihrer Ernährung überwiegen. Diese bei Raumtemperatur flüssigen Fette finden Sie z.B. in Oliven-, Raps-, Sesam- und Nussöl sowie in Avocados. Ob einfach oder mehrfach ungesättigte Fettsäuren wertvoller sind, ist noch nicht erwiesen. Studien über die Wirkung auf das Cholesterin im Blut führten zu ähnlichen Ergebnissen: Beide senken die schädlichen Fettproteine niedriger Dichte und erhalten „gute" Fettproteine hoher Dichte. Ich persönlich tendiere zu einfach ungesättigten Fettsäuren und benutze je nach Bedarf Oliven- oder Rapsöl. Achten Sie auf nicht raffinierte Öle oder die Aufschrift „kalt gepresst". Diese Öle sind reich an natürlichen Antioxydantien wie Vitamin E, das ebenso ein natürlicher Haltbarmacher ist. Verfeinerte Öle haben oft weniger Vitamin E und sind künstlich haltbar gemacht.

Eine weitere Fettart sind die Transfettsäuren. Sie entstehen, wenn flüssiges Öl durch zusätzliche Wasserstoffatome künstlich gehärtet wird. Dieser Prozess wandelt flüssiges Fett (z.B. Pflanzenöl) in festes Fett (Margarine) um. Letzteres wird nicht so schnell ranzig. Forschungsergebnisse deuten darauf hin, dass Transfette eine ähnliche Wirkung haben wie gesättigte Fettsäuren und somit das Blutcholesterin erhöhen. Es ist daher ratsam, den Verbrauch möglichst einzuschränken und sparsam mit Margarine zu sein oder Diät-Margarine zu verwenden.

Fette und Öle verderben, sobald sie über einen längeren Zeitraum Licht, Hitze oder Luft ausgesetzt sind. Ranziges Öl, erkennbar am unangenehmen Geruch oder bitteren Geschmack, sollten Sie nicht mehr verwenden. Es empfiehlt sich, selten benutzte Öle nur in geringeren Mengen zu kaufen. Sie können Öle auch im Kühlschrank lagern, so sind sie länger haltbar.

U M D E N K E N !

Wissenskraft statt Willenskraft

So können Sie ganz einfach die Fettverbrennung Ihres Körpers maximieren: Wenn Sie das zweite Kapitel gelesen haben, wissen Sie, dass Wasser den Appetit zügelt, den Körper mit ausreichend Flüssigkeit versorgt und dass durch das Trinken von kaltem Wasser einige Extra-Kalorien verbrannt werden. Füllen Sie ein 0,5-Liter-Gefäß mit kühlem Wasser. Es sollte immer in Ihrer Reichweite sein, z.B. wenn Sie arbeiten. Verwenden Sie den Becher nur zum Wasser trinken. Trinken Sie einige Schlückchen, sobald Sie den Becher gefüllt haben, danach immer dann, wenn Sie Durst, Hunger oder auch nur Langeweile verspüren. Wenn der Becher leer ist, stehen Sie auf und füllen ihn neu. Wenn Sie vier dieser Becher am Tag trinken, nehmen Sie bereits die empfohlenen zwei Liter Flüssigkeit zu sich.

Trinken Sie Wasser

Obwohl Wasser praktisch keinen Nährwert hat, ist es eines der wichtigsten Bestandteile der fettarmen Ernährung. Wasser unterstützt Sie beim Abnehmen. Es hemmt den Appetit und ist außerdem ein wichtiger Energielieferant. Ernährungswissenschaftler empfehlen, zwei Liter Wasser pro Tag zu trinken. Trinken Sie mehr? Umso besser. Besonders bei körperlicher Anstrengung, heißem Wetter, in trockener Umgebung (z.B.

im Flugzeug) sowie bei Koffein- und Alkoholkonsum dehydriert Ihr Körper stärker als gewöhnlich. Trinken Sie bei einem plötzlichen Hungergefühl erst einmal ein Glas Wasser – vielleicht sind Sie nur durstig.

Was Sie über die Ernährung wissen sollten

Je mehr Sie über die Ernährung und ihre Bestandteile wissen, desto leichter fällt es Ihnen, fettarm zu leben. In diesem Buch finden Sie zu jedem Rezept eine detaillierte Ernährungsanalyse mit Angaben zu Kalorien, Gesamtfett, gesättigten Fettsäuren, Proteinen, Kohlenhydraten, Ballaststoffen, Cholesterin und Natrium.

Ihr tägliches Kalorienlimit

Wie viele Kalorien am Tag benötigen Sie? Die Antwort darauf gibt Ihnen diese Tabelle. Welche der sechs Tätigkeitsbeschreibungen trifft auf Sie zu? Können Sie sich zwischen zweien nicht entscheiden, gehen Sie nach der Tätigkeit mit dem niedrigeren Aktivitäslevel vor. Als nächstes schreiben Sie in die zweite Spalte Ihr (realistisches) Wunschgewicht auf und multiplizieren es mit dem Multiplikator in der dritten Spalte. Das Ergebnis ist Ihr durchschnittlicher Kalorienbedarf. Beispiel: Eine mittelmäßig aktive Frau, die ca. 63 kg wiegen möchte, sollte täglich nicht mehr als 2100 Kalorien zu sich nehmen.

Tätigkeit	Wunschgewicht	Multiplikator	Kalorienlimit
meist sitzend (Frau)	_____ kg	27	_____
meist sitzend (Mann)	_____ kg	31	_____
mäßig aktiv (Frau)	_____ kg	34	_____
mäßig aktiv (Mann)	_____ kg	38	_____
sehr aktiv (Frau)	_____ kg	40	_____
sehr aktiv (Mann)	_____ kg	44	_____

Kalorien. Kalorien sind in fast allen Lebensmitteln enthalten. Wenn Sie mehr Kalorien aufnehmen, als Sie wieder verbrennen, setzt Ihr Körper Fett an. Eine dauerhafte Gewichtskontrolle beginnt damit, zu wissen, wie viele Kalorien pro Tag erlaubt sind. Die maximale Zahl hängt von Ihrem Aktivitätslevel und Idealgewicht ab. Berechnen Sie anhand der Tabelle „Ihr tägliches Kalorienlimit“ den für Sie zutreffenden Wert.
Nach dieser Angabe sollten Sie sich richten. Jetzt kommen wir zum Wissen über die Ernährung. Fette (wie Butter und Öl) weisen die höchste Kaloriendichte auf – etwa neun Kalorien pro Gramm. Proteine (wie Fleisch und Bohnen) und Kohlenhydrate (wie Brot, Reis und Zerealien) haben ungefähr vier Kalorien je Gramm. Sie nehmen also schneller Kalorien auf, wenn Sie Fette essen. Sie können also viel essen und trotzdem wenig Kalorien zu sich nehmen – vorausgesetzt, Sie bleiben bei Proteinen und Kohlenhydraten.

Fette. Fette sind sehr wichtig für die Körperfunktionen. Sie transportieren die fettlöslichen Vitamine A, D, E und K zu den Zellen. Ferner sind einige Fette bei der Umwandlung von Cholesterin und der Bildung von Hormonen wie Östrogen unentbehrlich. Leider nehmen wir häufig mehr Fett zu uns, als unser Körper braucht.
Der Fettanteil Ihrer täglichen Kalorienaufnahme sollte 25 bis 30% nicht überschreiten, d.h. 30 bis 80 g Fett pro Tag, je nach Kalorienbedarf und Aktivitätslevel. Halten Sie sich jedoch nicht zu strikt an diese Zahlen. Die Kalorienzahl im Fettanteil einer gesunden Mahlzeit kann verhältnismäßig hoch ausfallen. Zum Beispiel: Gegrillte marinierte Portobello-Pilze haben etwa 1,5 g Fett und 15 Kalorien pro Portion. Daraus errechnet sich ein Fettanteil von 90%. Sind die Pilze deshalb ungesund? Nein, denn der Fettanteil wird durch das, was Sie während des Tages noch essen, wieder ausgeglichen. Das ist der Schlüssel zum Verständnis der Prozentangaben. Die 25 bis 30 % beziehen sich auf den Tag oder die Woche, nicht auf jede Portion, die Sie zu sich nehmen. Ziehen Sie besser in Betracht, wie viel Gramm Fett eine Speise wirklich enthält. Bevorzugen Sie Speisen, die wenig Fett enthalten, besonders wenig gesättigte Fettsäuren (Die Tabelle „Ihr Fettbudget“ zeigt Ihnen, wie viel Gramm Fett Sie pro Tag zu sich nehmen können).
Proteine. Schon geringe Mengen Protein können Ihren Energielevel anheben und Ihre Aufmerksamkeit und Reaktionszeit verbessern. Der häufige Konsum von Fleisch, Geflügel, Fisch und Milchprodukten führt jedoch oft zu einer Übersättigung mit Proteinen. Der Proteinbedarf ist von Geschlecht, Aktivität und der Kalorienaufnahme abhängig. Frauen benötigen täglich zwischen 60 und 80 g, Männer zwischen 60 und 90 g. Besonders aktive Menschen mit entsprechend hohem Kalorienbedarf sollten sich

Ihr Fettbudget

Das US-Landwirtschaftsministerium empfiehlt hinsichtlich des Fettanteils an den Gesamtkalorien eine Höchstgrenze von 30%. Andere Gesundheitsbehörden wie die American Heart Association und die American Dietetic Association empfehlen 20 und 25%. Wählen Sie aus der unteren Tabelle den Ihren individuellen Bedürfnissen am ehesten entsprechenden Wert und bestimmen Sie so Ihre ganz persönliche tägliche Obergrenze. Anhand der täglichen Kalorienaufnahme und den jeweiligen Prozentangaben können Sie erkennen, wie viel Gramm Fett Sie pro Tag maximal konsumieren sollten.

TÄGLICHE KALORIENAUFNAHME	TÄGLICHES FETTBUDGET IN g		
	20%	25%	30%
1400	31	39	47
1500	33	42	50
1600	36	44	53
1700	38	47	57
1800	40	50	60
1900	42	53	63
2000	44	56	67
2100	47	58	70
2200	49	62	73
2300	51	64	77
2400	53	67	80

an den Obergrenzen orientieren. Nach Meinung von Ernährungswissenschaftlern deckt eine ausgewogene, fettarme Ernährung den Proteinbedarf, auch Vegetarier müssen keine Mangelerscheinungen befürchten. Der Verzehr von Fleisch, Geflügel und Fisch sollte nicht mehr als 90 g täglich betragen. Wählen Sie mageres Schweine- oder Rindfleisch, z.B. Filet. Noch besser ist es jedoch, den Fleischkonsum so weit wie möglich einzuschränken und stattdessen mehr Gemüse (besonders Hülsenfrüchte) und Getreide zu essen.

Kohlenhydrate. Komplexe Kohlenhydrate gehören zu den tragenden Säulen der fettarmen Ernährung. Sie liefern nachhaltige Energie und viele Ballaststoffe. Essen Sie viel frisches Obst und Gemüse, Hülsenfrüchte und Getreide. Die achtfache Menge an Kalorien aus Kohlenhydraten ist gegenüber solchen aus Fett erforderlich, um sie in Körperfett umzuwandeln.

Ballaststofflieferanten

Forscher haben festgestellt, dass Ballaststoffe die Zahl unerwünschter Fettproteine mit niedriger Dichte, den Cholesterinspiegel und das Risiko von Herzkrankheiten senken. Täglich 20 bis 35 g sollten das Ziel sein. Vollkornprodukte (z.B. Vollkornbrot, Zerealien und Naturreis), frisches Obst, Gemüse und Hülsenfrüchte (Bohnen, Linsen) sind reich an Ballaststoffen. Im Folgenden eine Aufstellung von Nahrungsmitteln, die viele Ballaststoffe enthalten:

Diese Menge essen ...	enthält ... g Ballaststoffe
1 Tasse gekochte weiße Bohnen	6,9
1 Tasse gekochte frische Erbsen	6
1 Tasse rote Himbeeren	5,8
1/2 Tasse gekochte rote Bohnen aus der Dose	5
3/4 Tasse gekochte Haferflocken	4
1/2 Tasse gekochter Kürbis	4
1 Tasse gekochter Spinat	4
1 gebackene Süßkartoffel mit Schale	3,9
1 Tasse Erdbeeren	3,8
1/2 Tasse gekochte Kichererbsen	3,2
2 Scheiben Vollkornbrot	3,2
1 Tasse gekochte Nudeln	3,1
1 Tasse gekochter Naturreis	3
1 rohe Möhre	3
1 Tasse gekochter Mais	3
1 Päckchen Instant-Haferflocken, gekocht	3
1/4 Tasse Erdnüsse	2,9
1 Pfirsich	2,8
1 Tasse gekochter Wildreis	2,4
3 Esslöffel Sonnenblumenkerne	2,2
1 gekochte Kartoffel ohne Schale	2,1

Mit einfachen Kohlenhydraten verhält es sich anders. Sie enthalten viele Kalorien, haben aber kaum einen Nährwert – man spricht auch von „leeren Kalorien“. Einfache Kohlenhydrate kommen in fast allen Zuckern vor. Raffinierter weißer Zucker, brauner

Zucker, Rohzucker und natürliche Zuckerarten wie Ahornsirup und Honig sind allesamt Lieferanten einfacher Kohlenhydrate. Nehmen Sie zum Süßen nur wenig von diesen Zuckerarten. Vermeiden Sie mit Zucker gesüßte Getränke und stark zuckerhaltige Snacks. Wählen Sie stattdessen Frucht-Eistees und Mineralwasser.

Ballaststoffe. Ballaststoffe sind nicht nur gut für Ihr Verdauungssystem, sie senken auch das Cholesterin und das Risiko von Dickdarm-Krebs. Außerdem vermitteln sie über eine längere Zeit ein Sättigungsgefühl und eignen sich somit ideal zur Kalorienkontrolle und Fettreduzierung. Die täglich empfohlene Menge von 20 bis 35 g entspricht etwa vier Maiskolben oder drei Schalen Vollkorn-Zerealien. Ballaststoffreiche Lebensmittel wie Obst, Gemüse und Hülsenfrüchte, können bedenkenlos in großen Mengen gegessen werden. Ist diese Art der Ernährung für Sie ungewohnt, steigern Sie die Menge langsam.

Cholesterin. Auch wenn der Begriff Cholesterin negativ behaftet ist, unser Körper braucht eine gewisse Dosis dieser wächsernen, lipiden Substanz bei der Verdauung von Fett, der Bildung von Östrogen und Testosteron sowie der Produktion von Vitamin D. Das meiste Cholesterin stellt der Körper selbst her, den Rest nehmen wir über unsere Nahrung auf. Dabei wird die empfohlene Tagesmenge von 300 mg häufig überschritten. Halten Sie Ihren Cholesterinverbrauch in Grenzen. Milchprodukte (besonders Käse und Eiscreme), Geflügel, Fisch und Fleisch sind typische Cholesterinquellen. Merken Sie sich auch: Nur tierische Lebensmittel enthalten Cholesterin, pflanzliche nicht.

Natrium. Natrium (Salz) ist zwar im Hinblick auf die Regulierung von Körperflüssigkeiten unerlässlich, ein Zuviel kann jedoch zu hohem Blutdruck führen. Eine zu salzige Ernährung wird auch mit Osteoporose in Verbindung gebracht, weil zu viel Natrium den Knochen Kalzium entzieht. Laut Expertenmeinung ist Bluthochdruck jedoch eher selten auf erhöhten Salzkonsum zurückzuführen. Fettige Ernährung, Trägheit und Stress werden als größere Risikofaktoren angesehen. Zudem betrifft Osteoporose in den meisten Fällen nur Frauen nach der Menopause.

Welche Menge Natrium ist gesund? Offizielle Empfehlungen gibt es nicht, aber die meisten Experten raten von mehr als 2 400 mg täglich ab – was ungefähr einem Teelöffel entspricht. Nehmen Sie tiefgefrorenes Gemüse statt Gemüse aus der Dose, Geschmack und Nährwert sind ähnlich. Um den Natriumgehalt in Bohnen aus der Dose zu reduzieren, spülen Sie sie mit Wasser ab und lassen sie abtropfen.

Anmerkung: In vielen Rezepten finden Sie den Hinweis „Würzen Sie nach Geschmack". Ich persönlich nehme zum Würzen eine oder zwei Prisen Salz. Ein Großteil des Geschmacks entsteht durch andere Gewürze. Wenn Sie bisher nur Salz zum Würzen benutzt haben und nach gesunden Alternativen suchen, schauen Sie in das siebte Kapitel. Wenn Sie mit den dort beschriebenen Würzarten vertraut sind, reduziert sich der Salzgebrauch automatisch.

STRATEGIE 4

RICHTEN SIE IHRE KÜCHE EIN

Stellen Sie sich folgende Situation vor: Sie kommen nach Hause, haben einen Riesenhunger, durchstöbern die Schränke und finden eine Tüte Kartoffelchips. Sie nehmen einen Becher Sauerrahm-Dip aus dem Kühlschrank. Dann ertappen Sie sich dabei, wie Sie am Tisch sitzen und einen Chip nach dem anderen in den Dip tauchen. Bald stellen Sie mit fettigen Fingern fest, dass der Dip aufgebraucht ist – und ein schlechtes Gewissen beschleicht Sie.

Wer sein Leben fettarm gestalten will, muss seine Essgewohnheiten kennen. Um nach einem arbeitsreichen Tag gegen Hungerattacken gewappnet zu sein, sollten Sie im Voraus planen. Hierzu empfehlen sich z.B. fettarme Snacks wie gebackene Tortillachips mit Salsa anstatt fettigen Kartoffelchips mit Sauerrahm-Dip.

Womit Ihre Regale zu Hause gefüllt sind, hängt von Ihren Gewohnheiten ab. Verlassen Sie das Haus früh am Morgen und kommen erst spät am Abend wieder? Oder arbeiten Sie vielleicht zu Hause? Was essen Sie gern?

Ein Beispiel: Mein Ehemann Robert mag Snacks, die viel Protein enthalten. Zum Frühstück isst er gern Müsli, je nach Jahreszeit mit unterschiedlichem Obst. Mittags mag er in der Mikrowelle aufgewärmte Reste vom Vorabend. Außerdem habe ich immer vegetarische Burger, Puten-Burger, Lachs- und Krabben-Küchlein in der Kühltruhe. So kann Robert seinen Hunger mit einem gesunden Sandwich mit Salat, Tomaten und Zwiebeln stillen. Als Snacks bevorzugt er Vollkorncracker oder selbst gebackenes Brot mit Dips und Aufstrichen. Da er auch Kekse mag, ist die Keksdose in unserem Haus immer gefüllt mit selbst gebackenen fettarmen Erdnussbutter- und Schokoladenkeksen.

Mein Tagesablauf sieht anders aus. Ich muss morgens die Kinder zur Schule bringen und das Haus in Ordnung halten – da bleibt für das Frühstück nicht viel Zeit. Meistens esse ich ein Stück Obst, eine Scheibe selbst gebackenes Brot mit fettarmem Frischkäse und etwas fettarmen Joghurt. Für einen Konzentrationsschub am Vormittag esse ich oft Joghurt oder einen Energieriegel. Nachmittags versorgen Cracker oder Brezel mich mit komplexen Kohlenhydraten. Diese leicht süßen Vollkornleckereien sind gut für meine Nerven und bereiten mich auf die Ankunft der Kinder vor. Im Gegensatz zu Robert koche ich mir bei Bedarf etwas in der Küche. Er macht sich lieber Tiefkühl-Gerichte in der Mikrowelle heiß.

Nehmen Sie sich einen Moment Zeit und denken Sie über Ihren typischen Alltag nach.

1. Wo verbringen Sie die meiste Zeit des Tages?
2. Welcher Art von Arbeit gehen Sie nach?
3. Bevorzugen Sie süße und/oder pikant-würzige Snacks?
4. Wie viel Zeit haben Sie für das Mittagessen?
5. Haben Sie Kühltruhe, Mikrowelle und Mini-Grill?

Die Antworten auf diese Fragen sind von entscheidender Bedeutung. Sie bestimmen, welche Art von Vorräten Sie anlegen sollten. Wer unterwegs ist und wenig Zeit zum Essen hat, sollte immer Äpfel, Bananen, Brezel und andere fettarme Snacks (Fingerfood) dabei haben. Auch Tortillachips oder fettarme Schokoladenküchlein müssen nicht in den Kühlschrank und sind daher ideal für die Reise.
Vielleicht sind an Ihrem Arbeitsplatz Kühlschrank oder Mikrowelle vorhanden. In diesem Fall können Sie Salate kalt stellen oder Suppen warm machen.
Entscheiden Sie sich für fettarme Mahlzeiten, die Ihren Geschmacksvorstellungen entsprechen und machen Sie sie zum festen Bestandteil Ihres Essensplans.

Füllen Sie Ihre Regale mit fettarmen Produkten

Nachdem Sie Ihre Essgewohnheiten analysiert haben, gilt es, den Heißhunger mit fettarmen Speisen in den Griff zu bekommen.
Viele fettfreie Produkte schmecken fade, übermäßig süß oder haben einen unangenehmen Nachgeschmack. Einige sind sehr kalorienreich. Suchen Sie beim nächsten Einkauf nach gut schmeckenden, fettarmen Alternativen. Sie werden feststellen, dass diese geschmacklich nicht schlechter sind. Fettarme Gemüseaufstriche beispielsweise schmecken köstlich. Als nächstes betrachten wir Küche, Kühlschrank, Tiefkühltruhe, Vorratskammer und Gewürzregal. So können Sie Ihre Küche leicht an Ihre neuen Bedürfnisse anpassen. Wir unterscheiden zwischen Grundnahrungsmitteln und solchen, die für Geschmack sorgen. Viele Zutaten, die Sie in den Rezepten benötigen, werden im Folgenden genannt.

U M D E N K E N !

Wissenskraft statt Willenskraft

Sind Sie zu Hause? Dann gehen Sie in die Küche und schauen in Ihre Schränke. Stehen schon lange nicht mehr verwendete, abgestandene Zutaten in den Ecken der Fächer? Sortieren Sie sie aus, besonders wenn sie fett- oder salzreich sind.
Fragen Sie sich: „Brauche ich diese Dinge wirklich?“ Lautet die Antwort „Nein“, werfen Sie sie weg. So stellen sie keine Versuchung mehr dar. Was noch wichtiger ist: Sie haben jetzt Platz für Dinge, die Sie täglich zum fettarmen Kochen benutzen.

Sortieren Sie Ihren Kühlschrank neu

Der Kühlschrank bietet viel Platz für fettarme Speisen wie frisches Obst und Gemüse, fettarmen Käse und andere Milchprodukte sowie Soßen. Kaufen Sie wöchentlich ein, um immer frische Lebensmittel im Haus zu haben.
Gemüse, Obst und Kräuter. Möhren, Sellerie, Brokkoli und roter Paprika zählen zu den in unserem Haushalt am häufigsten verwendeten Gemüsen. In Sachen Obst gehören immer frische Äpfel, Orangen und Trauben dazu, je nach Saison auch Beeren. Verwenden Sie frisches Basilikum, frisches Koriandergrün und frische Petersilie. Frische Kräuter können sie auch auf der Fensterbank ziehen.

Verlängern Sie die Haltbarkeit von Kräutern

Frische Kräuter verderben schnell. Um sie bis zwei Wochen frisch zu halten, schneiden Sie ca. 0,5 cm vom Stiel ab, stellen den Bund in ein Glas Wasser, stülpen einen Plastikbeutel darüber und stellen das Glas in den Kühlschrank.
Um Obst und Gemüse aufzubewahren, gibt es spezielle Beutel. Diese enthalten einen Mineralstoff, der das Äthylen absorbiert, das Obst und Gemüse absondern. Außerdem halten die Beutel Obst und Gemüse trocken, verhindern die Bildung von Bakterien und reduzieren den Verlust von Vitamin C.

Milchprodukte. Legen Sie einen Vorrat an Magermilch, fettarmer Milch und fettarmem Joghurt an (Magermilch und fettarme Milch enthalten mehr Kalzium als Vollmilch). Trinken Sie normalerweise Vollmilch, können sie schrittweise zu Milch mit niedrigeren Fettanteilen übergehen. Benutzen Sie nur geringe Mengen Butter und Halbfettbutter.
Käse. Magerkäse ist vielseitig verwendbar und hält lange im Kühlschrank. Zum Garnieren von Salaten sind auch geringe Mengen Käse erlaubt. Ich verwende Feta, Blauschimmelkäse, Gorgonzola und Roquefort.
An Weichkäse empfehle ich fettarmen Ricotta, Frisch- und Hüttenkäse, nicht zu vergessen Parmesan-Käse (1,5 g Fett pro Esslöffel), den ich über Nudeln und Salate raspele.
Leicht Verderbliches. Eier, Trockenhefe, fettarme Tortillas (Mais und Mehl), Senf, fettarme Majonäse, Ketchup, Chili-Knoblauch-Soße (für asiatische Gerichte), naturbelassene Erdnussbutter, Tahini (Sesamkorn-Butter), Walnuss-Öl, fettarmer Tofu und Tempeh (für Vegetarisches) sollten im Kühlschrank gelagert werden.

Füllen Sie die Tiefkühltruhe

Das wichtigste Gerät in der Küche ist die Tiefkühltruhe. Dort lagere ich:
Geflügel. Hähnchenbrust ohne Haut, Putenbrust-Gehacktes, Putenwürstchen und Putenbrust-Schnitzel.
Fisch. Frieren Sie Fisch ein, wenn Sie in Ihrem Supermarkt keinen bekommen. Garnelen und Kammmuscheln frieren Sie am besten in Einzel-Portionen ein. Informieren Sie sich bei Ihrem Fischhändler. Manchmal können Sie die Ware dort schon vorgefroren kaufen.
Gemüse, Obst und Kräuter. Einige gefrorene Gemüsesorten habe ich immer auf Vorrat, z.B. Mais, Erbsen und Spinat. Sie sind sehr vielseitig verwendbar und einfach zu verarbeiten. Im Sommer pflücken wir frisches Obst wie Blaubeeren, Himbeeren und Pfirsiche und frieren es für den Winter ein. Auch Kräuter können Sie einfrieren. Sie schmecken besser als getrocknet – besonders in Suppen und Soßen. Füllen Sie Ihre Lieblingskräuter in Kühlbeutel und legen Sie sie in die Tiefkühltruhe. Wenn Sie Kräuter benötigen, können Sie sie im Beutel zerkleinern, indem Sie diesen drücken.

Brot. Ich habe immer Brot in der Tiefkühltruhe, das jederzeit und vielseitig verwendbar ist. Legen Sie einen Vorrat an Pita-Brot, Mehrkorn-Sandwich-Brot und Burger-Brötchen an. Tauen Sie sie vor dem Verarbeiten auf. Auch Blätterteig lässt sich gut in der Tiefkühltruhe aufbewahren.

Mehr zum Einfrieren. Lagern Sie auch folgende Produkte in der Tiefkühltruhe: cholesterinfreien Eiersatz, fettarmen Joghurt oder fettarme Eiscreme und Nudelgerichte wie Tortellini, Ravioli und Lasagne. Denken Sie an ausreichend Platz für Reste und im Voraus Gekochtes.

Es muss nicht immer Reis sein

Nicht nur Naturreis ist ein Vollkorngetreide. Reformhäuser und Spezialabteilungen in Supermärkten bieten häufig verschiedene Sorten an. Probieren Sie eine Vollkorn-Mischung statt reines Weißmehl zu verwenden. Weizenvollkornmehl eignet sich hervorragend für Desserts und schnelle Brote. Probieren Sie auch eine Kombination aus Hafermehl, Mehl aus Naturreis, Sojamehl, Hirse-Mehl und Gerstenmehl.

Reisarten
- schwarzer japanischer Reis
- brauner Basmati-Reis
- Jasmin-Reis
- Wehani-Reis
- Wildreis

Getreidearten
- Amaranth
- Buchweizen
- Bulgur (Weizengrütze)
- Kamut
- Hirse
- Quinoa (peruanischer Reis)
- Dinkel

Legen Sie Vorräte an

Eine Speisekammer eignet sich zum Anlegen von Vorräten. Falls etwas nach dem Öffnen kühl gelagert werden muss, stellen Sie es in den Kühlschrank – schauen Sie auf dem Etikett nach.

Getreide und Mehl. Körner und Mehl sind die Basis einer fettarmen Ernährungsweise. In den Rezepten dieses Buchs kommen folgende Arten vor: Vollkornmehl, Vollkorn-Gebäckmehl, ungebleichtes Mehl, Maismehl, Grieß, Haferflocken, Naturreis, Wildreis, Kuskus und Gerste. Auch Popcorn ist eine Kornart – bereiten Sie es jedoch ohne zusätzliches Fett zu.

Pasta. Stellen Sie Ihre Lieblingssorten ins Regal. Ich bevorzuge Spaghetti. Außerdem mag ich Linguine, Fusilli und chinesische Glasnudeln. Ich habe immer Vollkorn-Nudeln im Haus.

Vollkornzerealien. Fettarme Vollkornzerealien vereinfachen die Zubereitung des Frühstücks, einige eignen sich auch als Snacks zwischendurch. Achten Sie auf Beschriftungen wie „Vollkorn" und „Vollkorn-Haferflocken".

Vollkorncracker sind sehr beliebt bei uns – vor allem bei den Kindern. Sie schmecken auch mit fettarmen Dips und Aufstrichen. Achten Sie auf die Aufschrift „Vollkorn".

Hülsenfrüchte. Mit Bohnen können Sie Beilagen, Salate und vegetarische Hauptgerichte wie Chili kochen. Legen Sie einen Vorrat an schwarzen und weißen Bohnen, Kichererbsen und Linsen an. Möchten Sie auf die Schnelle Burritos oder Snack-Dips zubereiten, empfehle ich Refried Beans (Bohnenpüree aus der Dose).

Frisches Gemüse und Obst. Einige Gemüse- und Obstsorten gehören nicht in den Kühlschrank. Ich lege Zwiebeln, Knoblauch und Schalotten an einem kühlen, trockenen und dunklen Ort in einen Korb. Kartoffeln und Süßkartoffeln verstaue ich in einem anderen Korb. In einem dritten Korb lagere ich Tomaten, Bananen und anderes Obst, das bei Raumtemperatur weiterreift. Ein Tipp: Lagern Sie Kartoffeln und Zwiebeln getrennt, denn die Kartoffeln sondern Feuchtigkeit ab, die die Zwiebeln zum Keimen bringen.

Gemüse und Obst aus der Dose. Gemüse und Obst aus der Dose kann Gerichte zusätzlich würzen, z.B. Artischocken-Herzen in Wasser, Oliven, Kapern, geröstete rote Paprika (aus dem Glas), milde grüne Peperoni, Salsas, Wasserkastanien, Apfelmus, entkernte Pflaumen (zum fettarmen Backen von Pflaumenpüree), Fruchtaufstriche und Konfitüren, ungesüßter Kürbis und Fruchtsäfte. Dosen und Gläser sollten Sie nach dem Öffnen im Kühlschrank aufbewahren.

Tomatenerzeugnisse aus der Dose. Tomatenerzeugnisse aus der Dose sind ein wichtiger Bestandteil der fettarmen Küche. Benutzen Sie (natriumarme) gewürfelte Tomaten, ganze geschälte Tomaten, Tomatensoßen und Tomatenmark.

Meeresfrüchte aus der Dose. Sie passen gut zu Suppen, Salaten und Sandwiches. Ich kaufe gelegentlich Thunfisch, Lachs und Muscheln

Trockenfrüchte. Im Winter eignen sich Trockenfrüchte perfekt für Gebäck. Legen Sie sich einen Vorrat an Rosinen, Kirschen, Preiselbeeren, Aprikosen, Pflaumen, Johannisbeeren und Blaubeeren an.

Nüsse und Kerne. Schon wenige Nüsse und Kerne verleihen Gebäck einen besonderen Geschmack. Ungesalzene Mandeln, Cashews, Erdnüsse, Mohn, Kürbiskerne, Sonnenblumenkerne, Hasel- und Walnüsse sind gut geeignet.

Süßstoffe. Zucker, brauner Zucker, Honig, Melasse, Ahornsirup und Puderzucker sind beim Kochen sehr hilfreich.

Öle. Mein Lieblingsöl ist Olivenöl. Benutzen Sie qualitativ hochwertiges natives Öl aus erster Pressung. Zu den geschmacksneutralen Ölen zählt Rapsöl. Beide Ölsorten enthalten reichlich einfach ungesättigte Fettsäuren (gut fürs Herz). Wer häufig Salat isst, ist mit Walnussöl bestens bedient – in Verbindung mit Obstessig schmeckt es im Vergleich zu Olivenöl angenehm mild. Sesamöl ist für asiatische Stir-Fries (unter Rühren schnell angebratene Gerichte) und Soßen unentbehrlich. Beide Öle verderben schnell und sollten nach Anbruch im Kühlschrank aufbewahrt werden.

Essig. Eine ganze Reihe von Gerichten lässt sich mit einem Schuss Essig verbessern. Wir benutzen oft Balsamessig. Wenn Sie diesen nicht mögen, wählen Sie unter folgenden aus: normaler Essig, Rotweinessig, Weißweinessig (da dieser milder als Rotwein-Essig ist, können Sie für die Salatsoße weniger Öl und stattdessen mehr Essig nehmen), Sherry-Wein-Essig, Himbeeressig und Reisweinessig (für asiatische Gerichte).

Wein. Weine geben fettarmen Gerichten eine besondere Note. Ich verwende roten (trockenen) und weißen (trockenen) Wein sowie Sherry. Wenn Sie keinen Alkohol trinken, sind alkoholfreie Weine eine gute Alternative.
Backwaren. Zur Grundausstattung zählen Backpulver, Natron, Mais- oder Speisestärke, ungesüßtes Kakaopulver und holländisches Kakaopulver (für Schokoladen-Soßen).
Sonstiges. Backspray, fettfreie Hühner- und Gemüsebrühe, getrocknete scharfe Peperoni, getrocknete Pilze, getrocknete Tomaten, fettarme Kondensmilch, Vanille-, Mandel- und Zitronenextrakt, Gelatine, Sojasoße, Worcester-Soße, scharfe Chilisoße und Tacoschalen. Die Produkte sind lange haltbar, ersparen Ihnen Zeit und geben den Gerichten zusätzlich Geschmack.

Das Gewürzregal

Im Folgenden eine Aufstellung der von mir am häufigsten benutzten Gewürze und Kräuter. Falls Sie bei der Zubereitung von Gerichten noch weitere entdecken, legen Sie sich einen Vorrat an. In meinem Gewürzregal stehen auch getrocknete, geriebene Zitronen- und Orangenschalen – für den Fall, dass ich keine frischen Früchte im Haus habe. Für maximalen Geschmack und lange Haltbarkeit sollten Gewürze und Kräuter an einem kühlen, trockenen Platz aufbewahrt werden. Es empfiehlt sich, sie nicht in der Nähe des Herdes zu lagern und sie vor der Sonne zu schützen.

Gewürze und Kräuter

Diese Gewürze und Kräuter habe ich immer im Regal. Sie verleihen den Gerichten Geschmack.

Gewürze

- Piment, gemahlen
- Chilipulver
- Zimt, gemahlen
- Gewürznelken
- Koriander, gemahlen
- Kreuzkümmel, gemahlen
- Currypulver
- Knoblauchpulver
- Ingwer, gemahlen
- Senfpulver
- Muskat, ganz und gemahlen
- Paprika
- roter Pfeffer, gemahlen
- schwarze Pfefferkörner, zum Mahlen
- grob gemahlene Peperoni

Kräuter

- Basilikum
- Lorbeerblätter
- Schnittlauch
- Dill
- italienische Kräuterwürze
- Majoran
- Oregano
- Rosmarin
- Salbei
- Estragon
- Thymian

Strategie 5

Klug einkaufen – Zeit, Geld und Energie sparen

Beim Einkaufen geht viel Zeit verloren. Oft gehen wir sogar in den Supermarkt, ohne zu wissen, was wir kaufen möchten. Wie können wir Impulskäufe vermeiden, bei denen wir nicht nur unnötig fettreiche Lebensmittel kaufen, sondern auch Zeit und Geld verschwenden? Die folgenden Tipps geben Ihnen die Antwort auf diese Frage.

Machen Sie einen Plan. Auch wenn es ein wenig umständlich klingt: Der beste Weg, beim Einkauf Zeit zu sparen, ist eine wöchentliche Planung, so Renee Bessinger, klinische Diätspezialistin am Duke University's Diet and Fitness Center in Durham, North Carolina. „Auf diese Weise brauchen Sie nicht lange zu überlegen, was zu kaufen ist und sparen Zeit." Machen Sie Notizen wie „Montag: Puten-Burger mit Kartoffelpüree. Dienstag: Bohnen-Burritos mit Reis. Mittwoch: Spaghetti und Salat". Falls Ihnen ein Wochenplan zu weit voraus gedacht ist, planen Sie zunächst für drei Tage.

Ein Einkauf pro Woche genügt. Oft zum Supermarkt zu fahren kostet viel Zeit, Benzin und Geld. Planen Sie einen Einkauf pro Woche. Durch die vorher gemachten Notizen wissen Sie, was Sie kaufen müssen, eventuelle Nachkäufe sind nicht mehr nötig.

Nie ohne Liste. Eine Einkaufsliste erspart Ihnen eine Menge Zeit im Lebensmittelladen. Alle Artikel im Geschäft durchzusehen, dauert viel zu lange. Eine Liste schafft Abhilfe. Ich habe stets eine Liste an der Kühlschranktür, die bei Bedarf aktualisiert wird. Wenn jemand aus der Familie etwas Bestimmtes möchte, schreibt er es auf. Außerdem hilft mir die Liste, Impulskäufe zu vermeiden und somit Geld und Kalorien zu sparen. Wollen Sie noch mehr Zeit sparen? Ordnen Sie Ihre Einkaufsliste nach der Lage der Regale in Ihrem Supermarkt.

Essen Sie etwas, bevor Sie Einkaufen gehen. Sie sollten niemals hungrig einkaufen gehen, da sonst alle Lebensmittel verlockend wirken – am Ende kaufen Sie etwas, was Sie gar nicht wollten. Essen Sie vorher ein paar Cracker und der größte Hunger ist gestillt.

Kaufen Sie nach dem Abendessen ein. Das Gedränge der Leute und Heißhunger beim Einkaufen lassen sich am besten vermeiden, wenn Sie Ihre Besorgungen direkt nach dem Abendessen machen. Um diese Zeit sind die meisten Leute mit anderen Dingen beschäftigt. Nicht ratsam sei der Montag, so Dayle Hayes, Ernährungsberater am Deaconess Medical Center in Billings, Montana, „da die Regale zu diesem Zeitpunkt nach dem Wochenend-Ansturm meistens noch nicht wieder aufgefüllt sind."

UMDENKEN!

Wissenskraft statt Willenskraft

Nehmen Sie Papier und Bleistift zur Hand. So können Sie die Fettverbrennung ihres Körpers beeinflussen: Lassen Sie sich von Ihrer Fantasie leiten und überlegen Sie, was Sie in den nächsten Tagen essen wollen. Notieren Sie spontane Wünsche und stellen Sie diesen fettarme Versionen gegenüber. Haben Sie Lust auf Schokolade? Schreiben Sie Kakaopulver auf. Oder sollen es lieber Nachos mit ganz viel Käse sein? Die Alternative dazu wären Tortillas mit fettarmem Käse. Überlegen Sie sich vor dem Einkauf, wie Sie Ihren Hunger fettarm stillen können. So vermeiden Sie viele Kalorien.

Bleiben Sie Ihrem Supermarkt treu. Versuchen Sie immer im selben Laden einzukaufen – in einer gewohnten Umgebung lassen sich die verschiedenen Artikel schneller finden. Wenn Sie doch anderswo hingehen, erkundigen Sie sich nach einem Lageplan des Geschäftes, auf dem Sie auf einen Blick sehen, wo die verschiedenen Lebensmittel stehen.

Lernen Sie, Etiketten richtig zu lesen

Gesetzliche Bestimmungen verlangen die Anzeige ernährungsspezifischer Angaben. Ein kurzer Blick auf das Etikett und Sie können entscheiden, ob Sie etwas kaufen oder nicht. Auf Folgendes sollten Sie achten:

Portionsangaben. Diese müssen nicht mit Ihren persönlichen Bedürfnissen übereinstimmen. Wenn Ihnen z.B. eine Portion nicht reicht und Sie die doppelte Menge verzehren, müssen Sie auch die restlichen Angaben auf dem Etikett hochrechnen.

Kalorienangaben. Auch fettfreie Artikel können kalorienreich sein. Experten raten Frauen, nicht mehr als 2000 Kalorien am Tag einzunehmen, um ihr Gewicht konstant zu halten.

Fette und gesättigte Fette. Vergewissern Sie sich, dass die Fettangaben in Ihren täglichen Ernährungsplan passen. Ernährungswissenschaftler empfehlen Frauen, weniger als 60 g Fett pro Tag zu sich zu nehmen.

Cholesterin. Nach Expertenmeinung sollten Sie nicht mehr als 300 mg Cholesterin täglich zu sich nehmen.

Natrium. Fettarme Lebensmittel sind durch Geschmacksverstärker oft sehr salzhaltig. Sie sollten Ihren Natriumkonsum auf 2400 mg pro Tag reduzieren.

Ballaststoffe. Das amerikanische National Cancer Institute empfiehlt täglich zwischen 20 und 35 g Ballaststoffe. Kalte Zerealien sollten mindestens 5 g Ballaststoffe pro Portion beinhalten. Zu empfehlen sind auch Vollkornbrot und Nudelgerichte.

Vitamine und Mineralstoffe. Oft sind Angaben zum Kalzium- und Eisengehalt sowie zum Gehalt der Vitamine A und C aufgeführt. Wählen Sie Lebensmittel, die mindestens 20% des Tagesbedarfs abdecken.

Lesen Sie die Liste der Inhaltsstoffe. Sie offenbart die mengenmäßige Verteilung der Inhaltsstoffe. Die zuerst genannten Zutaten bilden den Hauptbestandteil, die zuletzt Genannten sind nur in geringen Mengen enthalten. So finden Sie heraus, ob ein Lebensmittel z.B. mehr Zucker als Mehl enthält. Überprüfen Sie deshalb, ob z.B. bei Vollkornbrot das Vollkorn ganz oben in der Liste aufgeführt ist. Wenn nicht, sind möglicherweise lediglich geringe Mengen enthalten.

Fettfrei – manchmal ein Trugschluss. Auch so genannte fettfreie Produkte können wahre Kalorienbomben sein. Wenn Sie dies nicht vergessen, können Sie mit fettreduzierten, fettfreien und fettarmen Produkten leckere und gesunde Mahlzeiten zubereiten. Fettarme Milch- und Käsesorten sowie weitere fettarme Milchprodukte senken den Fettkonsum, ohne dass Sie auf Geschmack verzichten müssen.

Legen Sie einen Vorrat an lange haltbaren Lieblingsspeisen an. Die meisten von uns essen die ganze Woche das Gleiche, so Michele Tuttle, Direktorin der Abteilung für Verbraucher-Angelegenheiten am Food Marketing Institute in Washington D C. Ihr Tipp: Kaufen Sie haltbare Lebensmittel monatlich statt wöchentlich. „Wenn Sie z.B. zweimal pro Woche Nudeln essen, kaufen Sie zehn Packungen Nudeln und zehn Gläser Soße auf einmal ein."

Kaufen Sie Fettarmes. Ein gutes Stück Fleisch kostet mehr als eine Packung Nudeln. Und zum Preis einer Packung Eiscreme bekommen Sie mehr als ein Dutzend Orangen. Daraus folgt: Entscheiden Sie sich für Getreideprodukte, Obst und Gemüse. So sparen Sie Geld und kurbeln die Fettverbrennung an.

So finden Sie, was Sie suchen

Das Suchen nach Artikeln in den Gängen eines Supermarktes kann lange dauern. Bitten Sie Angestellte um Hilfe. Wenn das von Ihnen Gewünschte nicht im Regal vorhanden ist, fragen Sie die Verkäufer nach noch nicht ausgepackten Waren.
Äußern Sie den Wunsch nach Artikeln, die Ihr Supermarkt nicht führt. Sagen Sie, dass Sie zwar auch in ein anderes Geschäft gehen könnten, dass Sie aber lieber hier einkaufen. Geschäftsführer sind oft dankbar für Anregungen seitens der Kundschaft. Hier ein paar Tipps, wo schwer zu Findendes oft im Supermarkt steht:

- geröstete rote Paprika (aus dem Glas) finden Sie meist bei Oliven, Kapern und in Essig eingelegtes Gemüse in der Dosenabteilung, manchmal auch im Gang für internationale Lebensmittel.
- fettarme Kondensmilch finden Sie häufig in der Backwarenabteilung oder im Kaffeeregal.
- Einige große Supermärkte führen Weizenvollkornmehl und andere Mehl-Sorten in der Backabteilung. Wenn es dort nicht vorhanden ist, bekommen Sie es im Reformhaus.

6

Strategie 6
Fettreduktion und Sicherheit beim Kochen

Zeit spielt bei der Fettverbrennung eine wichtige Rolle. Viele Menschen fallen in alte Gewohnheiten zurück, weil sie nicht die Zeit haben, gesund zu kochen. Kennen Sie aber erst einmal die zeitsparenden Methoden und Techniken zur Fettreduktion, wird die fettarme Zubereitung der Mahlzeiten sehr viel einfacher.
Haben Sie z.B. eine Küchenmaschine und etwas Backspray (und einige weitere einfache Zutaten) im Haus, können Sie innerhalb von 15 Minuten leckere Kekse zaubern. Schon Ihre körperliche Aktivität während der Zubereitung setzen Stoffwechsel und Fettverbrennung in Gang. Unser Programm versorgt Sie nicht nur mit fettarmem Essen, sondern hilft Ihnen ebenfalls, durch Aktivitäten in der Küche überflüssige Pfunde zu verbrennen.

Sieben Tipps zum Zeitsparen beim fettarmen Kochen

Die meisten für die fettarme Küche erforderlichen Artikel erhalten Sie im Supermarkt. Folgende Dinge brauchen Sie unbedingt:
Antihaft-beschichtetes Kochgeschirr. Es senkt den Fettverbrauch beim Kochen und Backen. Ich empfehle drei Geräte: eine tiefe Bratpfanne (ca. 30 cm Durchmesser) zum Rösten, Anbraten und Bräunen von Fleisch, einen mittleren Topf für Soßen und Suppen und eine gusseiserne Platte für Pfannkuchen und Burger. Wenn sie Gemüse gern kurz anbraten, besorgen Sie sich einen großen Wok. Zum Backen benötigen Sie eine antihaft-beschichtete Brotform, eine Muffinform, Kuchenformen und Backbleche. Ihre anderen Töpfe und Pfannen müssen nicht antihaft-beschichtet sein. Diese können sie für Gerichte verwenden, die viel Flüssigkeit enthalten.
Scharfe Messer. Sie sind eine echte Bereicherung beim Kochen. Die Zubereitung geht so schneller von der Hand und macht mehr Spaß. Die Messer sollten gut in der Hand liegen. Köche benutzen oft nur drei verschiedene Messer: eins zum Hacken und Schneiden (ca. 20 cm lange Klinge), ein Schälmesser und ein Sägemesser (für Brot und Tomaten). Der Gebrauch eines Messerschärfers verhindert, dass die Messer stumpf werden.
Küchenmaschinen. Sie nehmen Ihnen eine Menge Arbeit in der Küche ab. Ich benutze meine zum Teilen, Schneiden und Raspeln von Gemüse, zum Pürieren von Suppen und Soßen, zum Hacken von frischen Kräutern und Nüssen, zum Mixen von Salat-Dressings und für die Herstellung von Paniermehl und Brotteig.
Knoblauchpresse. Ich verwende in meinen Rezepten häufig Knoblauch für den Geschmack. Studien beweisen die cholesterin- und blutdrucksenkende Wirkung des Gemüses. Mit einer Knoblauchpresse entfällt das lästige Zerkleinern von Hand. Viele Pressen erfordern zudem kein vorheriges Schälen der Zehen.

Salatschleuder. Sie trocknet frisches Blattgemüse wie z.B. Spinat – das Abtrocknen der einzelnen Blätter mit Küchentüchern ist nicht nötig. Außerdem ist eine Salatschleuder ideal zum Aufbewahren von Gemüse. Im Kühlschrank bleibt es darin bis zu zwei Wochen frisch.
Zitruspresse. Mit ihr stellen Sie Zitronen-, Limetten- und Orangensaft schnell und günstig her. Die meisten Pressen fassen eine Menge von ca. zwei Tassen Saft. Ein weiterer Vorteil: Kerne werden aufgefangen und gelangen nicht mit in den Saft.
Zitrusreibe. Die Schale von Zitrusfrüchten verleiht vielen fettarmen Rezepten einen besonderen Geschmack. Mit einer Zitrusreibe raspeln Sie die Schale in Sekundenschnelle und müssen sie nicht klein schneiden.

Kochtechniken

Es ist nicht nötig, mit viel Butter, Margarine und Öl zu kochen. Oft genügt eine geringe Menge Fett beim Kochen mit großer Hitze, um ein gleichwertiges Ergebnis zu erzielen. Im Folgenden stelle ich Ihnen meine persönlichen Techniken und Tricks vor.
Rösten. Kurzes Rösten von Nüssen und Gewürzen intensiviert den Geschmack. Wer Nüsse verwendet, kann auf Fett verzichten, ohne dass der Geschmack darunter leidet. Nüsse und Gewürze rösten Sie am besten ohne Fett zwei bis vier Minuten bei mittlerer Hitze in der Pfanne, bis sie leicht braun werden und zu duften beginnen. Bewegen Sie die Pfanne öfter, um ein Anbrennen zu vermeiden.
Rösten im Backofen. Auch das Rösten im Backofen verstärkt den Geschmack. Ich schätze diese Methode besonders bei Gemüse. Schieben Sie den Rost auf die niedrigste Schiene und erhitzen Sie den Backofen auf 260 °C. Legen Sie eine Schicht Gemüse in eine Backform und besprühen sie mit Backspray oder etwas Olivenöl. Fügen Sie Kräuter, Salz, Pfeffer und Gewürze nach Geschmack hinzu. Rösten Sie das Gemüse, bis es weich und goldbraun wird. Wurzelgemüse wie Kartoffeln, Möhren und Rüben benötigen ungefähr 30 Minuten, während Tomaten, Paprika und Auberginen etwas weniger Zeit brauchen. Diese Rösttechnik kommt in vielen Rezepten dieses Buches zum Einsatz, z.B. bei geröstetem Wintergemüse, gerösteten frischen Kartoffeln und Ananas-Salsa.

U M D E N K E N !

Wissenskraft statt Willenskraft

Nehmen Sie sich einen Moment Zeit und werfen Sie einen Blick in Ihren Besteckkasten. Suchen Sie sich das Messer aus, das Sie am häufigsten benutzen. Dieses Messer unterziehen Sie nun einem Test: Halten Sie diese Seite des Buchs einzeln fest. Setzen Sie das Messer oben an der Seite an und schlitzen diese etwas ein. Gelingt Ihnen ein sauberer Schnitt, hat das Messer die Probe bestanden. Wenn nicht, wird Ihr Schneidewerkzeug Ihnen selbst bei einfachen Aufgaben viel Ärger machen. Darüber hinaus stellen unscharfe Messer eine potenzielle Verletzungsgefahr dar, da sie leicht abrutschen.
Als Nächstes schärfen Sie Ihr Messer (Wenn das hierfür nötige Werkzeug fehlt, machen Sie sich eine Notiz für den nächsten Einkauf). Haben Sie eine Extraschublade für Messer, umwickeln Sie die Klingen zum Schutz mit Pappe. Warum das alles? Ein scharfes Messer erleichtert das fettarme Kochen in beträchtlichem Maße. Gemüse hacken und das Entfernen von Fett werden mit einer guten Klinge zum Kinderspiel. Ein gutes, scharfes Messer weckt eher die Lust, etwas Fettarmes zuzubereiten als ein unscharfes. Der Schlitz auf dieser Seite wird Sie daran erinnern.

Dämpfen. Diese Technik eignet sich hervorragend für zarte Fisch- und Gemüsegerichte. Die Zutaten werden über siedendem Wasser gedämpft – ohne Zusatz von Fett. Erhitzen Sie etwa einen Liter Wasser in einem Topf. Legen Sie die Zutaten in einen Dämpfkorb, den Sie in den Topf einhängen. Decken Sie den Topf mit einem Deckel ab und dämpfen Sie die Zutaten, bis sie gar sind. Um im Backofen zu dämpfen, benutzen Sie Pergamentpapier oder Alufolie. Wickeln Sie Fisch oder Geflügel in Pergamentpapier oder Alufolie ein und backen Sie sie bei 180 bis 200 °C. Die Zutaten garen auf diese Weise im eigenen Saft.

Pochieren. Ich pochiere Fisch gern. Auch bei dieser Technik kommen Sie ohne zusätzliches Fett aus. Pochieren und Dämpfen sind ähnliche Methoden, jedoch mit dem Unterschied, dass die Zutaten beim Pochieren direkt in der Flüssigkeit auf kleiner Flamme köcheln. Um einen guten Geschmack zu erzielen, fügen Sie der Flüssigkeit frische Kräuter, Gewürze, Zitronensaft, Brühe oder Wein hinzu.

Kurz Anbraten. Braten hat in der fettarmen Küche eine andere Bedeutung. Anstatt mit viel Öl zu frittieren, erreiche ich mit antihaft-beschichteten Pfannen, mittlerer Hitze und wenig Öl oder Backspray gleichwertige Ergebnisse. Dabei bekommt das Gebratene eine knusprige bräunliche Außenschicht, während es innen saftig und zart bleibt. Probieren Sie z.B. kurz angebratene Krabbenküchlein.

Braten im Backofen ist eine fettarme Alternative zum herkömmlichen Braten. Besprühen Sie dazu die Zutaten mit Backspray und braten Sie diese im Ofen (230–260 °C) bis sie braun und knusprig werden. Sie können sogar Pommes frites, paniertes Huhn und Gemüse im Teig im Backofen braten, statt sie zu frittieren. Bei panierten Gerichten nehmen Sie zum Beschichten zuerst Eiweiß (Eigelb enthält Fett und Cholesterin), dann folgt eine Schicht Backspray. Das Ganze wird gebacken, bis es knusprig wird. Diese Methode wirkt bei den Rezepten „Hähnchen-Parmesan-Streifen“ und „Hähnchen im Buttermilch-Teig“ wahre Wunder.

Sautieren (mit wenig Fett braten). Ich sautiere gewöhnlich in einer antihaft-beschichteten Pfanne mit etwas Öl oder Backspray. Große Mengen Fett sind nicht erforderlich. Manchmal mische ich das Öl mit Brühe oder Sherry. Wenn die Zutaten ankleben, füge ich etwas mehr Brühe hinzu. Damit die Zutaten vor dem Kochen nicht zu viel Öl aufnehmen, erhitze ich das Öl in der Pfanne vor. Leichtes Brutzeln signalisiert den richtigen Zeitpunkt für das Hinzufügen der Zutaten.

Sicherheit beim Kochen

Lebensmittelvergiftungen sind auch für Hobbyköche ein Thema, das an Bedeutung gewinnt. Es gibt keinen Grund zur Panik; einige einfache Vorsichtsmaßnahmen in der Küche sind jedoch ratsam, besonders bei Fleisch, Geflügel, Fisch und Eiern. Um sich gegen lebensmittelspezifische Krankheiten zu schützen, raten Gesundheitsexperten Folgendes:

Eier sind unverzichtbar beim Kochen, sie finden vom Frühstück bis zum Nachtisch Verwendung. Hier einige Tipps.

- Kaufen Sie gekühlte Eier und stellen Sie sie in den Kühlschrank. Die größte Gefahr geht von nicht gekühlten Eiern aus.
- Vermeiden Sie Lebensmittel und Getränke, die rohe oder nicht ausreichend gekochte Eier enthalten, z.B. Eierpunsch, Mousse und ungekochte Pastetenfüllungen sowie weichgekochte Eier. Lassen Sie Ihre Kinder keinen ungebackenen Teig probieren, der rohe Eier enthält.
- Braten Sie Eier, bis Eiweiß und Eigelb fest sind.
- Essen Sie Eier sofort nach dem Kochen.
- Waschen Sie nach dem Verarbeiten roher Eier Hände, Kochutensilien und Flächen mit heißem Wasser und Seife ab.

Geflügel. Viele Markthühner enthalten genug Salmonellen, um krank zu machen. Einige sogar so viele, dass sie eine tödliche Wirkung haben können. So können Sie eine Salmonellenvergiftung vermeiden:

- Tauen Sie tiefgekühltes Geflügel im Kühlschrank auf – nicht bei Raumtemperatur.
- Lagern Sie aufgetautes Geflügel bis zum Verzehr im Kühlschrank.
- Lassen Sie rohes Geflügel nie länger auf der Arbeitsfläche liegen, auch nicht während des Marinierens.
- Behandeln Sie Geflügel nie mit ungekochter Marinade.
- Hohe Hitze tötet Bakterien ab. Wenn Sie die Marinade als Soße servieren möchten, bringen Sie sie zuerst zum Kochen.
- Kochen Sie Geflügel gründlich. Es ist gar, wenn beim Einstechen mit der Gabel klarer Saft herausfließt und wenn das Innere der Schenkel nicht mehr rosa ist. Stechen Sie, ohne die Knochen zu berühren, ein Fleischthermometer in den dicksten Teil des inneren Schenkels. Es sollte mindestens 80 °C anzeigen.
- Seien Sie vorsichtig mit Füllungen. Auch wenn das Geflügel stark genug erhitzt wurde und keine Bakterien mehr enthält, könnte die Füllung welche enthalten. Legen Sie sie deshalb besser in eine separate Backform und backen Sie sie zeitgleich mit dem Geflügel. Beträufeln Sie die Füllung gelegentlich mit Hühnerbrühe. Wenn Sie nicht auf das Füllen des Geflügels verzichten wollen, füllen Sie es bitte erst kurz vor dem Einschieben in den Ofen. Auf diese Weise haben Bakterien nur wenig Zeit, um vom Geflügel in die Füllung zu gelangen. Füllen Sie so locker, dass noch ausreichend Platz für die zirkulierende Hitze bleibt. Um die Garheit zu überprüfen, stecken Sie ein Fleischthermometer ins Zentrum der Füllung. Es sollte mindestens 75 °C anzeigen.
- Wenn Sie Geflügelreste zum späteren Verzehr aufbewahren wollen, stellen Sie sie direkt nach der Mahlzeit in den Kühlschrank.

Fleisch. Fleisch kann Salmonellen und Kolibakterien enthalten. Besonders anfällig ist Hackfleisch, da die Bakterien an der Oberfläche beim Drehen durch den Fleischwolf mit dem Rest vermischt werden. Ansonsten gelten die gleichen Tipps wie beim Geflügel. Für noch mehr Sicherheit empfehlen Experten Folgendes:

- Vermeiden Sie rohes Fleisch wie Tatar und Carpaccio.
- Verzichten Sie auf nicht ausreichend erhitztes Fleisch wie nur leicht angebratene Steaks oder Hamburger. Das Fleisch muss eine Innentemperatur von ca. 75 °C erreichen, damit die Bakterien wirksam abgetötet werden.

Meeresfrüchte. Rohe und nicht ausreichend gekochte Schalentiere stellen die größte Gefahr bei ihrem Verzehr dar. Rohe Schalentiere sind am häufigsten für Fischvergiftungen verantwortlich. Aber es gibt auch Meeresfrüchte, die nicht so risikoreich sind – die beliebtesten sind Garnelen, Kabeljau, Flunder, Schellfisch, Lachs und Dosen-Thunfisch. Fisch ist gesund, weil er viele Omega-3-Fettsäuren enthält, die das Herz schützen. Um eventuelle Probleme auszuschließen, sollten Sie nachfolgende Hinweise beherzigen:

- Vermeiden Sie rohen Fisch wie in Sashimi oder Sushi. (Wenn Sie Sushi im Restaurant bestellen, bitten Sie um die Zubereitung mit Gemüse statt mit rohem Fisch.)
- Verzichten Sie auf rohe, nicht genügend erhitzte Schalentiere wie Austern und Venusmuscheln.

Sicherheit in der Küche

Der kluge Umgang mit Lebensmitteln ist die beste Art, die Ausbreitung von Bakterien zu vermeiden. Besonders wichtig ist die Sauberkeit der Küche. Keime auf Tischen, Schwämmen und Tüchern können leicht auf Hände und Kochutensilien gelangen. Putzen Sie deshalb Ihre Küche regelmäßig. Hier einige zusätzliche Tipps von Ernährungsexperten.

- Benutzen Sie antibakterielle Reiniger und heißes Wasser, um Oberflächen zu reinigen, die mit rohem Fisch, Eiern, Geflügel und Fleisch in Kontakt gekommen sind.
- Verwenden Sie einen antibakteriellen Schwamm. Spülen Sie ihn nach Gebrauch mit heißem Wasser und drücken Sie ihn aus. Ersetzen Sie ihn öfter. Ich nehme einmal pro Woche einen neuen.
- Benutzen Sie Holzbrettchen (anstelle von Plastikbrettchen). Um mögliche Bakterien in den inneren Schichten des Holzes abzutöten, erhitzen Sie die Holzbrettchen fünf Minuten in der Mikrowelle. Plastikbrettchen sollten Sie nach jedem Gebrauch im Geschirrspüler oder mit einem antibakteriellen Reiniger und heißem Wasser säubern.

- Benutzen Sie verschiedene Brettchen für Fleisch, Geflügel und Meeresfrüchte. Wenn Sie nur ein Brettchen haben, benutzen Sie eine Seite für Fleisch und die andere für Gemüse.
- Säubern Sie Meeresfrüchte und Geflügel in der Spüle. Das macht das Abwaschen und Desinfizieren zum Kinderspiel.
- Waschen Sie Ihre Geschirrtücher regelmäßig. Feuchtwarme Tücher, besonders wenn Sie Essensreste damit weggewischt haben, bilden einen idealen Nährboden für Bakterien. Innerhalb weniger Stunden vervielfachen sie sich und können sich auf Hände, Geschirr, Kochutensilien und Lebensmittel übertragen. Saubere Geschirrtücher sollten Sie stets zur Hand haben. Verschmutzte Tücher können Sie bei 95 °C waschen und im Wäschetrockner trocknen. Zum Entfernen von Milch-, Ei-, Fleisch-, Geflügel- und Meeresfrüchte-Resten sind Wegwerftücher besser geeignet.

STRATEGIE 7
GESCHMACK DURCH GEWÜRZE

Denken Sie, dass fettarme Gerichte fade und langweilig schmecken? Ohne Zweifel, Fette erhöhen den Geschmack, doch zahlreiche wohl schmeckende Zutaten wie frische Zitrusfrüchte, scharfe Peperoni, Balsamessig und getrocknete Tomaten sind sowohl fettfrei als auch sehr schmackhaft. Durch Kräuter und andere Gewürze kann man die geschmacksverstärkende Wirkung von Fett sehr gut ersetzen. Oft liefern fettarme Zutaten sogar mehr Geschmack als fettreiche. Einige Gewürze in den Rezepten regen zudem den Stoffwechsel an und helfen so beim Fettverbrennen.

Mehr Zutaten bedeuten nicht mehr Arbeit

In fettarmen Rezepten brauchen Sie für den Geschmack oft mehr Zutaten als in fettreichen. Dies bedeutet aber keinen größeren Aufwand, sondern nur, dass einige Kräuter und Gewürze hinzugefügt werden müssen.
Schauen Sie sich z.B. ein ganz normales Nudelrezept an. Die Soße besteht hauptsächlich aus Öl, Butter oder Sahne sowie wenigen Kräutern und Gewürzen. Ein fettarmes Rezept kommt mit einem Esslöffel Öl oder Butter und etwas fettfreier Hühner- oder Gemüsebrühe aus. Den wesentlichen Anteil bilden eine Reihe von Kräutern und Gewürzen, z.B. frisches Basilikum, frische Petersilie, Safran, gemahlene Zitronenschale und frisch gemahlener schwarzer Pfeffer. Das Ergebnis ist ein fettarmes, geschmackvolles Gericht.

Getrocknete Kräuter und Gewürze

Getrocknete Kräuter und Gewürze sind in der fettarmen Küche sehr wichtig. Durch Sie erhalten die meisten Gerichte ihren ganz speziellen Geschmack. Wie wäre es mit Zucchinibrot mit gemahlenem Ingwer und gemahlenen Gewürznelken? Hier ein paar Tipps:
Kaufen Sie Kräuter in kleinen Mengen. Getrocknete Kräuter und Gewürze verlieren nach etwa einem Jahr an Geschmack, kaufen sie daher nur geringe Mengen, am besten im Naturkostladen, und zwar nur so viel wie Sie brauchen. Meist sind die Artikel dort frisch. Fragen Sie im Zweifelsfall jedoch lieber nach.
Keine Hitze, kein Licht. Um die Haltbarkeit von Kräutern und Gewürzen zu verlängern, lagern Sie sie in gut verschließbaren Dosen. Diese schützen sie vor Hitze, Feuchtigkeit und Licht.
Reiben Sie die Kräuter. Um die Öle – und somit den Geschmack – von getrockneten Kräutern freizusetzen, sollten Sie sie beim Hinzufügen zwischen den Fingern zerreiben.

Je früher, desto besser. Getrocknete Kräuter, insbesondere Lorbeerblätter, entfalten ihren Geschmack am besten, wenn sie beim Kochen früh hinzugefügt werden. Das gibt ihnen Zeit, Wasser aufzunehmen und ihr Aroma freizusetzen.

Je später, desto besser. Manche Gewürze wie Zimt und schwarzer Pfeffer können einen bitteren Geschmack entwickeln, wenn sie großer Hitze ausgesetzt werden. Deshalb ist es sinnvoll, sie erst gegen Ende der Kochzeit dazuzugeben.

Rösten. Trockene Gewürze wie Kümmel und Currypulver schmecken geröstet besser. Erhitzen Sie die Gewürze in einer Pfanne ohne Fett zwei bis vier Minuten bei mittlerer Hitze, bis sie zu duften beginnen und leicht braun werden. Achten Sie darauf, sie nicht zu verbrennen, gerade bei gemahlenen Gewürzen geschieht dies schnell. Ungemahlene Gewürze zerstoßen Sie nach dem Rösten in einem Mörser.

Koriander zieht das Blei heraus

Frischer Koriander wie er oft in Salsa enthalten ist, ist ein wesentlicher Bestandteil der mexikanischen, thailändischen und vietnamesischen Küche. Das Kraut kann bei Blei- und Quecksilbervergiftungen helfen und sogar bei der Krebs-Behandlung eingesetzt werden, so Yoshiaki Omura, Direktor der medizinischen Forschungsabteilung an der Heart Disease Research Foundation und Präsident des International College of Acupuncture and Electro-Therapeutics in New York City. Omura entdeckte, dass Koriander Schwermetalle bindet und hilft, sie aus dem Körper zu spülen. Ferner fand Omura heraus, dass Krebszellen Quecksilber enthalten und dass man sie besser bekämpfen kann, wenn man dieses eliminiert. Als Präventivmaßnahme gegen Blei- und Quecksilbervergiftungen empfiehlt Omura täglich ein bis zwei Teelöffel gehackten frischen Koriander.

Frische Kräuter

Noch besser als getrocknete eignen sich frische Kräuter. Ihr natürlicher Geschmack verfeinert fettarme Gerichte. Beachten Sie folgende Tipps für maximalen Genuss.

Grün sollten sie sein. Kaufen Sie keine frischen Kräuter, die welk sind oder bräunliche Flecken haben. Verwelkte Blätter sind nicht mehr so aromatisch wie frische.

Behandeln Sie Kräuter wie Blumen. Frisch geschnittene Kräuter halten am längsten im Kühlschrank. Stellen Sie sie in ein halbvoll mit Wasser gefülltes Glas, bedecken dieses lose mit einer Plastiktüte und stellen es in den Kühlschrank. So können Sie die Kräuter bis zu zwei Wochen frisch halten.

Frieren Sie Kräuter ein. Kräuter wie frisches Basilikum sind im Winter manchmal schwer zu bekommen. Sie können sie einfrieren. Füllen Sie die frischen Blätter in einen Gefrierbeutel, drücken Sie die Luft heraus, verschließen Sie den Beutel und legen ihn ins Tiefkühlfach.

Bauen Sie selbst an. Auf einer sonnigen Fensterbank kann man auch im Winter Kräuter ziehen. Ich haben den ganzen Winter über einen Topf mit Basilikum in der Küche.

Fügen Sie frische Kräuter spät hinzu. Frische Kräuter schmecken am besten, wenn Sie sie am Ende des Kochens hinzugeben. Die meisten benötigen nur eine oder zwei Minuten, um ihren Geschmack zu entfalten. Wenn Sie Dressings oder Salsa zubereiten, können Sie die Kräuter zusammen mit den anderen Zutaten verarbeiten.

Getrocknete Kräuter. Haben Sie keine frischen Kräuter mehr im Haus, benutzen Sie getrocknete. Die Menge sollten Sie dabei um ein Drittel reduzieren (z.B.: ein Esslöffel frischer Oregano entspricht einem Teelöffel getrocknetem Oregano). Dies ist jedoch keine allgemeingültige Regel. Entscheiden Sie nach Geschmack.

Süßungsmittel

Zucker neutralisiert Bitteres, Saures und Salziges. Schon geringe Mengen Zucker können den Geschmack von Gerichten – ohne viele zusätzliche Kalorien – wesentlich verbessern, so auch bei vielen Rezepten in diesem Buch. Im Folgenden einige Gerichte, bei denen Sie etwas Zucker verwenden können:
Tomatensoßen. Tomatensoßen schmecken häufig säuerlich. Abhilfe schafft eine Prise Zucker.
Spinatgerichte. Spinat wächst oft unter heißen und trockenen Bedingungen und schmeckt daher bitter. Bestreuen Sie ihn beim Kochen mit etwas Zucker, das zieht die Bitterstoffe heraus.
Salzige Suppen. Haben Sie Ihre Suppe oder Ihren Eintopf versalzen? Fügen Sie eine Prise Zucker hinzu. Er wirkt dem salzigen Geschmack entgegen. Aber Vorsicht, zu viel Zucker bedeutet auch zu viele Kalorien und kann die Suppe übersüßen.

Zucker selbst macht nicht dick – zu viele Kalorien schon

Nach neuesten Forschungsergebnissen macht Zucker selbst weder dick noch hyperaktiv. Eine zuckerreiche Ernährung hat grundsätzlich keinen Einfluss auf Gewicht, Stimmung oder Verhalten. Karies ist das größte Problem, das durch Zucker entsteht. Dennoch kann der Konsum von viel Zucker zu einer Erhöhung des Gewichts führen, wenn das gesunde tägliche Kalorienlimit überschritten wird. Viele süße Snacks und Limonaden enthalten leere Kalorien, die der Körper in Fett umwandelt, wenn sie nicht durch Bewegung abgebaut werden.

Salz – Freund und Feind

Salz ist seit Tausenden von Jahren Geschmacksverstärker und Haltbarmacher zugleich. Es hemmt nicht nur das Wachstum von Bakterien und Schimmel in konservierten und eingelegten Nahrungsmitteln, sondern kontrolliert auch den Gärungsprozess bei der Herstellung von Brotteig. Ferner stabilisiert es Farbe, Aroma und Konsistenz von Gemüse. Zu guter Letzt schmeckt es auch noch gut.
Leider hat der gute Geschmack auch seine negative Seite. Fast alle industriell bearbeiteten Lebensmittel enthalten Salz. In jedem Restaurant finden Sie Salzstreuer auf dem Tisch. In jeder Fast-Food-Tüte sind Päckchen mit Salz. So dämmen Sie Ihren Salzkonsum in Ihrer eigenen Küche ein:
Eine Prise genügt. Salz ist ein kräftiges Gewürz, deshalb sollten Sie darauf achten, dass es die anderen Geschmacksrichtungen im Essen nicht dominiert. Für Vollwertrezepte benötigen Sie weniger als einen halben Teelöffel. Bei Tisch reicht eine Prise.

Verfeinern Sie Ihren Geschmack. Gewöhnen Sie sich an andere Würzmittel, z.B. Balsamessig, Zitronensaft, Sojasoße, Senf oder Salsa. Wenn Sie gewöhnlich sehr salzig essen, nehmen Sie sich am besten einige Wochen Zeit für die Umgewöhnung.
Salz und Gebäck. Beim Backen brauchen Sie meist etwas Salz, bei den meisten Rezepten kommen Sie jedoch mit weniger als $^1/_2$ Teelöffel aus. Deshalb müssen Sie es hier nicht reduzieren.

Pfeffrig, pfeffrig...

Pfeffer ist nicht gleich Pfeffer. Es gibt einen großen Unterschied zwischen Pfefferkörnern und scharfen Peperoni: Sie stammen von völlig verschiedenen Pflanzen.
Pfefferkörner sind Beeren, die auf den Reben der Pfefferpflanze (Piper nigrum) wachsen. Die meisten Hobbyköche benutzen schwarze Pfefferkörner, die noch unreif gepflückt, getrocknet und dann gemahlen wurden. Ich ziehe ganze Pfefferkörner den gemahlenen vor, da Letztere schnell an Aroma verlieren. Ganze Pfefferkörner werden in einer Pfeffermühle gemahlen. Durch Pfeffer bekommen pikante Gerichte einen leicht scharfen, süßlichen Geschmack. Pfeffer schmeckt auch auf Erdbeeren gut. Erdbeeren mit Balsamessig, etwas gemahlenem Pfeffer und Zucker bestreut sind eine wahre Gaumenfreude.
Jetzt zu den scharfen Gewürzen: Chili (Peperoni) ist die scharfe Schote der Capsicum-Pflanze. Es gibt ihn in unzähligen Formen, Größen und Schärfen. Wenn Sie gern scharf essen, sollten Sie ihn ausprobieren. Die meisten Leute gewöhnen sich desto schneller an scharfe Gerichte, je mehr sie davon essen. Im Folgenden lernen Sie vier Sorten kennen, die ich immer im Haus habe.

1. Cayennepfeffer: für Suppen, Eintöpfe, Reis und Bohnen
2. grob gemahlene Peperoni: für Pizza und Nudelgerichte
3. milde grüne Peperoni aus der Dose: für mexikanische Gerichte wie Quesadillas und Tortilla-Auflauf
4. frische Jalapeno-Peperoni: für Burritos, Tacos und frische Salsas

Scharfes bekämpft Kalorien

Gerichte, die scharfe Zutaten enthalten, helfen Ihnen bei der Gewichtsabnahme. Chili und Senf treiben den Stoffwechsel an und unterstützen die Kalorienverbrennung. So verbrauchen sie bis zu 25% mehr. Peperoni können verdauungsfördernd wirken, denn sie regen die Magensäfte an. Die meisten Chiliarten enthalten viel Vitamin A und C. Tun Sie Ihrem Körper etwas Gutes und essen Sie öfter mal was Scharfes.

Fettarme Geschmacksverstärker

Einige wenige Würzmittel kommen in den Rezepten immer wieder vor. Sie verwandeln fettarme Gerichte in wohl schmeckende Gaumenfreuden. Verwenden Sie sie, wann immer Sie möchten.

Zitronensaft. Zitronen- oder Limettensaft verbessert den Geschmack von heißen und kalten Bohnengerichten. Vermischen Sie für Bohnen-Dips die Zutaten mit einem Schuss Zitronensaft. Bei heißen Gerichten wie Bohnensuppe sollten Sie den Saft erst gegen Ende des Kochvorgangs dazugeben. Kombinieren Sie Zitronensaft mit weißen Bohnen und Limettensaft mit schwarzen. Auch Fisch können Sie mit Zitronensaft würzen.

Zitrusschale. Die geriebene Schale von Zitronen, Limetten und Orangen gibt fettarmen Muffins oder Broten ein frisches Aroma. Eine Prise Zitronenschale passt auch wunderbar zu leichten Nudelgerichten.

Getrocknete Tomaten. Legen Sie diese für 15 Minuten in heißes Wasser. Die aufgeweichten Früchte schneiden Sie in kleine Stücke. Diese können Sie u.a. für Pizza, Nudeln, Dips, Aufstriche, Pesto und Salate verwenden.

Getrocknete Pilze sind monatelang haltbar. Ich verwende vorwiegend Shiitake- und Porcini-Pilze. Weichen Sie sie in heißem Wasser auf und fügen Sie sie Suppen, Soßen, Nudeln, Pizza, Polenta, Burgern, Fleischbällchen usw. hinzu.

Trockenfrüchte sind ein fantastischer Geschmacksverstärker. Aprikosen, Preiselbeeren, Blaubeeren, Kirschen, Johannisbeeren und Rosinen verleihen Muffins, Brot, Keksen und Salaten einen saftigen, fruchtigen Geschmack. Legen Sie sie vor der Verarbeitung in heißes Wasser.

Einweichflüssigkeit. Die Einweichflüssigkeit getrockneter Tomaten, Pilze, Peperoni und Früchte besitzt einen eigenen Geschmack. Fügen Sie sie zusammen mit den anderen Zutaten dem Rezept hinzu oder frieren Sie sie in einem luftdichten Behälter ein. Einweichflüssigkeit bildet eine gute Grundlage für Suppen, Eintöpfe und Soßen.

U M D E N K E N !

Wissenskraft statt Willenskraft

Gut schmeckende Gerichte helfen Ihnen, sich auf Dauer fettarm zu ernähren. Ersetzen Sie abgestandene Gewürze und Soßen in Ihrer Küche durch neue, frische Produkte. Werfen Sie einen Blick in Ihre Ketchup- und Salsaflaschen sowie Senfgläser. Sieht der Inhalt schon alt aus? Werfen Sie sie in diesem Fall lieber weg. Füllen Sie die Regale neu mit Ihren Lieblingsgewürzen und Soßen und platzieren Sie diese leicht zugänglich. Wann immer Sie versucht sind, etwas Fettreiches zu essen, können Sie jetzt ins Regal greifen und sich mit Gewürzen und Soßen etwas Fettarmes zaubern. Wenn Sie scharfe Gerichte mögen, können Sie mit feurigen Soßen zudem Ihren Stoffwechsel anregen und einige Kalorien verbrennen.

Der Gewürzkorb

Sie sollten sich bei Gewürzen nicht nur auf Salz und Pfeffer beschränken. Wir benutzen auch flüssige Gewürze und haben stets einen Korb auf dem Tisch. Flüssiggewürze passen zu Thunfisch- und Puten-Sandwiches, gekochten Getreideprodukten, Bohnen und zu allem, was etwas zusätzlichen Geschmack vertragen kann. Kaufen

Sie Ihre eigene Gewürzauswahl in Lebensmittelgeschäften und Reformhäusern. Die meisten Flüssiggewürze sind fettfrei und benötigen keine Kühlung. Schauen Sie zur Sicherheit auf das Etikett. Falls sie gekühlt werden müssen, stellen Sie zwei verschieden Körbe zusammen, einen für die Aufbewahrung bei Zimmertemperatur und einen für den Kühlschrank. Diese Gewürze sollten Sie unbedingt im Haus haben:

- Chilisoße (verschiedene Sorten)
- Senf (z.B. braunen Senf, Dijonsenf, Honigsenf)
- Meerrettichpaste
- Salsa (Fruchtsalsa, Tomatensalsa)
- Sojasoße
- Essig (Balsam- und Himbeeressig)
- Worcester-Soße

Kochen mit Wein und Sherry

Wein ist ein fettloser Geschmacksverstärker. Wer Alkohol meidet, ist mit alkoholfreien Weinen bestens bedient. Alkohol hat einen relativ niedrigen Siedepunkt (ca. 80 °C). Wenn Sie Wein über eine längere Zeit in einem offenen Behältnis erhitzen, beginnt der Alkohol zu verdampfen. Das Gute aber ist: Der Geschmack bleibt.

Ich verwende zum Kochen geringe Mengen weißen und roten Wein sowie Sherry. Sherry zählt zu wichtigsten Geschmacksverstärkern von Cremesuppen und -soßen, insbesondere von Pilzsuppen. Er verleiht Gerichten ein feines Aroma und einen unnachahmlichen, trocken-fruchtigen Geschmack. Am besten geben Sie nach dem Erhitzen der Suppe oder Soße einen oder zwei Esslöffel Sherry hinzu.

Bei der Qualität der Weine sollten Sie keinen Kompromiss machen. Ein Sprichwort sagt: „Koche nie mit einem Wein, den du nicht auch trinken würdest.“ Ein trockener Rot- oder Weißwein oder ein milder Sherry sind gut geeignet.

Strategie 8
Lieblingsgerichte – fettarm zubereitet

Sie müssen auch in Zukunft nicht auf Ihre Lieblingsgerichte verzichten. Ich selbst habe Dutzende von fetthaltigen Gerichten in fettarme umgestaltet. Haben Sie erst einmal einige Basisregeln und Tricks gelernt, wird Ihnen der Übergang vom fettreichen zum fettarmen Kochen sehr leicht fallen. Testesser bestätigen den Erfolg.
Sicherlich gibt es einige Rezepte, die sich nur schwer umgestalten lassen. Vielleicht lösen bestimmte Gerichte bei Ihnen besondere Gefühle aus und Sie möchten sie deshalb nicht verändern. In meinem Fall ist das Lindy's Käsekuchen nach New Yorker Art. Zwar habe ich einige Rezepte für köstliche fettarme Käsekuchen entwickelt, dennoch werde ich nicht versuchen, Lindy's Käsekuchen kalorienärmer zu backen. Etwa 1 kg Vollfett-Frischkäse, $^1/_2$ Tasse Butter, fünf Eier, drei Eigelb und $^1/_4$ Tasse Sahne geben diesem Kuchen seinen Geschmack. Außerdem habe ich eine ganz besondere Vorliebe für Lindy's Käsekuchen, vielleicht sind es die 69 g Fett pro Stück. Weil er so fettreich ist, esse ich ihn nicht oft. Wenn ich in New York bin, gönne ich mir jedoch ein Stück und genieße jeden Bissen.
Ein gelegentlicher „Ausrutscher" ist im Rahmen eines fettarmen Ernährungsplans durchaus vertretbar, auf diese Weise entstehen keine Gefühle der Entbehrung, die zu Heißhunger führen können. Das Wichtigste ist, dass Sie nur gelegentlich und in Maßen „sündigen".

Wie Sie ein Rezept umgestalten

Ein fettreiches Rezept in ein fettarmes umzuformen, ist nicht so schwer, wie Sie vielleicht vermuten. Geschmack und Konsistenz sind dabei am wichtigsten. Einige Rezepte, besonders Backwaren und Desserts, benötigen eine gewisse Menge an Fett für die Konsistenz, andere Rezepte bekommen durch Fett erst Geschmack. So benötigen Sie z.B. Olivenöl für Pesto und Sahne für Cremesuppen. Nun erfahren Sie, wie Sie den Fettgehalt in Rezepten senken können. Nehmen Sie sich zuerst das Rezept vor, stellen Sie sich dazu die im Folgenden aufgeführten Fragen und machen sich Notizen. Mit den Änderungen in der Hand gehen Sie nun in die Küche und beginnen mit den Vorbereitungen. Eventuelle Ergänzungen oder andere Veränderungen, die sich beim Abschmecken ergeben, notieren Sie ebenfalls.

Wie wird gekocht?
Schauen Sie sich die Anweisungen im Rezept an. In vielen Fällen können Sie Fettreduzierungen vornehmen, indem Sie die Garmethode ändern. Wenn ein Gericht frittiert werden soll, besprühen Sie die Zutaten mit Backspray, legen sie aufs Backblech und backen sie bei 230 bis 245 °C, bis sie braun und knusprig sind. Indem Sie das Frittier-

Fettarme Alternativen

Niemand muss auf seine Lieblingsgerichte verzichten. Viele fettreiche Zutaten lassen sich durch fettarme und fettfreie Alternativen ersetzen, mit denen Sie die gewohnte Konsistenz und den vertrauten Geschmack erreichen. Im Folgenden stelle ich Ihnen die von mir bevorzugten Ersatzstoffe vor. Probieren Sie verschiedene Marken aus, insbesondere bei Milchprodukten. Denken Sie daran, dass Sie Butter, Öl und andere Fette in geringen Mengen benutzen können, z.B. beim Sautieren.

ERSETZEN SIE...	DURCH...
Butter	Backspray zum Anbraten etwas Butter oder Rapsöl, zum Backen kombiniert mit Apfelmus oder Pflaumenpüree fettarme Butter-Aufstriche (Seite 254)
Käse	Magermilch- oder Teilrahm-Käsesorten
Schokolade	Kakaopulver mit Pflaumenpüree
Schokoladenstreusel	eine geringere Menge Schokoladenstreusel
Hüttenkäse	fettarmen Hüttenkäse
Sahne	fettarme Kondensmilch geringe Mengen fettarmer Sahneersatz
Sahnekäse	fettarmen Frischkäse
Eier	Eiweiß fettfreien Ei-Ersatz
Rinderhack	Putenhack
Majonäse	fett- oder cholesterinarme Majonäse
Nüsse	geringe Mengen gerösteter, fein gehackter Nüsse
Öl	Backspray zum Anbraten, geringe Mengen Öl aus erster Pressung oder Rapsöl, kombiniert mit Brühe oder Wein zum Sautieren
Schwein	Huhn
Wurst	Geflügel- oder Tofuwurst
Back-, Brat-, Kochfett	geringe Mengen Butter, Raps- oder Olivenöl
Sauerrahm	fettarmen Sauerrahm fettarmen Naturjoghurt
Vollmilch	Magermilch, für Zerealien und zum Trinken fettarme Kondensmilch zum Backen und für Suppen, Soßen und Aufläufe

öl weglassen, sparen Sie viel Fett. Beim Sautieren können Sei die verlangte Fettmenge oft um ein Drittel reduzieren. Mit einem Esslöffel Rapsöl und einer antihaft-beschichteten Pfanne lassen sich die gleichen Ergebnisse erzielen wie beim Sautieren in drei Esslöffeln Butter. Durch das Weglassen der Butter vermeiden Sie gesättigte Fette. Variieren Sie den Geschmack, indem Sie das Fett beim Sautieren teilweise durch Gemüse- bzw. Hühnerbrühe ersetzen.

Für wie viele Portionen reichen die Zutaten?

Bevor Sie sich um die Zutaten kümmern, sollten Sie einen Blick auf die Anzahl der Portionen werfen. Dies gibt Ihnen Aufschluss über die Aufteilung der Zutaten und den nötigen Fettanteil. Wenn z.B. in einem Rezept für vier Portionen eine dreiviertel Tasse Butter (zwölf Esslöffel) benötigt wird, bedeutet das drei Esslöffel Butter pro Portion. Denken Sie daran, dass einige Rezepte, z.B. Gebäck und Nachspeisen, meist etwas Fett erfordern.

Wie viel Butter oder Öl brauche ich?

Fette wie Butter, Öl, Margarine und Backfett sollten Sie reduzieren. Im Allgemeinen gilt: Ein bis zwei Esslöffel reichen für ein Rezept für vier Portionen. Das entspricht ca. $1^1/_2$ Teelöffeln pro Portion (oder 6,5 g Fett). Dadurch, dass Sie den Konsum dieser Fette niedrig halten, können Sie zur Geschmacksverstärkung geringe Mengen anderer fetthaltiger Zutaten verwenden, wie z.B. Käse, Nüsse und Eier. Für pikante Gerichte können Butter oder Öl z.T. durch fettfreie Hühnerbrühe oder Gemüsebrühe ersetzt werden. Bei Backwaren und Nachspeisen lassen sich Butter und Backfett teilweise durch Apfelmus oder Pflaumenpüree ersetzen (entkernte Pflaumen püriert mit heißem Wasser).

Welche weiteren fetthaltigen Zutaten gibt es und wie lassen sie sich reduzieren?

Suchen Sie im Rezept nach weiteren fetthaltigen Zutaten wie Eiern, Käse und Nüssen. In vielen Fällen ist geschmacklich kein Unterschied zu merken, wenn Sie etwas weniger Käse oder Nüsse oder ein Ei statt zwei verwenden.

Was für fettarme Alternativen gibt es?

Milch, Eier, Käse, Majonäse, Sahne, Sauerrahm, Schokolade, Rinderhack und Wurst können durch fettarme Produkte ersetzt werden. 10 g Fett sparen Sie, wenn Sie statt zwei ganzen Eiern vier Eiweiße nehmen. Vollfettkäse können Sie durch Magermilchkäse ersetzen. Putenhack anstelle von Rinderhack und Putenwürstchen anstelle von solchen aus Schweinefleisch sind weitere gute Alternativen.

Welche Kräuter und Gewürze intensivieren den Geschmack?

Wenn Sie weniger Fett für ein Rezept verwenden, schmeckt es weniger intensiv. Dies kann durch fettfreie Zutaten wie frische Kräuter, zusätzliche Gewürze, geriebene

Zitronenschale, Balsamessig, Wein oder Sherry, getrocknete Tomaten oder Pilze, grob gemahlene Peperoni, Senf und Worcester-Soße ausgeglichen werden.

Verbannen Sie nicht alle fettreichen Zutaten

Geringe Mengen fettreicher Zutaten können für fettarmes Essen durchaus eine Bereicherung sein. Der Trick ist, nur wenig von ihnen zu verwenden.
Butter. Unsere kulinarischen Laster sind leider oft reich an gesättigten Fettsäuren. Doch geringe Mengen Butter – das gilt insbesondere für fettarm Gebackenes und fettarme Desserts – erzeugen die richtige Konsistenz einer Speise. Im Rahmen des Programms wird durch den Gebrauch kleiner Mengen Butter der Richtwert von 10% Kalorien durch gesättigte Fette nicht überschritten. Verwenden Sie nicht mehr als einen bis zwei Teelöffel Butter pro Portion.
Käse. Käse ist unnachahmlich in Geschmack und Konsistenz. Um den Fett- und Cholesterinanteil niedrig zu halten, benutzen Sie fettarme Käsesorten. Vermeiden Sie fettfreie Käsesorten, sie schmelzen bei Erhitzung nicht gut und halten auch geschmacklich oft nicht, was sie versprechen. Fettarmer Hüttenkäse eignet sich jedoch für Aufläufe und fettarmer Frischkäse für Desserts. Einige Vollfett-Käsesorten sind durchaus empfehlenswert. Ein bisschen stark gewürzter Käse belastet Sie nicht übermäßig mit Fetten und Kalorien. Geriebener Parmesan- oder Pecorino-Käse reichert Nudeln, Salate und würzige Aufläufe an. Brösel von Blauschimmelkäse, Roquefort, Gorgonzola oder Feta lassen sich hervorragend mit Salaten, Nudelgerichten und getoastetem Brot kombinieren.
Eier. Ein Eigelb enthält 5 g Fett und 213 mg Cholesterin. Ca. ein Drittel des Fetts sind gesättigte Fettsäuren, die restlichen zwei Drittel sind mehrfach ungesättigte Fettsäuren. Gesättigte Fettsäuren sind wesentlich für erhöhten Blutdruck verantwortlich, nach Expertenmeinung vermutlich sogar mehr als Cholesterin. Daneben liefern Eier Proteine mit allen Aminosäuren sowie Eisen, Phosphor, Kalium, Kalzium und die Vitamine A und D. Sparsam eingesetzt, können Eier durchaus Teil einer fettarmen Ernährung sein. Ich kombiniere ein oder zwei ganze Eier oft mit Eiweiß oder Ei-Ersatz, um das Fett zu reduzieren und gleichzeitig keine Kompromisse hinsichtlich des Geschmacks und der Konsistenz zu machen. Das funktioniert besonders gut bei Rühreiern, Desserts und Gebäck.
Fettarmer Sahneersatz. Sie erzielen damit ähnliche Ergebnisse wie mit Sahne. Schon geringe Mengen ergeben die cremige Konsistenz, die Sie aus Soßen, Cremesuppen und Aufläufen gewohnt sind.
Nüsse. Rösten Sie Nüsse in einer fettfreien Pfanne bei mittlerer Hitze zwei bis drei Minuten, bis sie goldbraun werden und duften. Dieser Vorgang intensiviert den Geschmack, so dass Sie weniger Nüsse verwenden können. Sie können die Nüsse auch klein schneiden – so kann sich der Geschmack noch besser entwickeln.

Fettarme Brownies (Schokoladenkekse)

Um die Methoden praktisch zu veranschaulichen, stelle ich Ihnen nun die Veränderung eines meiner eigenen Rezepte vor. Ich habe die von meiner Familie heiß geliebten, sehr fettreichen Brownies in dunkle, köstliche Brownies mit weniger als 3 g Fett je Portion verwandelt. Das Originalrezept hatte eine Glasur, die den Fettgehalt in die Höhe trieb. Diese habe ich zunächst weggelassen, denn sie machte 38 g Fett zusätzlich aus. Ein Vergleich des alten und des neuen Brownie-Rezepts:
Das Originalrezept enthält 1/2 Tasse Butter. Diese habe ich durch einen Esslöffel Rapsöl und 1/2 Tasse Pflaumenpüree (entkernte Pflaumen mit heißem Wasser vermischt) ersetzt. So bleibt die feuchte Konsistenz erhalten und gibt den Brownies Geschmack. Dank des eingesparten Fetts können Sie die Brownies nun sogar mit ein paar Schokoladenstreuseln garnieren.

ORIGINAL-BROWNIES

für 16 Stück

1/2 Tasse Butter
2 ganze Eier
1 Tasse Zucker
1/3 Tasse Kakaoppulver
1 Teelöffel Vanille
1/2 Tasse Mehl
1/4 Teelöffel Backpulver
1/3 Teelöffel Salz
1/2 Tasse klein gehackte Nüsse

Pro Brownie: 150 Kalorien, 8,8 g Fett insgesamt, davon 3,9 g gesättigte Fette, 2,5 g Protein, 17,2 g Kohlenhydrate, 0,3 g Ballaststoffe, 43 mg Cholesterin, 89 mg Natrium

FETTARME BROWNIES

für 16 Stück

1/3 Tasse kochendes Wasser
1/3 Tasse pürierte Pflaumen
1/2 Tasse Schokoladenstreusel
1 Esslöffel Rapsöl
1 1/4 Tasse Zucker
1/2 Tasse brauner Zucker
4 Eiweiß
1/2 Tasse Kakaopulver
1 Esslöffel Vanille
1 1/4 Tasse ungebleichtes Mehl
1 Teelöffel Backpulver
1/2 Teelöffel Salz

Pro Brownie: 181 Kalorien, 2,7 g Fett insgesamt, davon 0,1 g gesättigte Fette, 2,9 g Protein, 38,2 g Kohlenhydrate, 0,6 g Ballaststoffe, 1 mg Cholesterin, 110 mg Natrium

Um noch mehr Fett zu sparen, habe ich zwei ganze Eier durch vier Eiweiß ersetzt. Eiweiß bindet wie ganze Eier, enthält jedoch kein Fett. Weil Pflaumenpüree feucht ist, füge ich eine 3/4 Tasse Mehl zusätzlich hinzu, wodurch die Brownies besser aufgehen. Für mehr Geschmack gebe ich drei Esslöffel Kakao, zwei Teelöffel Vanille und 1/4 Tasse mehr Zucker hinzu. Die Nüsse lasse ich weg.
Die Fettersparnis beträgt 6 g pro Brownie. Noch wichtiger ist jedoch, dass das neue Rezept pro Brownie fast 4 g weniger gesättigte Fettsäuren enthält (dank des Verzichts auf

Butter). Der Kalorienanteil aus Fett reduziert sich von 53% auf 13% . Im neuen Rezept bestehen die Kalorien hauptsächlich aus Kohlenhydraten.
Während einige Ihrer Lieblingsspeisen großer Veränderungen bedürfen, reichen für die meisten Rezepte eine oder zwei „Anpassungen“, wie z.B. der Ersatz von drei Esslöffeln Butter durch einen Esslöffel Olivenöl. Oder Sie verwenden nur $^1/_4$ Tasse gerösteter Nüsse anstelle von $^1/_2$ Tasse ungerösteter. Diese geringfügigen Veränderungen führen langfristig zu beträchtlichen Fetteinsparungen.

Stress kann ein Fettmacher sein

Versuchen Sie Stress zu vermeiden, denn er kann die Fett produzierenden Prozesse in Ihrem Körper begünstigen und so zu Fettablagerungen beitragen. Studien zeigen, dass Stress eine Reaktion auslöst, die den Körper dazu veranlasst, Reserven zu speichern. Außerdem werden in Stresssituationen Hormone wie Kortisol und Adrenalin freigesetzt, was zu weiterer Fettbildung führen kann. Eine gute Lebensplanung hilft Ihnen dabei, Stress zu vermeiden. Wann immer Sie Stress verspüren, tun Sie etwas dagegen. Atmen Sie tief durch und versuchen Sie mit klarem Kopf eine Lösung für Ihr Problem zu finden. Finden Sie keine, atmen Sie nochmals tief durch und betätigen Sie sich ein wenig körperlich. So „zerstreuen“ Sie den Stress, bevor er eine Wirkung auf Ihren Körper hat.

Leichte Kost während der Feiertage

Während der Feiertage vergisst man nur allzu leicht seine „guten Vorsätze“, schließlich möchten Sie sie auch kulinarisch genießen. Um den Fettkonsum einzudämmen, essen Sie Leichtes und Leckeres statt schwerer Kost. Natürlich können Sie der Großmutter, die Sie mit einem köstlichen Kuchen oder Keksen verwöhnen will, nichts abschlagen. Achten Sie aber darauf, dass Sie nicht zu viel „sündigen“. Bedenken Sie: Nicht das, was Sie heute zu sich nehmen, ist von entscheidender Bedeutung. Ihre langfristigen Essgewohnheiten spielen die Hauptrolle. Im Folgenden einige Tipps, wie Sie die Feiertage fettärmer gestalten, ohne auf Traditionen verzichten zu müssen.

- Geben Sie Ihren besten Feiertagsrezepten ein fettarmes Profil.
- Füllen Sie Schüsseln mit Gemüse, selbst gemachten Chips, Vollkorn-Crackern und fettarmen Dips zum Naschen, statt mit Keksen, Schokolade und Nüssen.
- Wenn Sie gern Braten oder Haxe essen, probieren Sie stattdessen Pute, Fisch oder Hähnchen. Begießen Sie das Hähnchen mit einer Mischung aus Brühe, Wein, gemahlenem Salbei und Knoblauch, anstatt mit Butter oder Öl. Wenn Sie Pute bevorzugen, probieren Sie diese Glasur: Kombinieren Sie eine $^2/_3$ Tasse Honig mit 340 g Apfel-Dicksaft und zwei Esslöffeln Senfpulver. Bestreichen Sie die Pute alle 15 Minuten mit der Glasur und etwas Pfannenfett. Vergessen Sie nicht, die Haut zu entfernen.
- Bereiten Sie eine fettarme Bratensoße zu. Benutzen Sie einen Fetttrenner, um das Fett vom eigenen Saft des Fleisches abzuschöpfen. Geben Sie während des Kochvorganges etwas fettfreie Hühnerbrühe und fettarme Kondensmilch mit etwas Mehl zum Andicken hinzu. Ein Spritzer Sherry sorgt für zusätzlichen Geschmack.

- Servieren Sie Beilagen, die viel ballaststoffreiches Gemüse, Getreide und Obst enthalten. Kartoffelpüree, geröstetes Gemüse, Wildreissalat, Pilz-Gerste-Pilaf und frische Preiselbeersoße sind gut geeignet.
- Servieren Sie eine fettärmere Vinaigrette zum Salat. Eine traditionelle Vinaigrette enthält drei Teile Öl und einen Teil Essig. Ersetzen Sie das Öl durch fettfreie Hühner- oder Gemüsebrühe. Fügen Sie Essig hinzu und rühren Sie klein gehackte frische Kräuter und Senf für den Geschmack hinzu.
- Präsentieren Sie zwei Desserts statt einem. Gästen mit großem Appetit servieren sie fettarmen Schokoladenkuchen. Für den kleinen Appetit servieren Sie ein leichteres Dessert, z.B. Kekse oder Vanilleeis mit Fruchtsoße.

U M D E N K E N !

Wissenskraft statt Willenskraft

So können Sie leicht Fett sparen. Führen Sie Buch. Teilen Sie ein Blatt Papier in vier Spalten für Frühstück, Mittag- und Abendessen sowie für Snacks ein. In den nächsten zwei Wochen notieren Sie sich zweimal täglich, was Sie essen. So vergessen Sie nichts. Nach zwei Wochen überprüfen Sie Ihre Aufzeichnungen. Sortieren Sie das Fettreiche aus. Beispielsweise essen die meisten Leute zum Frühstück werktags immer das Gleiche. Denken Sie über gesündere Alternativen nach. Essen Sie morgens zu Eiern und Toasts häufig Schinken? Wählen Sie eine fettarme Sorte. Nutzen Sie Ihre Aufzeichnungen, um Ihr Essverhalten im Auge zu behalten und es in kleinen Schritten zu verändern. Langfristig sparen Sie so viel Fett.

STRATEGIE 9
MINUTENGERICHTE

Wir alle mögen Gerichte, die schnell zuzubereiten sind, besonders wenn es sich dabei um fettarme Mahlzeiten und Snacks handelt. Bestimmt kennen Sie folgende Situation: Sie öffnen den Kühlschrank, starren hinein und wissen nicht, was Sie kochen sollen. Aus diesem Grund greifen viele Menschen immer wieder auf fettreiche Fertiggerichte zurück. Vorausplanung, die Zubereitung der doppelten Menge, das Benutzen der Tiefkühltruhe und ein schneller Zugriff auf die richtigen Zutaten kann Sie aus diesem Dilemma befreien. Ersetzen Sie fettreiche Fertiggerichte durch selbst gemachte Minutengerichte.

Planen Sie voraus und vermeiden Sie unnötigen Stress

Eine gute Planung ist die beste Methode, um nicht wieder in die alten Essensgewohnheiten zurückzufallen. Das erspart Ihnen Zeit, Frust – und unerwünschtes Fett.

Führen Sie Listen. Machen Sie sich von Zeit zu Zeit eine Liste mit Rezepten, die Sie interessant finden. Vermerken Sie darauf, welche Sie ausprobieren möchten, solche mit saisonalen Zutaten oder einstige Lieblingsrezepte, die Sie wieder einmal kochen möchten. Machen Sie sich Notizen oder markieren Sie Seiten in Büchern oder Magazinen, auf die Sie später zurückgreifen können.

Wählen Sie schnelle Gerichte. Planen Sie für mindestens zwei Abende pro Woche vor, an denen Ihnen voraussichtlich die Zeit fehlen wird, in Ruhe etwas zuzubereiten. Wählen Sie dafür etwas aus, was Sie in maximal 30 Minuten zubereiten können. Überprüfen Sie die wirkliche Zubereitungszeit und die restliche Garzeit. Wenn Sie ein Gericht zehn Minuten aktiv zubereiten müssen und es die restlichen 20 Minuten im Backofen gart, ist es ideal für einen solchen Abend.

Sammeln Sie Zutaten. Notieren Sie sich während der Rezeptauswahl die erforderlichen Zutaten. Übertragen Sie diese auf Ihre Einkaufsliste und besorgen Sie sie beim nächsten Einkauf.

Lassen Sie Ihren Geschmack entscheiden. Wenn die Essenszeit näher rückt, schauen Sie in Ihre Rezeptliste und wählen etwas, worauf Sie Hunger haben. Da Sie bereits im Voraus geplant haben, wissen Sie, welche Zutaten Sie brauchen – und die Mahlzeit ist im Nu fertig.

Organisation ist das A und O

Eine gut organisierte Küche ist der größte Trumpf, um eine schnelle Mahlzeit zuzubereiten. So sparen Sie Zeit und haben Ihre Ernährung besser im Griff. Im Folgenden zeige ich Ihnen, wie ich Stress vermeide, wenn die Zeit knapp ist.

Nehmen Sie die Mahlzeiten zu geregelten Zeiten ein. Wer abends immer zur gleichen Zeit isst, kann dementsprechend planen und braucht sich nicht abzuhetzen. Legen Sie eine Zeit fest, nach der sich die ganze Familie richten kann. Meine Familie zum Beispiel isst gerne um 18.00 Uhr. Gegen 17.00 Uhr begebe ich mich in die Küche. Falls es schon 17.30 Uhr ist und ich noch nicht mit dem Kochen begonnen habe, wähle ich eins meiner „superschnellen“ Gerichte aus.
Übertragen Sie Verantwortung. Je mehr Hände, desto weniger Arbeit. Egal ob Sie für zwei Personen oder für die ganze Familie kochen – verteilen Sie die Küchenarbeit. Kinder können den Tisch abwischen und decken, beim Geschirrspülen helfen oder einen Salat machen. Es steht nirgendwo geschrieben, dass nur ein Koch die ganze Arbeit machen muss.
Wichtige Utensilien sollten erreichbar sein. Häufig benutzte Geräte, und Zutaten sollten immer in Reichweite sein, Brettchen, Messer, Pfannen, Backspray, Öl und Gewürze stets griffbereit sein.
Räumen Sie auf. Vergewissern Sie sich, dass die Arbeitsfläche zum Schneiden und Mischen von Zutaten aufgeräumt ist. Sind Lebensmittel oder Geschirr im Weg, stellen Sie sie vor dem Kochen zur Seite.

Bereiten Sie Mahlzeiten im Voraus

Ein gemeinsames Abendessen ist gerade im Hinblick auf unseren rastlosen Alltag wichtig. Es ist vielleicht der einzige Zeitpunkt des Tages, an dem die ganze Familie Gelegenheit hat, sich zu unterhalten, zu entspannen und die Nachrichten des Tages auszutauschen. Jedoch kostet die Zubereitung der Mahlzeit Zeit und Energie. Die Zubereitung im Voraus ist eine gute Möglichkeit, um diese Tradition zu erhalten. Erledigen Sie nötige Arbeitsgänge im Voraus, wenn Sie einen Moment Zeit haben. So bereiten sie eine gesunde Mahlzeit mit Leichtigkeit zu, anstatt sich wiederum Pizza bringen zu lassen.
Kochen Sie am Wochenende vor. Falls Sie am Wochenende Zeit haben, kochen Sie etwas, das Sie Werktags schnell warm machen können, und frieren Sie es ein, z.B. einen Topf Suppe, den Sie in separaten Portionen einfrieren.
Schneiden Sie auf Vorrat. Gemüse, beispielsweise Zwiebeln, können Sie auf Vorrat schneiden. Benötigen Sie für ein Rezept eine halbe Zwiebel, hacken Sie die ganze klein. Die übrige Hälfte können Sie einfrieren oder im Kühlschrank aufbewahren. Wenn Sie in den nächsten Tagen einmal wenig Zeit zum Kochen haben, können Sie die bereits vorgeschnittene Zwiebel verwenden.
Gehen Sie schrittweise vor. Wenn Sie in einigen Tagen Pizza, Nudeln oder einen Auflauf essen möchten, bereiten Sie Teile davon vorher zu, z.B. den Pizzateig oder die Nudelsoße. Diese können sie in der Kühltruhe oder im Kühlschrank aufbewahren. Für die Mahlzeiten sind dann nur noch wenige Arbeitsschritte erforderlich.

Bereiten Sie die doppelte Menge zu. Viele Hobbyköche kochen Woche für Woche das Gleiche. Halbieren Sie deshalb Ihre Arbeit, indem Sie die doppelte Menge kochen und die Hälfte einfrieren. Lassen Sie das Essen abkühlen, verpacken Sie es gut und beschriften Sie es vor dem Tiefkühlen mit Namen und Datum. Wenn Sie nicht viel Zeit zum Kochen haben, tauen Sie es auf. So bringen Sie in wenigen Minuten eine fettarme Mahlzeit auf den Tisch.

Füllen Sie Ihren Kühlschrank. Salatdressing, Dips und Aufstriche sowie Kekse oder Brownies können Sie essfertig im Kühlschrank aufbewahren. So erleichtern Sie sich die Vorbereitung der Hauptmahlzeit. Außerdem können Sie mit ihnen den kleinen Hunger vor dem Essen stillen.

Legen Sie einen Vorrat an Mittagsmahlzeiten an. Halten Sie stets einige Ihrer Lieblingsgerichte für ein schnelles Mittagessen parat. Ich habe immer einen Vorrat an vegetarischen Burgern oder Putenburgern, Lachs- und Krabben-Küchlein und Scheiben von Puten-Hackbraten in der Tiefkühltruhe. Sie können sie schnell in der Mikrowelle heiß machen und zusammen mit Salat, Tomaten, Zwiebeln und Gewürzen leckere Sandwiches zaubern.

UMDENKEN!

Wissenskraft statt Willenskraft

Kennen Sie Folgendes: Sie bereiten eine Mahlzeit zu und Ihnen fehlt eine Zutat? Sie wissen, dass Sie sie haben, können sie aber nicht finden? Wenn die Zeit knapp ist, ist dies besonders frustrierend. Sie könnten sich in einem solchen Augenblick dafür entscheiden, zur nächsten Pizzeria zu gehen. Im Folgenden zeige ich Ihnen, wie Sie dies vermeiden können.

Organisieren Sie Ihre Küche. Stellen Sie Utensilien und Unterlagen in die Nähe des Ofens, wo Sie sie brauchen. Werfen Sie einen Blick in Ihre Vorratskammer. Ist alles leicht zu finden? Stellen Sie häufig benutzte Lebensmittel in die vorderste Reihe. Lagern Sie Artikel wie Mehl, Backpulver, Natriumbikarbonat, Maisstärke und Salz an einem Platz. Gewürze gehören ebenso zusammen – auf diese Weise müssen Sie nicht in letzter Minute nach getrocknetem Dill suchen. Wenn Sie die Gewürze alphabetisch ordnen, sparen Sie noch mehr Zeit. Lagern Sie Öle zum Kochen an einem Platz. Richten Sie Ihre Vorratskammer Ihren persönlichen Bedürfnissen entsprechend ein. Alles sollte leicht zu erreichen sein. Müssen Sie eine Mahlzeit schnell zubereiten, ist dies nun kein Problem mehr. Und da Sie jetzt alles organisiert haben, wissen Sie ganz genau, wo sich die einzelnen Zutaten befinden.

Für die Mittagspause

Viele Menschen essen auswärts zu Mittag. Mit einer vorbereiteten, gesunden Mahlzeit sparen Sie Zeit und Geld und erhöhen Ihre Leistungsfähigkeit für den Rest des Tages. Selbst wenn Sie keine Küche am Arbeitsplatz haben, sind Sie nicht auf fettreiche Fast-Food-Kost angewiesen. Hier einige Vorschläge.

Nehmen Sie Reste vom Vortag mit. Vielleicht haben Sie Kühlschrank, Mikrowelle und Minigrill am Arbeitsplatz. In der Mikrowelle aufgewärmte Reste vom Vortag sind eine gute Mittagsmahlzeit. Suppen, Aufläufe, Nudelgerichte, Geflügel und Getreideprodukte lassen sich gut wieder aufwärmen. Oder nehmen Sie sich ein Sandwich mit. Sie können es ebenso im Kühlschrank lagern wie auch gebackene Tortilla-Chips mit einem Dip aus schwarzen Bohnen, Reispudding mit Obst, Rosinenkekse und Vollkorn-Cracker mit einem meiner Butteraufstriche (siehe Rezepte ab Seite 254).

Nehmen Sie Fertiggerichte mit. Viele verpackte Lebensmittel sind nahrhaft und schnell zubereitet. Tütensuppen, Refried Beans (Bohnenpüree aus der Dose), gefrorene vegetarische Burger und Puten- oder Tofu-Hotdogs können Sie in der Mikrowelle in zwei Minuten zubereiten. Schauen Sie im Suppen-Regal und in der Tiefkühlabteilung Ihres Lebensmittelladens oder Reformhauses nach weiteren sättigenden und schnell zuzubereitenden Fertiggerichten.

Proviant für unterwegs. Sind Sie während der Mittagspause unterwegs? Füllen Sie eine Thermoskanne mit heißer Suppe und eine weitere mit kaltem Wasser oder Eistee. Bereiten Sie sich einen fettarmen Sandwich aus Roggenbrot mit Putenbrust, fettarmem Schweizer Käse, Salat, Tomaten und Senf zu. Nehmen Sie Snacks mit, z.B. Cracker, Brezel, frisches Obst und fettarme Kekse. Um die Lebensmittel zu kühlen, können Sie eine Kühltasche verwenden.

Trinken Sie viel Wasser. Ein Vorrat Wasser ist ein Muss. Durch das Trinken bekommen Sie ein Sättigungsgefühl und verbrennen gleichzeitig Kalorien. Meiden Sie zuckerhaltige Getränke. Wasser ist gesünder. Eine Thermoskanne hält Wasser kühl.

Fast-Food, nicht Fat-Food. Manchmal ist Fast-Food die einzige Möglichkeit, mittags etwas zu essen. Entscheiden Sie sich dennoch für etwas Gesundes. Vermeiden Sie Fettreiches wie Burger und Pommes frites. Wählen Sie stattdessen Hähnchen oder gebackene Kartoffeln. Auch Bohnen-Burritos oder Gemüse-Käse-Sandwiches sind gesund. Essen Sie etwas aus der Salatbar, besonders wenn es dort Nudel- und Getreidesalate sowie frisches Obst gibt. Achten Sie darauf, dass die Salate nicht mit Öl durchtränkt sind.

Strategie 10
Fettverbrennung den ganzen Tag

Stellen Sie sich einen Teller mit gegrilltem Huhn, Naturreis-Pilaf und gedünstetem Blumenkohl vor. Diese Mahlzeit ist fettarm, ausgewogen und reich an Geschmack. Was stimmt an diesem Bild nicht? Die Zutaten sind alle hell und unterscheiden sich farblich nicht sehr. Das kann reichen, um Sie die Mahlzeit als nicht wirklich sättigend empfinden zu lassen.

Wohl schmeckende fettarme Mahlzeiten sollten nicht nur den Geschmack zufrieden stellen, sondern auch visuelle, emotionale und die Nährstoffe betreffende Anforderungen erfüllen. Überzeugt die Mahlzeit in einem Bereich nicht, bleiben Sie wahrscheinlich hungrig und greifen anschließend eher zu fettreicheren Snacks. Wenn Sie den ganzen Tag Fett verbrennen wollen, brauchen Sie fettarme Mahlzeiten, die in allen Punkten überzeugen. Stellen Sie sich jede Mahlzeit als eine Einheit vor. Passen die Beilagen zum Hauptgericht? Vergessen Sie nicht die Snacks für zwischendurch. Gesunde Snacks bewahren einen fettarmen Tag davor, zu einem „fettreichen Alptraum“ zu werden. Jetzt erfahren Sie, wie sie Fett verbrennende Mahlzeiten im Alltag einfach zubereiten können.

Streben Sie nach einer ausgewogenen Ernährung

Die Ausgewogenheit sollte bei den drei Hauptmahlzeiten des Tages die wichtigste Rolle spielen. Als Regel gilt: Jede dieser Mahlzeiten sollte etwa 30% Ihres täglichen Kalorienkonsums ausmachen. Für Snacks bleiben weitere 10%. Wenn Sie beispielsweise 2000 Kalorien am Tag einnehmen, sind das für Frühstück, Mittag- und Abendessen jeweils 600 Kalorien. Selbstverständlich können Sie, falls Sie beim Frühstück Kalorien eingespart haben, beim Abendessen einige Kalorien mehr zu sich nehmen. Hier einige weitere ernährungsspezifische Überlegungen.

Nicht nur der Fettanteil zählt. Natürlich ist es wichtig, den Fettkonsum zu kontrollieren. Auch eine fettarme Mahlzeit kann die Fettproduktion Ihres Körpers anregen, statt sie zu dämmen. Ist eine Speise beispielsweise zu kalorienarm, fühlen Sie sich vielleicht bald hungrig und spüren im Laufe des Tages ein Verlangen nach etwas Fetthaltigem. Hier ein Beispiel: Nehmen wir an, Sie wählen zum Mittagessen eine leichte Mahlzeit, einen großen Salat mit gemischtem Gemüse sowie einer Vinaigrette und trinken einen Eistee. Da Sie gewichtsbewusst sind, reicht Ihnen das. Diese Mahlzeit scheint gesund zu sein, weil sie reich an Vitaminen und Ballaststoffen sowie arm an Kalorien ist. Nur sind es in diesem Fall zu wenige Kalorien. Außerdem kommt ein Großteil der Kalorien aus dem Fett im Salatdressing. Um die Mahlzeit gehaltvoller zu machen, essen Sie etwas Brot dazu oder mischen Sie gekochtes Getreide für mehr Kohlenhydrate sowie gekochte Bohnen, Hüttenkäse oder geriebenen Käse für mehr Proteine darunter.

Konzentrieren Sie sich auf Kohlenhydrate und Proteine. Komplexe Kohlenhydrate und Proteine sind wichtige Faktoren im Rahmen unseres Programms. Nehmen Sie nicht genügend von diesen Nährstoffen auf, haben Sie vielleicht nicht die nötige Energie für den ganzen Tag. Die meisten Kalorien in Hauptgerichten sollten aus Kohlenhydraten und Proteinen bestehen, statt aus Fetten. Welche Lebensmittel enthalten viele Kohlenhydrate und Proteine? Hier eine kurze Checkliste.

Komplexe Kohlenhydrate

- Getreideprodukte wie Brot, Cracker, Nudelgerichte, Reis und Zerealien.
- Gemüse
- Obst

Proteine

- Fettarme Milchprodukte wie Milch, Käse und Joghurt
- Hülsenfrüchte
- Geflügel
- Fisch

Essen Sie regelmäßiger

Versuchen Sie abzunehmen, haben aber ständig Hunger? Der Trick, dieses Problem zu lösen, besteht nicht darin, weniger zu essen, sondern die Mahlzeiten gleichmäßiger über den Tag zu verteilen. Dies schwächt das Hormonsignal, das Fettzellen dazu veranlasst, sich zu teilen und zu vervielfältigen, so Peter D. Vash, Endokrinologe und Spezialist für Essstörungen an der University of California, Los Angeles. Essen Sie nicht zu viel auf einmal und schützen Sie sich so gegen die Bildung neuer Fettzellen. Essen Sie lieber häufiger, dafür aber kleinere Mengen.

Achten Sie auf Portionsgrößen. Ein fettarmes Gericht kann seinen Zweck verfehlen, wenn die Portionen zu groß sind. Wenn Sie die Portionen verdoppeln oder verdreifachen, um Ihren Appetit zu stillen, erhöhen Sie gleichzeitig die Kalorien und den Fettanteil.

Um dem entgegenzuwirken, sind die Portionen in diesem Kochbuch großzügig bemessen. Ist Ihnen eine Portion zu groß oder zu klein, passen Sie die Portion an, und berechnen die neuen Nährwerte.

Achten Sie auf Geschmack und Konsistenz

Schmeckt Ihnen fettarmes Essen nicht, hören Sie vielleicht bald wieder mit dieser Ernährungsweise auf. Sollen fettarme Speisen gut schmecken, müssen Geschmack und Konsistenz miteinander harmonieren. Sind die Gerichte gut aufeinander abgestimmt, schmeckt die gesamte Mahlzeit durch das Zusammenspiel der Aromen besser als ihre einzelnen Komponenten. So stimmen Sie fettarme Gerichte richtig aufeinander ab:

Vermeiden Sie extreme Gegensätze. Wählen Sie Beilagen, die das Hauptgericht ergänzen, statt damit zu konkurrieren. Wenn Burritos auf dem Speiseplan stehen, servieren Sie nicht asiatische Nudeln dazu. Wählen Sie eine Beilage, die besser passt, wie z.B. spanischen Reis.

Herzhaft gehört zu Herzhaft. Nehmen Sie an, Sie möchten Pilz-Gerste-Pilaf oder Kartoffelpüree mit geröstetem Knoblauch als Beilage essen. Das Hauptgericht sollte geschmacklich passen. Ich würde den Pilaf zusammen mit einem Geflügelgericht servieren, z.B. Hähnchenbrust mit Zwiebeln, Knoblauch, Pilzen und Paprika. Das reiche Aroma des Hühnchengerichtes vervollständigt den erdigen Geschmack der Gerste. Genauso harmonieren Tomaten gut mit gegrillten Thunfischsteaks, mariniert in einer gut gewürzten Cherrysoße.

Mildes gehört zu Mildem. Steht ein mildes Hauptgericht auf dem Speiseplan, wählen Sie zarte Beilagen. Zu gedünstetem Lachsfilet mit frischer Tomatensoße bieten sich Butternudeln mit Safran an, sie haben einen milden Geschmack und eine weiche Konsistenz. Die Beilagen sollten auch hier keinesfalls das Hauptgericht dominieren.

Das Auge isst mit

Das Servieren des Essens ist einer der schönsten Momente eines Restaurantbesuchs. Wir sind begeistert über die hübsch angerichteten Mahlzeiten, denn wir urteilen zuerst mit dem Auge. Wenn ein Teller langweilig oder farblos aussieht, verliert die Mahlzeit an Reiz. Das Gleiche gilt für zu Hause. Seien Sie kreativ und bieten Sie auch dem Auge etwas. Hier einige Tipps von Top-Küchenchefs.

Bekennen Sie Farbe. Erinnern Sie sich an den Teller mit gegrilltem Huhn, Naturreis und Blumenkohl. Hier fehlte es an Farbe. Stellen Sie sich nun gegrillte Hühnchenbrust mit hell-gelber Polenta und gedünstetem grünem Brokkoli vor. Die Beilagen sind hier viel farbenfroher. Machen Sie Farbe zu einem wesentlichen Bestandteil Ihrer Essensplanung und die Gerichte „schmecken", sobald Sie sie sehen.

Verwenden Sie Soßen. Soßen erfüllen zwei Aufgaben bei einer Mahlzeit. Sie bieten Geschmack und machen die Mahlzeit optisch interessant. Stellen Sie sich ein einfaches Schwertfischsteak ohne Soße vor. Es sieht ziemlich langweilig aus. Geben Sie eine bunte Salsasoße aus Apfelmus und Peperoni hinzu, gewinnt das Gericht sowohl an Geschmack als auch an Farbe. Seien Sie kreativ bei der Verwendung von Soßen. Das Gericht sollte nicht in Soße schwimmen, sondern mit ihr dekoriert werden. Dessertsoßen geben Sie vor dem eigentlichen Dessert auf den Teller. Suppen fügen Sie kurz vor dem Servieren fettarmen Sauerrahm oder gekochtes püriertes Gemüse zu.

Gehackte Kräuter sorgen für mehr Farbe und Geschmack beim fettarmen Kochen. Ein wenig Basilikum lässt Nudelgerichte frischer und appetitlicher aussehen. Reis können Sie mit gehacktem Koriander dekorieren. Streuen Sie frisch gehackte Petersilie auf Nudeln, Risotto und gedünstetes Gemüse. Frischer Estragon passt gut zu Ei-Gerichten.

Garnieren Sie Ihre Mahlzeiten. Obst und Gemüse eignen sich hervorragend zum Garnieren. Radieschen oder Tomaten lassen sich diagonal einschneiden und zu kronenförmigen Hälften formen. Oder schälen Sie eine Tomate in einem durchgehenden Streifen und rollen diesen zu einer Spirale. So entsteht eine Tomatenrose. Teilen Sie einen Granatapfel und verzieren Sie mit den Kernen einen Obstsalat. Möchten Sie noch mehr Farbe und Geschmack, servieren Sie das Essen mit essbaren Blumen. Auch Kresse ist ein Blickfang und schmeckt gut. Auch mit Kräuterzweigen und Blüten können Sie Mahlzeiten schön garnieren.
Benutzen Sie essbare Schalen. Anstatt Suppen in gewöhnlichen Schüsseln zu servieren, probieren Sie es einmal mit ausgehöhlten Melonen oder Kürbissen. Für Wintersuppen schneiden Sie einen runden Kürbis in zwei Hälften, entkernen diese und füllen sie mit der Suppe. Wenn Sie den Kürbis vorher kochen, können Sie ihn später mit der Suppe essen. Für eine Frucht-Suppe höhlen Sie eine Melone aus und halbieren sie. Melonen eignen sich auch sehr gut als Salatschüsseln. Schneiden Sie für Obstsalate eine Melone in zwei Hälften. Oder gestalten Sie einem Wassermelonenkorb. Schneiden Sie die Wassermelone der Länge nach in zwei Hälften, wobei sie einen kreuzförmigen Mittelteil als Griff stehen lassen. Entfernen Sie das Innere der Wassermelone und servieren Sie den Obstsalat im Korb.

Snacks für Körper und Seele

Erwachsene fällen täglich durchschnittlich 20 bis 30 Entscheidungen in Bezug auf ihre Ernährung, so George L. Blackburn, außerordentlicher Professor der Chirurgie an der Harvard Medical School und Vorsitzender des Nutrition Metabolism Laboratory in Boston. Dies betrifft meistens Snacks, weil wir sie oft zu uns nehmen und sie selten in unsere Planungen einbeziehen. Die Vorausplanung hinsichtlich Snacks ist ein Grundelement des Programms zum fettarmen Leben. Die Mahlzeiten für Zwischendurch spielen beim Vermeiden von Fettmachern und der Aktivierung der Fettverbrennung eine große Rolle. Fettreiche Snacks hemmen Ihren Appetit. Studien beweisen, dass je ein nahrhafter Snack am Vor- und Nachmittag gesundheitsfördernd wirken, indem sie den Cholesterinspiegel senken und für Energie sorgen.
Außerdem hat alles, was Sie essen, eine Wirkung auf die Neurotransmitter in Ihrem Gehirn, so Judith J. Wurtman, Forscherin am Massachusetts Institute of Technology in Cambridge. Diese Neurotransmitter beeinflussen Ihre geistige Wachheit, Konzentration und Leistungsfähigkeit sowie Ihre Stimmung. Im Folgenden erfahren Sie, was Forscher empfehlen, damit das, was Sie essen, Sie positiv beeinflusst.
Proteinreiche Snacks halten Sie wach. Studien zeigen, dass proteinreiche Lebensmittel für bis zu drei Stunden für erhöhte Energie, größere Konzentration und Wachheit sorgen können. Genehmigen Sie sich proteinreiche Snacks, wenn Sie bei der Arbeit oder beim Sport einen Energieschub brauchen. Eine gute Wahl sind u.a. Joghurt, Hüttenkäse, Pute, Huhn, Fisch, Magermilch, Magermilchkäse, Bohnen und Mandeln.

Ein Tag mit Fettverbrennern

Hier ein Beispiel eines Tages-Essensplans, der die Fettmacher ausschaltet und die Fettverbrennungs-Mechanismen aktiviert. Das Essen ist ausgewogen, enthält fettverbrennende Snacks und überzeugt auch in Bezug auf Geschmack, Konsistenz und Aussehen. Halten Sie sich an dieses Modell, wenn Sie sich selbst fettverbrennende Mahlzeiten ausdenken.

Frühstück
Northern-Summers-Müsli (Seite 72)
Orangensaft (ca. 120 ml)

Snack am Vormittag
Orangen-Scones mit Korinthen (Seite 93)
1 Apfel

Mittagessen
Fischsuppe mit Krabben und Mais (Seite 132)
Weiche Grießbrötchen (Seite 270)
Pesto-Aufstrich (Seite 254)
Grüner Salat (1 1/2 Tassen) mit cremigem Basilikum-Dressing (Seite 98)

Snack am Nachmittag
Gewürzte Tortillachips (Seite 250)
Tomaten-Pesto (Seite 260)

Abendessen
Gefüllte Pizza (Seite 204)
Leichter Cäsar-Salat (Seite 107)

Dessert oder leichter Abend-Snack
Brownies (Seite 89)

Eine Portion enthält: 1897 Kalorien, 38,9 g Gesamtfett, davon 12,9 g gesättigte Fette, 86,5 g Proteine, 323,2 g Kohlenhydrate, 31,1 g diätetische Ballaststoffe, 104 mg Cholesterin und 2583 mg Natrium.

Proteinsnacks eignen sich oft nicht für Unterwegs, da sie gekühlt werden müssen. Wenn ich nicht zu Hause bin, esse ich deshalb proteinreiche Energieriegel. Einen Energieriegel habe ich im Auto, je einen weiteren im Rucksack und in der Aktentasche. Wählen Sie Riegel, die arm an Kalorien und Fetten sind. Probieren Sie verschiedene Sorten, um Ihre Vorlieben herauszufinden.

Kohlenhydratreiche Snacks sorgen für Entspannung. Forscher fanden heraus, dass komplexe Kohlenhydrate Ruhe und Konzentration bis zu drei Stunden nach dem Verzehr begünstigen. Fühlen Sie sich angespannt und gestresst, nehmen Sie Snacks mit komplexen Kohlenhydraten zu sich – das beruhigt. Probieren Sie beispielsweise Vollkorn-Zerealien, Muffins, fettarme Kekse, Brezel oder Cracker.

Diese Brotsnacks eignen sich auch gut für Unterwegs. Wenn ich das Haus verlasse, nehme ich für alle Fälle einen Muffin mit.

UMDENKEN!

Wissenskraft statt Willenskraft

Haben Sie eine Vorliebe für Süßes? So können Sie gegen zu viel Fett vorgehen: Naschen Sie (fettfreie) Bonbons an Stelle von Schokoriegeln. Sie enthalten etwa 100 Kalorien je 30 g und beinahe kein Fett oder Cholesterin (Schokolade hat ca. 150 Kalorien und 10 g Fett pro 30 g.). Denken Sie jedoch daran, dass Süßigkeiten generell viele Kalorien enthalten. Wenn Sie oft Hunger darauf haben, sollten Sie sich nach Alternativen umschauen. 30 g kandierter Ingwer ist eine süße Leckerei und hat enthält bei 95 Kalorien kein Fett. Ein Marshmallow hat lediglich 23 Kalorien und enthält ebenfalls kein Fett. Essen Sie frisches Obst. Äpfel, Bananen, Orangen, Weintrauben, Feigen und Beeren sind reich an Fruchtzucker (Fructose). Er stillt Ihre Lust auf Süßes. Außerdem versorgt Obst Sie mit Ballaststoffen.

Snacks für den Alltag. Das Wissen darüber, welchen Snack Sie wann essen sollten, kann viel dazu beitragen wie Sie sich den gesamten Tag über fühlen. Passen Sie die Snackplanung an Ihren Tagesablauf an. Ich esse normalerweise einen proteinreichen Snack am Vormittag und einen kohlehydratreichen am Nachmittag. So bleibe ich vormittags geistig wach und der Nachmittagssnack beruhigt mich. Ich bin dann entspannt und kann mich um die Bedürfnisse meiner Kinder kümmern, wenn sie nach Hause kommen. Vielleicht möchten Sie während der langen Heimfahrt von der Arbeit noch einen leichten Snack zu sich nehmen, um Ihren Appetit zu zügeln. Auch für Ihre Kinder können Sie Snacks planen. Wenn sie müde und lustlos sind, geben Sie Ihnen proteinreiche Snacks wie Joghurt oder Magermilchkäse für einen Energieschub. Sind sie zu aktiv oder nervös, beruhigen Sie sie mit Vollkorn-Zerealien, Brezeln oder gebackenen Tortillachips.

11

Fettarme Menüs für besondere Anlässe

Oft bestimmt das Wetter, was ich essen und kochen möchte. Eine kalte, frische Gazpacho (Suppe) schmeckt köstlich an einem heißen Sommertag. An kalten Winterabenden hingegen bevorzuge ich eine heiße, herzhafte Bohnensuppe. Viele Lebensmittel wie Obst und Gemüse sind nur saisonal erhältlich, deshalb plane ich meine Rezepte danach, was gerade auf dem Markt ist.
Nachfolgend finden Sie einige meiner fettarmen Lieblingsmenüs. Jede Mahlzeit spricht das Auge an, ist in Bezug auf die Nährstoffe ausgewogen und schmeckt gut. Wenn Sie selbst Menüs zusammenstellen, denken Sie daran, sich Notizen zu machen, damit Sie jederzeit auf sie zurückgreifen können.

Etwas Besonderes

Lachsfilets mit frischen Tomaten (Seite 174)
Pilz-Graupen-Pilaf (Seite 142)
Spargel mit Zitronen-Haselnuss-Soße (Seite 235)
Buttersalat mit Himbeer-Vinaigrette (Seite 104)

616 Kalorien, 17,8 g Gesamtfett, 3,4 g gesättigte Fette, 47,6 g Protein, 70 g Kohlenhydrate, 10,7 g Ballaststoffe, 91 mg Cholesterin, 611 mg Natrium

Leichtes Mittagessen

Kalte Meeresfrüchte-Suppe (Seite 133)
Spinat-Erdbeer-Salat (Seite 103)
Aprikosen-Mandel-Brot (Seite 276)

421 Kalorien, 12,8 g Gesamtfett, 2,5 g gesättigte Fette, 35 g Protein, 38,8 g Kohlenhydrate, 6,1 g Ballaststoffe, 114 mg Cholesterin, 419 mg Natrium

Leichtes Picknick

Couscous-Tabbouleh (Seite 120)
Amerikanischer Kartoffelsalat (Seite 114)
Knusprige Pitastreifen (Seite 249)
Artischocken-Oliven-Aufstrich (Seite 257)

528 Kalorien, 12,2 g Gesamtfett, 2,5 g gesättigte Fette, 16,5 g Protein, 90,7 g Kohlenhydrate, 10,4 g Ballaststoffe, 142 mg Cholesterin, 489 mg Natrium

PICKNICK AM STRAND

Gebratene Krabbenküchlein (Seite 177)
Remouladensoße (Seite 262)
Amerikanischer Kartoffelsalat (Seite 114)
Buttermilch-Kekse (Seite 266)

509 Kalorien, 12,3 g Gesamtfett, 4,5 g gesättigte Fette, 32,9 g Protein, 66,9 g Kohlenhydrate, 3 g Ballaststoffe, 303 mg Cholesterin, 1 727 mg Natrium

HEISSE SOMMERNACHT

Fruchtige Gazpacho (Seite 134)
Spinatsalat mit Orangen-Vinaigrette (Seite 102)
Auberginen-Aufstrich (Seite 258)
Gewürzte Tortillachips (Seite 250)

444 Kalorien, 16,5 g Gesamtfett, 2,1 g gesättigte Fette, 17,5 g Protein, 71,9 g Kohlenhydrate, 7,9 g Ballaststoffe, 0 mg Cholesterin, 304 mg Natrium

PASTA-DINNER

Muschelnudeln mit Linsensoße (Seite 165)
Gemischter Salat (Seite 110)
Kekse mit Hüttenkäse und Dill (Seite 267)

590 Kalorien, 13,6 g Gesamtfett, 3,7 g gesättigte Fette, 21,2 g Protein, 85,4 g Kohlenhydrate, 5 g Ballaststoffe, 10 mg Cholesterin, 378 mg Natrium

MEXIKANISCHES MINUTENMENÜ

Hähnchen-Tacos (Seite 218)
Weiße Bohnen mit Paprika und Salbei (Seite 148)
Römersalat mit Knoblauchdressing (Seite 101)

459 Kalorien, 14,6 g Gesamtfett, 2,9 g gesättigte Fette, 27,4 g Protein, 57,1 g Kohlenhydrate, 4,5 g Ballaststoffe, 30 mg Cholesterin, 741 mg Natrium

SUPPEN-SOUPER

Erbsensuppe mit Wildreis (Seit 135)
Italienisches Kräuterbrot (Seite 271)
Römersalat mit Knoblauchdressing (Seite 101)

599 Kalorien, 11,6 g Gesamtfett, 2,1 g gesättigte Fette, 28 g Protein, 99,5 g Kohlenhydrate, 8,9 g Ballaststoffe, 3,4 mg Cholesterin, 550 mg Natrium

Dinner nach Familien-Art

Spaghettiauflauf mit Putenwürstchen (Seite 223)
Knuspriger Salat mit gedämpftem Gemüse (Seite 111)
Schnelles Kräuterkrustenbrot (Seite 269)

616 Kalorien, 14,4 g Gesamtfett, 3,4 g gesättigte Fette, 29,2 g Protein, 94,5 g Kohlenhydrate, 4,6 g Ballaststoffe, 40 mg Cholesterin, 1139 mg Natrium

Super-Bowl-Sonntag

Chili „Super-Bowl" (Seite 137)
Kekse mit Hüttenkäse und Dill (Seite 267)
Knuspriger Wintersalat (Seite 113)

479 Kalorien, 14,2 g Gesamtfett, 4,1 g gesättigte Fette, 37,5 g Protein, 58,9 g Kohlenhydrate, 13,9 g Ballaststoffe, 64 mg Cholesterin, 909 mg Natrium

Romantisches Dinner

Meeresfrüchte-Cannelloni mit roter Soße (Seite 212)
Weiche Grießbrötchen (Seite 270)
Gemischter Salat mit Pekannuss-Vinaigrette (Seite 103)

500 Kalorien, 13,4 g Gesamtfett, 2,3 g gesättigte Fette, 37,4 g Protein, 59,2 g Kohlenhydrate, 5,3 g Ballaststoffe, 100 mg Cholesterin, 864 mg Natrium

Für Klein und Gross

Hähnchen-Parmesan-Streifen (Seite 184)
Maiskolben mit Kräuterbutter (Seite 254)
Chili-Kartoffeln (Seite 246)

620 Kalorien, 11,6 g Gesamtfett, 3,7 g gesättigte Fette, 38,9 g Protein, 92,8 g Kohlenhydrate, 9,4 g Ballaststoffe, 79 mg Cholesterin, 330 mg Natrium

ABSCHNITT 2

Ein neuer Start

FETTARME REZEPTE

Rezepte

12

Beginnen Sie den Tag fettarm

Sie haben es morgens eilig und wollen gerade aus der Wohnungstür stürzen. Warten Sie, Sie haben das Wichtigste vergessen: das Frühstück.
Ein gutes, reichhaltiges Frühstück hält den Fettverbrennungsprozess den ganzen Tag über in Gang. Wissenschaftler fanden heraus, dass das, was wir morgens essen, unseren Energiehaushalt des gesamten Tages bestimmt – bis zum Abendessen.
Starten Sie gesund in den Tag mit einem qualitativ hochwertigen, fettarmen Frühstück. Wenn Sie morgens nicht genügend Zeit haben, planen Sie das Frühstück am Abend zuvor. Wenn Sie keine Zeit haben, sich zum Frühstücken hinzusetzen, halten Sie Speisen bereit, die Sie in der Tasche mitnehmen können. Hier sind einige schnell zubereitete Speisen, die Sie morgens essen können – als Abwechslung zu einer Schale Zerealien mit Milch.

- Orangen-Scones mit Korinthen (Seite 93), am Vortag zubereitet
- Vollwerttoast oder ein Brötchen mit Marmelade und ein Stück frisches Obst
- Rosinen-Pecannuss-Brot (Seite 274) und fettfreiem Frischkäse
- ein Brötchen vom vorigen Abend mit fettarmem Joghurt und Hüttenkäse oder mit fettarmer Milch und frischem Obst
- Reispudding mit Früchten (Seite 94)

Das Wichtigste ist, dass Sie morgens Ihre natürliche Energie ankurbeln und Ihren Appetit anregen. Wofür? Um Ihren Energiehaushalt und die Fettverbrennung Ihres Körpers für den ganzen Tag zu aktivieren.

Bratkartoffeln mit Rosmarin

ergibt 4 Portionen
pro Portion

258	Kalorien
2,6 g	Gesamtfett
0,4 g	gesättigte Fette
4,9 g	Proteine
55,2 g	Kohlenhydrate
0,7 g	Ballaststoffe
0 mg	Cholesterin
14 mg	Natrium

Diese leckeren Kartoffeln werden Ihnen so gut schmecken, als hätte sie ein Koch zubereitet. Sie sind kross, aber nicht sehr fettig, deshalb können Sie sie ruhig öfter genießen – auch zum Abendessen.

Zubereitungszeit: 15 Minuten • Bratzeit: 10 Minuten

1 kg Kartoffeln, in mundgerechte Stücke geschnitten • 1 Teelöffel Oliven- oder Rapsöl • 1 Zwiebel, grob gehackt • 1 Teelöffel Rosmarin, getrocknet • Salz und gemahlener schwarzer Pfeffer

Wasser in einem großen Topf bei großer Hitze zum Kochen bringen. Kartoffeln hineingeben und Wasser erneut aufkochen lassen. Auf mittlerer Hitze die Kartoffeln für weitere 5 bis 8 Minuten kochen lassen, bis sie beginnen, weich zu werden. Kartoffeln abtropfen lassen und beiseite stellen.

Während die Kartoffeln kochen, Öl bei mittlerer Hitze in einer großen antihaft-beschichteten Bratpfanne erhitzen. Zwiebeln hinzugeben und 5 Minuten bräunen lassen. Kartoffeln und das Rosmarin vorsichtig hinzufügen. Kartoffeln mit sehr wenig Öl beträufeln und nach Geschmack mit Pfeffer und Salz würzen.

Alles 15 Minuten braten lassen, bis die Kartoffeln außen braun und innen weich sind. Ab und zu umrühren.

Einfaches Schweizer Müsli

Haben Sie genug von Fertigzerealien zum Frühstück? Bereiten Sie sie doch mal selbst zu! Es geht ganz einfach und Sie können die Zerealien ganz nach Ihrem persönlichen Geschmack zusammenstellen. Außerdem vermeiden Sie Konservierungsstoffe, Farbstoffe und Zucker, die in den meisten Fertig-Zerealien enthalten sind.

Müsli stammt ursprünglich aus der Schweiz. Die Grundbedeutung des Wortes Müsli ist „Mischung". Es besteht hauptsächlich aus Haferflocken, bei den sonstigen Zutaten sind der Fantasie keine Grenzen gesetzt. Weizen- und Roggenflocken, Cornflakes, Nüsse und Trockenfrüchte sind in unterschiedlicher Menge in Müsli enthalten.

So können Sie Ihr eigenes Müsli ganz einfach zubereiten: Kaufen Sie Ihre Lieblings-Getreideflocken (z.B. Haferflocken) sowie Nüsse und Trockenfrüchte. Schneiden Sie Nüsse und Früchte klein, mischen Sie Getreideflocken nach Belieben unter und bewahren Sie das Müsli in einem luftdichten Behälter auf. Für das Frühstück geben Sie etwas Müsli in eine Schale, gießen etwas fettarme Milch hinzu und lassen das Ganze 5 Minuten stehen, damit die Zerealien weich werden.

Um die Zerealien noch weicher zu machen, lasse ich sie gern über Nacht einweichen. Morgens gebe ich nur noch die anderen gewünschten Zutaten hinzu. Hier finden Sie das Basisrezept und einige Möglichkeiten für weitere Zutaten. Auf den folgenden Seiten finden Sie spezielle Müsli-Rezepte.

Für jede Portion benötigen Sie 120 g Getreideflocken. Geben Sie Wasser oder fettarme Milch hinzu, bis die Flüssigkeit die Flocken bedeckt. Decken Sie die Schale ab und stellen Sie sie über Nacht in den Kühlschrank. Am nächsten Morgen können Sie Ihre Lieblingszutaten hinzugeben, z.B. diese:

- Trockenfrüchte, zerkleinert (Aprikosen, Kirschen, Preiselbeeren, Korinthen, Datteln, Papaya, Rosinen)
- Nüsse und Samen, zerkleinert (Mandeln, Paranüsse, Cashew-Kerne, Haselnüsse, Macadamia-Nüsse, Pecannüsse, Pistazien, Pinienkerne, Walnüsse, Sesam, Kürbis- und Sonnenblumenkerne)
- Joghurt (fettarmer Natur- oder Fruchtjoghurt)
- Süßungsmittel (Rohzucker, Honig, Ahornsirup)
- Gewürze (gemahlener Zimt oder Muskat, Vanillepulver)
- frisches Obst, klein geschnitten (Äpfel, Bananen, Beeren, Zitrusfrüchte, Kiwis, Mangos, Melone, Papayas, Pfirsiche, Birnen, Ananas, Pflaumen)

Northern-Summers-Müsli

ergibt 2 Portionen
pro Portion

153	Kalorien
3 g	Gesamtfett
0,4 g	gesättigte Fette
5 g	Proteine
28,5 g	Kohlenhydrate
4,3 g	Ballaststoffe
0 mg	Cholesterin
7 mg	Natrium

Dies ist eines meiner Lieblings-Müslis für warme Tage. Es enthält frisches Obst und Beeren. Für 4 Portionen können Sie die angegebenen Mengen verdoppeln. Bereiten Sie die Portionen in einzelnen Schalen zu.

Zubereitungszeit: 5 Minuten • Ruhezeit: über Nacht

120 g Getreideflocken • 1 Esslöffel getrocknete Tortenkirschen oder Korinthen • 1 Esslöffel fettarmer Vanille- oder Zitronenjoghurt • 1 Teelöffel Sonnenblumenkerne • 1 Teelöffel gemahlene Mandeln • 1 Teelöffel Ahornsirup • eine Prise Zimt • 1/4 Tasse Himbeeren • 1/4 Tasse Blaubeeren • 1/4 Tasse klein geschnittene Erdbeeren • 1 Pfirsich, geschält, entkernt und klein geschnitten

Getreideflocken auf zwei Schalen verteilen und Wasser hinzufügen, bis es die Flocken bedeckt. Schalen über Nacht abgedeckt in den Kühlschrank stellen.

Morgens Kirschen oder Korinthen, Joghurt, Sonnenblumenkerne, Mandeln, Ahornsirup und Zimt auf die Schalen verteilen. Gut umrühen. Das frische Obst auf das Müsli legen.

TIPP

Trinken Sie die Milch, die noch in der Schale ist, wenn Sie das Müsli gegessen haben. Sie enthält durch das Einweichen der Getreideflocken viele wichtige Vitamine und Mineralien.

HERBST-FRUCHT-MÜSLI

Äpfel, Birnen, Walnüsse und Datteln geben diesem Müsli eine herbstliche Note.

ergibt 2 Portionen

pro Portion

267	Kalorien
3,9 g	Gesamtfett
0,5 g	gesättigte Fette
6,5 g	Proteine
55,4 g	Kohlenhydrate
7,5 g	Ballaststoffe
0 mg	Cholesterin
8 mg	Natrium

Zubereitungszeit: 5 Minuten • Ruhezeit: über Nacht

180 g Getreideflocken • 1 Esslöffel fettarmer Vanille- oder Zitronenjoghurt • 2 Esslöffel Rohzucker oder Honig • gemahlener Zimt • gemahlener Muskat • 2 Datteln, entkernt und klein geschnitten, oder 2 Esslöffel Rosinen • 2 Esslöffel zerkleinerte Walnüsse • 1 Apfel, entkernt und klein geschnitten • 1 Birne, entkernt und klein geschnitten

Getreideflocken auf zwei Schalen verteilen und Wasser hinzufügen, bis es die Flocken bedeckt. Schalen über Nacht abgedeckt in den Kühlschrank stellen.

Morgens Joghurt und Zucker oder Honig auf die Schalen verteilen. Zimt und Muskat nach Geschmack hinzufügen. Gut umrühren. Zum Schluss Datteln oder Rosinen, Walnüsse, Apfel und Birne einrühren.

Winter-Frucht-Müsli

ergibt 2 Portionen
pro Portion

303	Kalorien
3,9 g	Gesamtfett
0,7 g	gesättigte Fette
8,4 g	Proteine
62,1 g	Kohlenhydrate
7, 5 g	Ballaststoffe
0 mg	Cholesterin
10 mg	Natrium

Dieses Müsli für kalte Tage enthält viel Getreide und wird mit reichlich Obst serviert – für eine Extraportion Vitamin C. Nehmen Sie eine große Müslischale für dieses kräftige Frühstück. Um es zu variieren, können Sie verschiedene Nüsse, Samen, Trocken- und Zitrusfrüchte verwenden.

Zubereitungszeit: 5 Minuten • Ruhezeit: über Nacht

240 g Getreideflocken • 2 Esslöffel Vanille- oder Zitronenjoghurt • 1 Esslöffel Honig oder Ahornsirup • 1 Esslöffel trockene Preiselbeeren • 1 Teelöffel zerstoßene Cashewkerne • 1 Teelöffel Kürbiskerne • 1 Kiwi, geschält und in Scheiben geschnitten • 1 Banane, in Scheiben geschnitten • 1 Mandarine, geschält und in Spalten geteilt

Getreideflocken auf zwei Schalen verteilen und Wasser hinzufügen, bis es die Flocken bedeckt. Schalen über Nacht abgedeckt in den Kühlschrank stellen.

Morgens Joghurt, Honig oder Ahornsirup, Preiselbeeren, Cashew- und Kürbiskerne auf die Schalen verteilen. Das frische Obst auf das Müsli legen.

Kompott

Der reiche, süße Geschmack der gedünsteten Früchte wird Ihnen gefallen. Verwenden Sie Ihre Lieblings-Trockenfrüchte und servieren Sie das Kompott allein oder zusammen mit gekochten Getreideflocken, Joghurt, Hüttenkäse oder Pfannkuchen. Zusammen mit gefrorenem Joghurt ergibt es ein leckeres Dessert.

ergibt 4 Portionen
pro 1/2 Portion

154	Kalorien
0,4 g	Gesamtfett
0 g	gesättigte Fette
1,9 g	Proteine
40 g	Kohlenhydrate
2 g	Ballaststoffe
0 mg	Cholesterin
4 mg	Natrium

Zubereitungszeit: 2 Minuten • Kochzeit: 20 Minuten

3 Tassen gemischte Trockenfrüchte • 3 Tassen Wasser • 1 Zimtstange

Alle Zutaten in einen Topf geben.

Zutaten bei großer Hitze zum Kochen bringen und bei geringer Hitze 20 Minuten kochen lassen, bis die Früchte gequollen sind und die Flüssigkeit dick wird. Zimtstange vor dem Servieren herausnehmen. Sie können das Kompott warm oder kalt essen. In einem luftdichten Behälter lässt es sich bis zu drei Tage im Kühlschrank aufbewahren.

Kochhinweis

Wenn Sie es süßer mögen, geben Sie während des Kochens bei geringer Hitze 1 bis 2 Esslöffel Rohzucker hinzu.

BUTTERMILCH-PFANNKUCHEN

ergibt 14 Pfannkuchen
pro Pfannkuchen

122	Kalorien
1,8 g	Gesamtfett
0,3 g	gesättigte Fette
4,9 g	Proteine
22,8 g	Kohlenhydrate
2,7 g	Ballaststoffe
16 mg	Cholesterin
227 mg	Natrium

Dieser Pfannkuchenteig eignet sich auch hervorragend für die Herstellung von Waffeln.

Zubereitungszeit: 25 Minuten

$2^1/_2$ Tassen fein gemahlenes Weizenvollkornmehl oder ungebleichtes Mehl • 2 Teelöffel Backpulver • 1 Teelöffel Natron • $^1/_4$ Teelöffel Salz • $2^1/_2$ Tassen fettarme Buttermilch • $^1/_4$ Tasse Honig oder Ahornsirup • 1 Ei oder 2 Eiweiß, leicht geschlagen • 1 Esslöffel Rapsöl • 1 Esslöffel Vanillepulver

Eine antihaft-beschichtete gusseiserne Platte für Pfannkuchen oder eine große Pfanne mit Backspray besprühen und bei mittlerer Hitze erwärmen.

Mehl, Backpulver, Natron und Salz in einer großen Schüssel mischen.

Buttermilch, Honig oder Sirup, Eier oder Eiweiß, Öl und Vanillepulver in einer kleineren Schüssel mischen. Buttermilchmischung der Mehlmischung beigeben.

Pro Pfannkuchen einen Löffel Teig auf die erhitzte Platte oder in die Pfanne geben. 2 bis 4 Minuten backen lassen, bis die Unterseite hellbraun ist und sich an der Oberseite Blasen bilden. Pfannkuchen mit einem Pfannenlöffel wenden und für weitere 1 bis 2 Minuten backen lassen, bis sie braun sind.

Pfannkuchen auf einen Teller schichten. Teller abdecken, um die Pfannkuchen warm zu halten.

VARIATIONEN

Buchweizen-Buttermilch-Pfannkuchen: Ersetzen Sie 1 Tasse Mehl durch Buchweizenmehl.

Mehrkorn-Buttermilch-Pfannkuchen: Ersetzen Sie 2 Tassen Mehl durch eine Mischung aus Weizen-, Hirse-, Reis-, Gersten-, Roggen- und Maismehl oder durch Weizenkleie.

Buttermilch-Pfannkuchen gefüllt mit Früchten: Heben Sie eine Tasse klein geschnittener Früchte unter den Teig, z.B. Blaubeeren, Himbeeren, Erdbeeren, Brombeeren, Pfirsiche oder Bananen.

Kalorienarme Soßen für Pfannkuchen

Kauffertige Pfannkuchensoßen haben meist viele Kalorien und enthalten Farb- und andere Zusatzstoffe. Die beiden folgenden Soßen haben hingegen wenig Kalorien und sind schnell zubereitet. Durch die frischen (oder tiefgefrorenen) Früchte haben sie einen süßen Geschmack und enthalten zudem Ballaststoffe.

Himbeersoße

Diese Soße schmeckt frisch und mild-süß. Sie besteht zu 90% aus Früchten und nur zu 10% aus Süßungsmitteln. Probieren Sie sie mit Pfannkuchen, Armen Rittern, gefrorenem Joghurt, Kuchen, frischem Obstsalat oder Toast. Ich empfehle, die Himbeerkerne wegen ihrer Konsistenz und den Ballaststoffen mit zu verarbeiten. Sie können Sie jedoch auch heraussieben, wenn Sie möchten.

ergibt 300 ml
pro 4 Teelöffel

62	Kalorien
0,3 g	Gesamtfett
0 g	gesättigte Fette
0,6 g	Proteine
15,4 g	Kohlenhydrate
2,7 g	Ballaststoffe
0 mg	Cholesterin
0 mg	Natrium

Zubereitungszeit: 5 Minuten • Kochzeit: 15 Minuten

3 Tassen Himbeeren • 1/4 Tasse Zucker oder Honig • 1 Esslöffel Himbeerlikör (wahlweise)

Himbeeren, Zucker oder Honig (und Likör) in einem mittelgroßen Topf vermischen. Mischung 20 Minuten bei mittlerer Hitze kochen, bis die Früchte sehr weich sind und die Flüssigkeit leicht dick wird. Ab und zu umrühren.

Soße in eine Schale gießen. Servieren Sie sie warm oder kalt. Abgedeckt im Kühlschrank hält sie sich bis zu einer Woche.

Kochhinweis

Probieren Sie auch andere Früchte aus, z.B. Blaubeeren, Erdbeeren, geschälte und klein geschnittene Pfirsiche, Aprikosen oder Pflaumen. Sie können sogar ungesüßte tiefgefrorene Früchte verwenden.

Fruchtsosse

ergibt 480 ml	
pro 120 ml	
57	Kalorien
0,4 g	Gesamtfett
0 g	gesättigte Fette
0,7 g	Proteine
14 g	Kohlenhydrate
2,1 g	Ballaststoffe
0 mg	Cholesterin
1 mg	Natrium

Ihre eigene Fruchtsoße herzustellen ist ganz einfach. Alles was Sie brauchen, sind ungesüßte frische, tiefgefrorene Früchte und etwas Honig oder Zucker. Gut geeignet sind Erdbeeren, Blaubeeren, Himbeeren, Pfirsiche, Ananas und Aprikosen. Probieren Sie die Soße mit Pfannkuchen, Waffeln oder gefrorenem Joghurt.

Zubereitungszeit: 5 Minuten • Kochzeit: 15 Minuten

450 g Früchte, klein geschnitten • 1-3 Esslöffel Honig oder Zucker • 1-3 Esslöffel Stärkemehl • gemahlener Zimt oder Muskat (wahlweise)

Früchte, 1 Esslöffel Honig oder Zucker und 1 Esslöffel Stärkemehl mischen. Mischung mit Zimt oder Muskat würzen. Bei Bedarf mit etwas Honig oder Zucker süßen.

Mischung bei starker Hitze zum Kochen bringen. 10 bis 15 Minuten bei geringer Hitze kochen lassen, bis sie leicht andickt (Wenn die Soße nicht dick genug wird, können Sie zusätzlich Stärkemehl in etwas Wasser auflösen und unter ständigem Umrühren zur Soße geben, bis sie die gewünschte Konsistenz erreicht). Servieren Sie die Soße warm oder kalt. Abgedeckt im Kühlschrank hält sie sich bis zu einer Woche.

Kochhinweis

Je nachdem, welche Früchte Sie verwenden, brauchen Sie unterschiedlich viel Süßungs- und Stärkemittel. Früchten, die sehr süß und saftig sind, müssen Sie beispielsweise weniger Süßungsmittel hinzugeben, jedoch mehr Stärkemehl zum Andicken.

Rezepte

13

Fett verbrennende Snacks für Unterwegs

Eine erstaunliche Tatsache: Snacks helfen beim Verbrennen von Fett. Studien zeigen, dass gesunde, fettarme Snacks dem körperlichen Stoffwechsel auf die Sprünge helfen und die Fettverbrennung anregen. Wenn Sie Snacks zwischen den Mahlzeiten weglassen um Kalorien zu sparen, verringern Sie tatsächlich das Fettverbrennungs-Potenzial Ihres Körpers und begünstigen die Ablagerung von Fett. Außerdem sind Sie häufig hungrig.

Forscher empfehlen, täglich zwei bis drei Snacks zu sich zu nehmen. Die meisten Menschen essen zwei Snacks – einen am Vor- und einen am Nachmittag. Wenn Sie früh zu Abend essen (vor 18 Uhr), planen Sie einen weiteren leichten Snack für danach ein. Zwischenmahlzeiten verringern das Risiko, während der Hauptmahlzeiten zu viel zu sich zu nehmen und halten den Stoffwechsel den ganzen Tag lang in Gang. So erhalten Sie mehr Energie.

Dieses Kapitel ist für Leute gedacht, die gern süße Snacks mögen. Die Mandelkekse sind besonders lecker und ganz einfach zu machen. Schokoladen-Liebhaber mögen bestimmt die Schoko-Mandel-Biscotti und die Brownies. Die meisten der Snacks können Sie vorher zubereiten und bis zum Verzehr bei Raumtemperatur lagern. So haben Sie jederzeit einen Snack parat. Wenn Sie statt süße lieber salzige Snacks mögen, sehen Sie sich die pikanten Rezepte der Kapitel 22 und 23 an.

MANDELKEKSE

Diese luftig-leichten Kekse sind unwiderstehlich weich und schmelzen in Ihrem Mund. Sie bestehen hauptsächlich aus cremigem Baiser, das absolut kein Fett enthält. Das einzige in diesem Rezept enthaltene Fett ist natürlicher Bestandteil der Mandeln.

ergibt 40 Kekse
pro Keks

31	Kalorien
8,0 g	Gesamtfett
0,1 g	gesättigte Fette
0,6 g	Proteine
5,5 g	Kohlenhydrate
0,1 g	Ballaststoffe
0 mg	Cholesterin
11 mg	Natrium

Zubereitungszeit: 10 Minuten • Backzeit: 20 Minuten

3 Eiweiß • 1 Prise Salz • 1 Tasse Zucker • 1 Esslöffel Vanillepulver • $^1/_2$ Tasse fein gehackte, geröstete Mandeln

Backofen auf 120 °C vorheizen. Zwei Backbleche mit Backspray besprühen.

Eiweiß mit dem Mixer in einer mittelgroßen Schüssel schlagen, bis es beginnt, steif zu werden. Salz hinzufügen. Zucker und Vanillepulver nach und nach dazugeben. Weiter schlagen, bis die Eiweißmischung steif, aber noch nicht trocken ist. Mandeln vorsichtig unterheben.

Mit einem Teelöffel Teighütchen auf die vorbereiteten Backbleche setzen. Ziehen Sie den Löffel hoch, wenn der Teig auf das Blech fällt, so entsteht in der Mitte eine Spitze. Lassen Sie den Teig nicht zerlaufen.

Kekse 20 bis 30 Minuten backen, bis sie hellbraun sind und die Oberfläche fest ist. Dann vorsichtig von den Backblechen nehmen und auf einem Kuchengitter abkühlen lassen.

KOCHHINWEIS

Statt Mandeln können Sie auch Pecan- oder Walnüsse oder andere Nüsse, Pistazien oder Pinienkerne nehmen.

Kakao-Baisers

Diese Kekse sind ein gutes Geschenk zu einer Wohnungseinweihung oder zu Weihnachten.

ergibt 40 Kekse	
pro Keks	
23	Kalorien
0,1 g	Gesamtfett
0 g	gesättigte Fette
0,4 g	Proteine
5,6 g	Kohlenhydrate
0 g	Ballaststoffe
0 mg	Cholesterin
5 mg	Natrium

Zubereitungszeit: 10 Minuten • Backzeit: 25 Minuten

3 Eiweiß • 1 Tasse Zucker • 1 Esslöffel Vanillepulver • 6 Esslöffel ungesüßtes holländisches Kakaopulver

Backofen auf 120 °C vorheizen. Zwei Backbleche mit Backspray besprühen.

Eiweiß mit dem Mixer in einer mittelgroßen Schüssel schlagen, bis es beginnt, steif zu werden. Nach und nach den Zucker und danach das Vanillepulver hinzufügen. Weiter rühren, bis die Eiweißmischung steif, aber noch nicht trocken ist. Kakao vorsichtig unterheben.

Mit einem Teelöffel Teighütchen auf die vorbereiteten Backbleche setzen. Ziehen Sie den Löffel hoch, wenn der Teig auf das Blech fällt, so entsteht in der Mitte eine Spitze. Lassen Sie den Teig nicht zerlaufen.

Kekse 20 bis 30 Minuten backen, bis sie hellbraun sind und die Oberfläche fest ist. Danach vorsichtig von den Backblechen nehmen und auf einem Kuchengitter abkühlen lassen.

Kochhinweise

Wenn Sie die Kekse knuspriger mögen, backen Sie sie 5 bis 10 Minuten länger.
Holländisches Kakaopulver hat einen intensiveren Geschmack als gewöhnliches. Achten Sie beim nächsten Supermarktbesuch darauf, ob es vorhanden ist. Wenn nicht, können sie auch anderes ungesüßtes Kakaopulver nehmen.

Variationen

Kakao-Nuss-Baisers: Heben Sie mit dem Kakao eine halbe Tasse fein gehack-te Walnüsse oder Pecannüsse oder Mandeln unter.
Doppel-Schoko-Baisers: Heben Sie mit dem Kakao eine halbe Tasse Schokostreusel unter.

Zimt-Zucker-Kekse

ergibt 48 Kekse	
pro Keks	
36	Kalorien
1,1 g	Gesamtfett
0,7 g	gesättigte Fette
0,7 g	Proteine
6,3 g	Kohlenhydrate
0,5 g	Ballaststoffe
3 mg	Cholesterin
17 mg	Natrium

Diese Kekse sind eine der Lieblingsspeisen meiner Familie. Meistens backe ich die doppelte Menge, denn sie halten sich in einer luftdichten Dose bis zu einer Woche.

Zubereitungszeit: 15 Minuten • Backzeit: 20 Minuten

$^1/_4$ Tasse weiche Butter oder Margarine • $^1/_4$ Tasse Rohzucker • 2 Eiweiß • 2 Esslöffel leichtsüßer Maissirup • 1 $^1/_2$ Teelöffel Vanillepulver • $^1/_3$ Tasse + 1 Esslöffel Zucker • 1$^1/_2$ Tassen fein gemahlenes Weizenvollkornmehl oder ungebleichtes Mehl • $^1/_2$ Teelöffel Backpulver • $^1/_4$ Teelöffel Natron • eine Prise Salz • 1 Teelöffel gemahlener Zimt

Backofen auf 190 °C vorheizen. Zwei Backbleche mit Backspray besprühen.

Butter mit dem Mixer in einer großen Schüssel quirlen, bis sie schaumig wird. Rohzucker, Eiweiß, Maissirup, Vanillepulver und $^1/_3$ Tasse Zucker hinzufügen und alles zu einem glatten Teig verarbeiten.

Mehl, Backpulver, Natron, Salz und einen halben Teelöffel Zimt in einer mittelgroßen Schüssel vermischen. Mehlmischung der Buttermischung hinzufügen und gut verrühren.

Den restlichen Zucker und den restlichen Zimt in einer Tasse mischen.

Teig teelöffelweise mit 5-7 cm Abstand auf den Backblechen verteilen. Zimt-Zucker-Mischung darüberstreuen.

Bleche hintereinander für jeweils 10 Minuten backen, bis die Kekse hellbraun sind. Vom Backblech nehmen und auf einem Kuchengitter abkühlen lassen.

Bananen-Nuss-Kekse

Wenn Sie oft Heißhunger auf Süßes haben, sind diese Leckereien das Richtige für Sie. Die aromatischen Bananen-Nuss-Kekse werden mit nur wenig Butter oder Margarine gebacken.

ergibt 42 Kekse	
pro Keks	
57	Kalorien
1,4 g	Gesamtfett
0,6 g	gesättigte Fette
1 g	Proteine
10,7 g	Kohlenhydrate
0, 9 g	Ballaststoffe
2 mg	Cholesterin
32 mg	Natrium

Zubereitungszeit: 15 Minuten • Backzeit: 25 Minuten

2 reife Bananen • 1 Tasse Rohzucker • 3 Esslöffel weiche Butter oder Margarine • 2 Teelöffel Vanillepulver • 1/4 Teelöffel Salz (wahlweise) • 2 Tassen fein gemahlenes Weizenvollkornmehl oder ungebleichtes Mehl • 1 Teelöffel Natron • 1/4 Tasse klein gehackte und geröstete Walnüsse

Backofen auf 180 °C vorheizen. Zwei Backbleche mit Backspray besprühen.

Bananen, Rohzucker, Butter oder Margarine, Vanillepulver (und Salz) in eine große Schüssel geben. Alles gut mit dem Mixer verrühren.

Mehl und Backpulver in einer kleinen Schüssel mischen. Die Mehlmischung der Bananenmischung zufügen und alles gut verrühren. Walnüsse unterheben

Mit einer teelöffelgroßen Menge Teig runde Kekse formen. Diese mit 5-7 cm Abstand zueinander auf den Backblechen verteilen.

Bleche hintereinander für jeweils 12 bis 15 Minuten backen, bis die Kekse hellbraun sind. Vom Backblech nehmen und auf einem Kuchengitter abkühlen lassen.

Erdnussbutterkekse

Kekse wie diese kenne ich aus meiner Schulzeit. Damit Sie innen schön saftig bleiben, drücken Sie sie vor dem Backen nicht zu flach und backen Sie sie, bis die Unterseite hellbraun ist.

ergibt 48 Kekse
pro Keks

53	Kalorien
1,7 g	Gesamtfett
0,5 g	gesättigte Fette
1,3 g	Proteine
8,5 g	Kohlenhydrate
0,7 g	Ballaststoffe
1 mg	Cholesterin
29 mg	Natrium

Zubereitungszeit: 15 Minuten • Backzeit: 15 Minuten

2 Esslöffel weiche Butter oder Margarine • 3/4 Tasse Rohzucker • 1/2 Tasse Erdnussbutter mit Stückcken • 2 Eiweiß • 2 Esslöffel leichtsüßer Maissirup • 1 Esslöffel Vanillepulver • 1/4 Tasse + 1 1/2 Teelöffel Zucker • 1 1/2 Tassen fein gemahlenes Weizenvollkornmehl oder ungebleichtes Mehl • 1/2 Teelöffel Natron • 1/4 Teelöffel Salz

Backofen auf 190 °C vorheizen. Zwei Backbleche mit Backspray besprühen.

TIPP

Wählen Sie naturbelassene Erdnussbutter, die keine Beigaben von Zucker, Öl oder Salz enthält. Sie erhalten Sie im Reformhaus oder in großen Supermärkten.

Butter mit dem Mixer in einer großen Schüssel schlagen, bis sie schaumig wird. Rohzucker, Erdnussbutter, Eiweiß, Mais-Sirup, Vanillepulver und 1/4 Tasse Zucker hinzufügen und alles zu einem glatten Teig verarbeiten.

Mehl, Backpulver und Salz in einer mittelgroßen Schüssel mischen. Die Mehlmischung der Buttermischung hinzufügen und beides gut verrühren.

Mit einer teelöffelgroßen Menge Teig runde Kekse formen und mit 5-7 cm Abstand auf den Backblechen verteilen. Kekse leicht mit einer Gabel flach drücken. Mit den übrigen 1 1/3 Teelöffeln Zucker bestreuen.

Bleche hintereinander für jeweils 7 bis 9 Minuten backen, bis die Unterseite der Kekse braun zu werden beginnt. Vom Backblech nehmen und auf einem Kuchengitter abkühlen lassen.

Schoko-Mandel-Biscotti

Biscotti sind doppelt gebackene italienische Kekse. Sie sind leicht süß und gut zum Eintunken in Kaffee oder Tee geeignet. Kinder tunken sie gern in kalte Milch.

ergibt 40 Kekse

pro Keks	
71	Kalorien
1,8 g	Gesamtfett
0,3 g	gesättigte Fette
2 g	Proteine
12,8 g	Kohlenhydrate
1 g	Ballaststoffe
16 mg	Cholesterin
36 mg	Natrium

Zubereitungszeit: 20 Minuten • Backzeit: 1 1/4 Stunden

2 Tassen fein gemahlenes Weizenvollkornmehl oder ungebleichtes Mehl • 1 1/2 Tassen Zucker • 1/4 Tasse ungesüßtes Kakaopulver • 1/2 Teelöffel Natron • 1/4 Teelöffel Salz • 3 Eier • 1 Eiweiß • 3/4 Tasse klein gehackte, geröstete Mandeln • 2 Teelöffel Vanillepulver

Backofen auf 160 °C vorheizen. Backblech mit Backspray besprühen.

Mehl, Zucker, Kakao, Natron und Salz in einer großen Schüssel vermischen.

Eier und Eiweiß in eine mittelgroße Schüssel geben und leicht mit dem Schneebesen schlagen. Mandeln und Vanillepulver unterrühren. Diese Masse der Mehlmischung beifügen und alles gut verrühren.

Aus dem Teig zwei etwa 27 cm lange Rollen von etwa 13 cm Durchmesser formen und auf das vorbereitete Backblech legen.

35 bis 40 Minuten backen. Eine Rolle mit einem Zahnstocher einstechen. Bleibt dieser trocken, Teigrollen aus dem Backofen nehmen. 10 Minuten auf einem Kuchengitter abkühlen lassen.

Rollen in 1,5 cm dicke Scheiben schneiden. Diese flach auf das Backblech legen.

Biscotti zunächst 15 Minuten von einer Seite backen, wenden und weitere 15 Minuten von der anderen Seite backen. Vom Backblech nehmen und auf einem Kuchengitter abkühlen lassen.

Schoko-Hafer-Kekse

ergibt 30 Kekse
pro Keks

36	Kalorien
1,1 g	Gesamtfett
0,3 g	gesättigte Fette
0,8 g	Proteine
6 g	Kohlenhydrate
0,3 g	Ballaststoffe
8 mg	Cholesterin
22 mg	Natrium

Diese Kekse sind lecker und sehen sehr hüsch aus. Backen Sie sie deshalb nicht nur, wenn Sie Besuch bekommen. Diese leichten, knusprigen Süßigkeiten sind ein idealer Familiensnack.

Zubereitungszeit: 5 Minuten • Backzeit: 25 Minuten

1 Ei • 1/4 Tasse Rohzucker • 1/4 Tasse Zucker • 1 Tasse Haferflocken • 1 Esslöffel weiche Butter oder Margarine • 1/2 Teelöffel Vanillepulver • 1/4 Teelöffel Salz • 3 Esslöffel Schokostreusel • 2 Esslöffel fettarme Milch

Backofen auf 160 °C vorheizen. Pergamentpapier auf drei Backbleche legen und es mit Backspray besprühen.

Das Ei zusammen mit Rohzucker und Zucker mit dem Mixer verrühren, bis eine cremige Masse entsteht. Haferflocken, Butter oder Margarine, Vanillepulver und Salz hinzugeben und alles gut vermischen.

Mit einem halben Teelöffel Teig Kekse auf dem Backblech formen. Etwa 8 cm Abstand lassen. Kekse mit der Rückseite des Teelöffels flach drücken.

Bleche hintereinander für jeweils 7 bis 9 Minuten backen, bis die Kekse am Rand goldbraun sind. Das Gebäck auf dem Backblech liegend auf einem Kuchengitter abkühlen lassen.

Schokostreusel und Milch in einem kleinen Topf verrühren. Mischung bei kleiner Hitze umrühren, bis die Schokostreusel geschmolzen sind. Ein Messer in die Schokolade tauchen und die Kekse damit beträufeln. Kekse vom Backblech nehmen und stehen lassen, bis die Schokolade getrocknet ist.

Brownies

Schokostreusel, Kakaopulver und Pflaumenpüree machen diese Brownies saftig, geschmackvoll und fettarm. Schokoladenliebhaber werden sie mögen!

ergibt 16 Brownies	
pro Brownie	
181	Kalorien
2,7 g	Gesamtfett
0,1 g	gesättigte Fette
2,9 g	Proteine
38,2 g	Kohlenhydrate
0,6 g	Ballaststoffe
1 mg	Cholesterin
110 mg	Natrium

Zubereitungszeit: 15 Minuten • Backzeit: 2 Stunden

1 1/4 Tassen ungebleichtes Mehl • 1 Teelöffel Backpulver • 1/2 Teelöffel Salz • 1 1/4 Tassen Zucker • 1/2 Tasse Rohzucker • 1/2 Tasse Schokostreusel • 1/2 Tasse ungesüßtes Kakaopulver • 4 Eiweiß • 1 Esslöffel Rapsöl • 1 Esslöffel Vanillepulver • 1/2 Tasse Pflaumenpüree (siehe Kochhinweis)

Backofen auf 180 °C vorheizen. Eine 20 x 20 cm große Backform mit Backspray besprühen und leicht mit Mehl bestäuben.

Mehl, Backpulver und Salz in einer mittelgroßen Schüssel mischen und zur Seite stellen.

In einer großen Schüssel Zucker, Rohzucker, geschmolzene Schokolade, Kakao, Eiweiß, Öl und Vanillepulver mit dem Mixer verrühren, bis eine weiche Masse entsteht. Pflaumenpüree unterrühren.

Die Mehlmischung zur Schokoladenmischung geben und beides gut vermischen. Teig in die vorbereitete Backform gießen. 45 bis 50 Minuten backen. Teig zum Test mit einem Zahnstocher einstechen. Bleibt dieser trocken, nehmen Sie die Form aus dem Ofen. Teig eine Stunde auf einem Kuchengitter auskühlen lassen und dann in 16 gleichgroße Quadrate schneiden.

Kochhinweise

Für das Pflaumenpüree bedecken Sie 1/3 Tasse entsteinte Trockenpflaumen mit 1/3 Tasse heißem Wasser und lassen Sie sie 5 Minuten ziehen, bis sie aufquellen. Dann mit Mixer oder Küchenmaschine pürieren.

So schmelzt man Schokostreusel ganz einfach: Streusel in ein Glasgefäß geben. 30 Sekunden auf hoher Stufe in der Mikrowelle erhitzen. Umrühren. Erhitzen und wieder Umrühren, bis die Schokolade geschmolzen ist. (Vorsicht: Überhitzen Sie die Schokolade nicht, sonst wird sie bröselig. Die Streusel verändern ihre Form vor dem Rühren nicht, deshalb können Sie u.U. vorher nicht sehen, ob sie bereits geschmolzen sind.)

Schoko-Muffins

Ihre Kinder werden nicht bemerken, dass diese Süßigkeiten fettarm sind.

ergibt 12 Muffins
pro Muffin

160	Kalorien
3,5 g	Gesamtfett
1,8 g	gesättigte Fette
3,6 g	Proteine
30,7 g	Kohlenhydrate
1,8 g	Ballaststoffe
35 mg	Cholesterin
180 mg	Natrium

Zubereitungszeit: 15 Minuten • Backzeit: 20 Minuten

Muffins

1 Tasse fein gemahlenes Weizenvollkornmehl oder ungebleichtes Mehl • 1/4 Tasse ungesüßtes Kakaopulver • 1 Teelöffel Natron • 1 Prise Salz • 3 Esslöffel weiche Butter oder Margarine • 3/4 Tasse Rohzucker • 2 Eier • 1/2 Tasse Pflaumenpüree (siehe Kochhinweis) • 1 Teelöffel Vanillepulver

Glasur

115 g weicher fettfreier Frischkäse • 3/4 Tasse Puderzucker • 1 Esslöffel ungesüßtes Kakaopulver

Für die Muffins: Backofen auf 190 °C vorheizen. Papierförmchen in eine Muffinform legen.

Mehl, Kakao, Natron und Salz in einer großen Schüssel mischen.

Butter oder Margarine und Rohzucker in eine mittelgroße Schüssel geben und mit dem Mixer schaumig schlagen. Eier, Pflaumenpüree und Vanillepulver hinzufügen und alles gut vermischen. Die Masse der Mehlmischung beigeben und verrühren. Teig mit einem Löffel in die Muffinform geben.

Muffins 20 Minuten backen. Teig zum Test mit einem Zahnstocher einstechen. Bleibt dieser trocken, nehmen Sie die Form aus dem Ofen (Backen Sie die Muffins nicht zu lange). Muffins aus der Form nehmen und auf einem Kuchengitter abkühlen lassen.

Für die Glasur: Frischkäse, Puderzucker und Kakaopulver in einer mittelgroßen Schüssel mischen. Die Masse auf die ausgekühlten Muffins verteilen.

Kochhinweis

Für das Pflaumenpüree bedecken Sie eine halbe Tasse entsteinte Trockenpflaumen mit einer halben Tasse heißem Wasser und lassen Sie sie 5 Minuten ziehen, bis sie aufquellen. Pürieren Sie sie dann mit Mixer oder Küchenmaschine.

GROSSE SCHOKO-KIRSCH-MUFFINS

Diese Schokoladen-Leckerei ist unglaublich reich an Geschmack.

ergibt 6 Muffins	
pro Muffin	
341.	Kalorien
4,4 g	Gesamtfett
0,4 g	gesättigte Fette
8,2 g	Proteine
3,4 g	Kohlenhydrate
73,7 g	Ballaststoffe
0 mg	Cholesterin
289 mg	Natrium

Zubereitungszeit: 15 Minuten • Backzeit: 35 Minuten

3/4 Tasse Wasser • 3/4 Tasse getrocknete Kirschen • 1 Tasse fein gemahlenes Weizenvollkornmehl oder ungebleichtes Mehl • 3/4 Tasse Zucker • 1/2 Tasse ungesüßtes Kakaopulver • 1/4 Tasse Rohzucker • 1 1/2 Teelöffel Backpulver • 1/2 Teelöffel Natron • 1 Prise Salz • 4 Eiweiß • 1/4 Tasse fettarme Milch • 1 Esslöffel Rapsöl • 1 Esslöffel Vanillepulver • 2/3 Tasse Pflaumenpüree (siehe Kochhinweis) • 2 Esslöffel Schoko-Streusel

Backofen auf 180 °C vorheizen. Muffinform für 6 große Muffins mit Backspray besprühen.

Wasser in einem kleinen Topf zum Kochen bringen. Kirschen ins Wasser geben und Topf vom Herd nehmen. Kirschen bis zur weiteren Verarbeitung einweichen lassen.

Mehl, Zucker, Kakao, Rohzucker, Backpulver, Natron und Salz in einer großen Schüssel gut vermischen.

Eiweiß, Milch, Öl und Vanillepulver in einer mittelgroßen Schüssel vermischen. Pflaumenpüree hinzufügen und alles gut vermengen. Alles zusammen zur Mehlmischung geben und leicht verrühren.

Kirschen abtropfen lassen. Kirschen und Schokostreusel unter den Teig heben. Teig mit einem Löffel in die vorbereitete Muffinform geben.

35 Minuten backen. Teig zum Test mit einem Zahnstocher einstechen. Bleibt dieser trocken, Form aus dem Ofen nehmen. Muffins aus der Form nehmen und auf einem Kuchengitter auskühlen lassen.

KOCHHINWEIS

Für das Pflaumenpüree bedecken Sie eine halbe Tasse entsteinte Trockenpflaumen mit 1/3 Tasse heißem Wasser und lassen Sie sie 5 Minuten ziehen, bis sie aufquellen. Pürieren Sie sie dann mit Mixer oder Küchenmaschine.

ORANGEN-DATTEL-NUSS-BROT

ergibt ein Brot (15 Scheiben)
pro Scheibe

170	Kalorien
3,9 g	Gesamtfett
1,3 g	gesättigte Fette
3,6 g	Proteine
32,5 g	Kohlenhydrate
3,3 g	Ballaststoffe
19 mg	Cholesterin
116 mg	Natrium

Frische Orangenschale macht dieses Brot würzig und erfrischend. Es ist ein guter Snack für zwischendurch.

Zubereitungszeit: 10 Minuten • Backzeit: 1 Stunde

1/2 Tasse Wasser • 1 Tasse klein geschnittene, entsteinte Datteln • 2 Tassen fein gemahlenes Weizenvollkornmehl oder ungebleichtes Mehl • 3/4 Tasse Zucker • 1 1/2 Teelöffel Backpulver • 1/2 Teelöffel Natron • 1/4 Teelöffel Salz • 1/3 Tasse fein gehackte Walnüsse oder Pecannüsse • geriebene Schale zweier Orangen • 1 Ei • 1/3 Tasse Orangensaft • 2 Esslöffel geschmolzene Butter oder Margarine • 2 Teelöffel Zitronensaft • 2 Teelöffel Vanillepulver

Backofen auf 180 °C vorheizen. Eine etwa 23 x 13 cm große Brotform mit Backspray besprühen.

Wasser in einem kleinen Topf zum Kochen bringen. Datteln einrühren und Topf von der Kochstelle nehmen. Bis zur weiteren Verarbeitung einweichen lassen

Mehl, Zucker, Backpulver, Natron und Salz in einer großen Schüssel mischen. Walnüsse oder Pecannüsse und Orangenschale einrühren.

Ei in einer mittelgroßen Schale leicht schlagen. Orangensaft, Butter oder Margarine, Zitronensaft und Vanillepulver einrühren. Datteln und Wasser hinzufügen. Diese Masse zur Mehlmischung geben und gut verrühren. Teig in die vorbereitete Backform geben.

50 bis 60 Minuten backen. Teig zum Test mit einem Zahnstocher einstechen. Bleibt dieser trocken, Form aus dem Ofen nehmen. Auf einem Kuchengitter auskühlen lassen.

Orangen-Scones mit Korinthen

Etwas Butter oder Margarine sind das Geheimnis dieser flockigen kleinen Küchlein. Wenn Sie keine Korinthen mögen, ersetzen Sie sie durch beliebige andere Trockenfrüchte, Nüsse oder auch Schokostreusel.

ergibt 16 Scones
pro Scone

122	Kalorien
2,7 g	Gesamtfett
1,5 g	gesättigte Fette
3,1 g	Proteine
22,1 g	Kohlenhydrate
1,7 g	Ballaststoffe
7 mg	Cholesterin
142 mg	Natrium

Zubereitungszeit: 20 Minuten • Backzeit: 15 Minuten

$1^3/_4$ Tasse ungebleichtes Mehl • 1 Tasse fein gemahlenes Weizenvollkornmehl • 1 Teelöffel Backpulver • $^1/_2$ Teelöffel Natron • $^1/_2$ Teelöffel Salz • 2 Esslöffel + 2 Teelöffel Zucker • 3 Esslöffel Butter oder Margarine • $^1/_2$ Tasse Korinthen • $^1/_4$ Teelöffel geriebene Orangenschale • $^3/_4$ Tasse + 2 Esslöffel magere Buttermilch • 1 Esslöffel Magermilch

Backofen auf 200 °C vorheizen. Backblech mit Backspray besprühen.

Ungebleichtes Mehl, Weizenvollkornmehl, Backpulver, Natron, Salz und 2 Esslöffel Zucker in einer großen Schüssel mischen. Butter oder Margarine hinzugeben und mit Hilfe der Knethaken des Mixers oder zweier Messer einen feinen Streuselteig formen. Korinthen und Orangenschale einrühren.

Eine Vertiefung in die Mitte der Mehlmischung drücken und die Buttermilch hineingießen. Mit einer Gabel verrühren. Teig auf eine leicht bemehlte Fläche geben und zehnmal kneten (nicht zu viel).

Teig ca. 1,25 cm dick ausrollen. Scones mit einer Form von 5 cm Durchmesser oder einem entsprechend großen Glas ausstechen und auf das Backblech setzen. Den restlichen Teig ausrollen und wiederum Scones ausstechen, bis der Teig verbraucht ist. Oberseite der Scones mit Magermilch bepinseln und mit den restlichen 2 Teelöffeln Zucker bestreuen.

12 bis 15 Minuten backen, bis die Scones beginnen, leicht braun zu werden. Vom Backblech nehmen und auf einem Kuchengitter auskühlen lassen.

TIPP

Brauchen Sie einen Vormittagssnack, der Sie bis zum Mittagessen über Wasser hält? Verzichten Sie auf das übliche Buttercroissant. Es hat 14 g Fett, ein Großteil davon sind gesättigte Fettsäuren. Essen Sie stattdessen einen englischen Muffin mit Fruchtaufstrich. Er enthält nur 1 g Fett und der Aufstrich ist fettlos.

Reispudding mit Früchten

ergibt 12 Portionen
pro Portion

172	Kalorien
0,9 g	Gesamtfett
0,4 g	gesättigte Fette
3,8 g	Proteine
38 g	Kohlenhydrate
1,2 g	Ballaststoffe
2 mg	Cholesterin
122 mg	Natrium

Bereiten Sie den Reispudding im Voraus zu und stellen Sie ihn in den Kühlschrank. Sie können Ihn als Snack oder auch zum Frühstück genießen. Fragen Familie oder Gäste nach einem Nachtisch, haben Sie mit diesem Rezept genug Pudding für alle.

Zubereitungszeit: 30 Minuten • Koch- und Kühlzeit: 1 1/2 Stunden

3 Tassen Wasser • 1 Tasse brauner Basmati-Reis • 1/2 Teelöffel Salz • 2 Tassen fettarme Milch • 3/4 Teelöffel gemahlener Zimt • 3/4 Tasse Zucker • 1 Esslöffel Vanillepulver • 4 Tassen in Scheiben geschnittenes Obst • 1 Tasse fettarmer Vanillejoghurt

Wasser in einem mittelgroßen Topf bei großer Hitze zum Kochen bringen. Reis und Salz dazugeben. Bei mittlerer bis schwacher Hitze mit Deckel 45 Minuten kochen. Deckel abnehmen und für weitere 10 Minuten kochen lassen, bis der Reis weich ist.

Milch, Zimt und eine halbe Tasse Zucker hinzufügen. Auf mittlere bis hohe Temperatur erhöhen. Ständig umrühren, bis die Mischung Blasen wirft (Vorsicht: brennt schnell an). Auf mittlere bis schwache Hitze schalten und 30 Minuten kochen, bis die Mischung dick und cremig ist. Dabei häufig umrühren.

Topf von der Kochstelle nehmen und Vanillepulver einrühren. Abkühlen lassen. Pudding auf Schälchen verteilen.

Obst und restlichen Zucker in einer kleinen Schüssel vermischen. Über den Pudding verteilen. Joghurt auf das Obst geben.

Kochhinweis

Nehmen Sie Ihr Lieblingsobst für dieses Rezept, z.B. Äpfel, Birnen, Pfirsiche, Orangen, Kirschen oder getrocknete Preiselbeeren. Probieren Sie auch andere Joghurtsorten aus, z.B. Zitronenjoghurt. Sie können auch klein gehackte Walnüsse, Pecannüsse oder Mandeln über den Pudding streuen.

Schokopudding

Zwei Schokoladenschichten machen diesen Pudding zu einem besonderen Genuss. Die obere Schicht ist leicht und cremig wie Mousse au Chocolat. Darunter ist eine dicke Schicht Schokoladenpudding nach traditioneller Art.

ergibt 8 Portionen	
pro Portion	
239	Kalorien
5,5 g	Gesamtfett
2,8 g	gesättigte Fette
8,4 g	Proteine
43,4 g	Kohlenhydrate
0,3 g	Ballaststoffe
32 mg	Cholesterin
93 mg	Natrium

Zubereitungszeit: 30 Minuten • Koch- und Kühlzeit: 1 Stunde

1 Ei • 1 Tasse Zucker • 3/4 Tasse ungesüßtes Kakaopulver • 1/8 Teelöffel gemahlener Zimt • 1 Tasse fettarme Milch • 90 g klein gehackte Vollmilchschokolade • 1 Esslöffel Vanillepulver • 1 Blatt Gelatine • 1 Dose (340 g) Kondensmilch

Ei in einem mittelgroßen Topf leicht schlagen. Zucker, Kakao, Zimt und 3/4 der Milch hinzugeben. Auf mittlerer Hitze 5 Minuten kochen und dabei ständig rühren, bis die Mischung dick wird. Topf von der Kochstelle nehmen. Schokolade und Vanille dazugeben und Mischung glatt rühren. 5 Minuten abkühlen lassen und bis zur Weiterverarbeitung in den Gefrierschrank stellen.

Die restliche Milch in einen kleinen Topf geben. Gelatine einstreuen. 5 Minuten aufweichen lassen. Auf mittlerer Hitze 2 bis 3 Minuten kochen und dabei ständig rühren, bis die Gelatine sich aufgelöst hat. Von der Kochstelle nehmen und Kondensmilch langsam einrühren. In eine große Schüssel geben.

Mit einem Mixer auf höchster Stufe ca. 7 Minuten verquirlen, bis die Mischung dick wird und die Menge viel größer geworden ist.

Schokoladenmischung aus dem Gefrierschrank nehmen. 1 Tasse Gelatinemischung mit dieser gut vermengen. Die Schokoladenmischung dann zur Gelatinemischung geben und gründlich verrühren.

Pudding auf Schalen verteilen und eine Stunde in den Kühlschrank stellen.

Kochhinweis

Vegetarische Gelatine bekommen Sie in vielen Lebensmittelläden und im Reformhaus.

Rezepte

14

Schnell zubereitete Salate und Dressings

Gemüse hilft Ihnen, sich jünger zu fühlen und jünger auszusehen. Forscher fanden heraus, dass verschiedene Stoffe im Gemüse den Alterungsprozess verlangsamen sowie gegen Krebs und Herzkrankheiten schützen. Das ist Grund genug, mehr Salat zu essen.

Natürlich sollten Sie auch darauf achten, womit Sie den Salat anrichten. Wählen Sie statt fettreicher lieber fettarme Dressings. Sie sind schnell und einfach zuzubereiten. Ihren Geschmack bekommen die Dressings durch Essig, Früchte und Kräuter anstelle von Fett. Für leckere Sahne-Dressings nehme ich fettarme Milchprodukte und manchmal etwas würzigen Käse, wie Feta oder Roquefort.

Probieren Sie auch Bohnen-, Vollkorn- und Nudelsalate. Sie eignen sich gut für ein Picknick aber auch als Mittags- oder leichte Abendmahlzeit. Sie enthalten viele Ballaststoffe und komplexe Kohlenhydrate. Einer meiner Lieblingssalate ist der Curry-Linsen-Salat. Er ist erfrischend und hält sich über mehrere Tage. Bei Bedarf können Sie eine größere Menge im Voraus zubereiten.

CREMIGES BASILIKUM-DRESSING

Für Italiener ist Basilikum ein Symbol der Liebe.

ergibt eine 3/4 Tasse
pro 2 Esslöffel

44	Kalorien
3,2 g	Gesamtfett
0,9 g	gesättigte Fette
2,2 g	Proteine
1,9 g	Kohlenhydrate
0 g	Ballaststoffe
3 mg	Cholesterin
69 mg	Natrium

Zubereitungszeit: 5 Minuten

1/2 Tasse frisches Basilikum • 3 Esslöffel geriebener Parmesan • 1 Knoblauchzehe • 6 Esslöffel Magermilch • 2 Esslöffel Weißweinessig • 2 Esslöffel fettarmer Sauerrahm • 1 Esslöffel Olivenöl • Salz und gemahlener Pfeffer

Basilikum, Parmesan und Knoblauch mit Küchenmaschine oder Mixer vermengen, bis das Basilikum fein gehackt ist. Milch, Essig, Sauerrahm und Öl dazugeben. Mit Salz und Pfeffer würzen. Alles gut vermischen. In einen verschließbaren Behälter geben und bis zum Verwenden kalt stellen.

ROQUEFORT-DRESSING

Das Geheimnis dieses fettarmen Roquefort-Dressings ist eine Mischung aus fettarmem Hüttenkäse, Sauerrahm und Buttermilch.

ergibt 1 Tasse
pro 2 Esslöffel

51	Kalorien
3,3 g	Gesamtfett
2,1 g	gesättigte Fette
3,9 g	Proteine
1,6 g	Kohlenhydrate
0 g	Ballaststoffe
10 mg	Cholesterin
222 mg	Natrium

Zubereitungszeit: 5 Minuten • Kühlzeit: 1 Stunde

1/4 Tasse fettarmer Hüttenkäse • 1/4 Tasse fettarmer Sauerrahm • 3 Esslöffel fettarme Buttermilch • 1/4 Teelöffel Knoblauchpulver • 2 Teelöffel Zitronensaft • 90 g Roquefort • gemahlener schwarzer Pfeffer

Hüttenkäse, Sauerrahm, Buttermilch, Knoblauchpulver, Zitronensaft und 60 g Roquefort mit Küchenmaschine oder Mixer vermengen. Milch, Essig, Sauerrahm und Öl dazugeben. Mit Pfeffer würzen. Alles gut vermischen. In eine Schale geben.

Den restlichen Roquefort in die Schale geben und alles gut vermischen. Abgedeckt mindestens 1 Stunde oder bis zu 2 Tagen kühlen, damit der Geschmack sich voll entfalten kann.

GRIECHISCHE FETA-VINAIGRETTE

Dieses Dressing schmeckt sehr gut zu jedem grünen Salat

Zubereitungszeit: 10 Minuten

1 Knoblauchzehe • 1/4 Tasse frische Petersilie • 6 große, frische Basilikumblätter • 1/2 Tasse fettfreie Hühner- oder Gemüsebrühe • 1/4 Tasse Balsamico-Essig • 60 g zerbröselter Fetakäse • 2 Esslöffel Olivenöl • 1/2 Teelöffel getrockneter Oregano • 1/2 Teelöffel geriebene Zitronenschale • 1 Prise gemahlener schwarzer Pfeffer

Knoblauchzehe, Petersilie und Basilikumblätter mit Küchenmaschine oder Mixer fein hacken. Brühe, Essig, Feta, Öl, Oregano, Zitronenschale und Pfeffer dazugeben. Alles gut vermischen. In einen verschließbaren Behälter geben und bis zum Verwenden kalt stellen.

ergibt ca 1 1/4 Tassen
pro 2 Esslöffel

48	Kalorien
3,9 g	Gesamtfett
1,2 g	gesättigte Fette
1,2 g	Proteine
2,1 g	Kohlenhydrate
0 g	Ballaststoffe
5 mg	Cholesterin
82 mg	Natrium

KIRSCH-VINAIGRETTE

Dieses schnell gemachte Dressing passt gut zu herbstlichen Tagen.

Zubereitungszeit: 10 Minuten

3/4 Tasse kochendes Wasser • 1/2 Tasse getrocknete Kirschen • 2 Esslöffel Walnuss- oder Rapsöl • 1 Esslöffel Himbeeressig • 1/2 Teelöffel Zucker

Wasser und Kirschen in eine kleine Schale geben und 5 Minuten einweichen lassen.

Kirschen mit Küchenmaschine oder Mixer fein hacken. Öl, Essig und Zucker dazugeben und gut vermischen. In einen verschließbaren Behälter geben und im Kühlschrank aufbewahren. Bei Raumtemperatur servieren.

ergibt eine 3/4 Tasse
pro 2 Esslöffel

75	Kalorien
4,7 g	Gesamtfett
0,4 g	gesättigte Fette
0,7 g	Proteine
8,5 g	Kohlenhydrate
0,1 g	Ballaststoffe
0 mg	Cholesterin
2 mg	Natrium

KOCHHINWEIS

Walnussöl und Himbeeressig erhalten Sie in den meisten großen Supermärkten und Reformhäusern.

TOMATEN-VINAIGRETTE

ergibt 1 Tasse
pro 3 Esslöffel

77	Kalorien
2,9 g	Gesamtfett
0,4 g	gesättigte Fette
2 g	Proteine
12,2 g	Kohlenhydrate
0,3 g	Ballaststoffe
0 mg	Cholesterin
388 mg	Natrium

Getrocknete Tomaten geben diesem Dressing einen vollen Geschmack. Es passt hervorragend zu gemischten Blattsalaten und auch zu gedämpftem Gemüse.

Zubereitungszeit: 10 Minuten

10 getrocknete Tomaten • $^1/_4$ Tasse kochendes Wasser • 1 Esslöffel frische Petersilie • 1 Esslöffel frische Basilikumblätter • 1 Knoblauchzehe • $^3/_4$ Tasse Gemüse- oder Tomatensaft • 2 Esslöffel Balsamico-Essig • 1 Esslöffel Olivenöl • 2 Teelöffel Honig • Salz und gemahlener schwarzer Pfeffer

Wasser und Tomaten in eine kleine Schale geben und 5 Minuten einweichen lassen.

Tomaten in Küchenmaschine oder Mixer geben. Mit Petersilie, Basilikum und Knoblauch pürieren. Saft, Essig, Öl und Honig dazugeben. Mit Salz und Pfeffer abschmecken. Alles gut vermischen. In einen verschließbaren Behälter geben und bis zum Verwenden kalt stellen.

PAPRIKA-VINAIGRETTE

ergibt 1 $^1/_4$ Tassen
pro 3 Esslöffel

33	Kalorien
2,8 g	Gesamtfett
0,4 g	gesättigte Fette
0,3 g	Proteine
2 g	Kohlenhydrate
0,4 g	Ballaststoffe
0 mg	Cholesterin
2 mg	Natrium

Typische italienische Zutaten ergeben ein leichtes Dressing, das gut zu fast allen knackigen Salaten passt.

Zubereitungszeit: 5 Minuten

1 Tasse geröstete rote Paprika (aus dem Glas), klein geschnitten • 1 Knoblauchzehe • $^1/_4$ Tasse frische Petersilie • 8 frische Basilikumblätter • 2 Esslöffel Olivenöl • 2 Esslöffel Balsamico-Essig • Salz und gemahlener schwarzer Pfeffer

Paprika, Knoblauch, Petersilie, Basilikum, Öl und Essig mit Küchenmaschine oder Mixer vermengen. Mit Salz und Pfeffer abschmecken. Pürieren. In einen verschließbaren Behälter geben und bis zum Verwenden kalt stellen.

RÖMERSALAT MIT KNOBLAUCH-DRESSING

Knackiger Römersalat passt hervorragend zu cremigem Knoblauch-Dressing.

ergibt 4 Portionen
pro Portion

87	Kalorien
5,6 g	Gesamtfett
1 g	gesättigte Fette
4,2 g	Proteine
6,2 g	Kohlenhydrate
2,5 g	Ballaststoffe
2 mg	Cholesterin
134 mg	Natrium

Zubereitungszeit: 10 Minuten • Backzeit des Knoblauchs: 20 Minuten

5 Knoblauchzehen, ungeschält • 5 geröstete Mandeln • 2 1/2 Esslöffel Wasser • 1 Esslöffel fettarmer Sauerrahm • 2 1/4 Teelöffel Zitronensaft • 1 1/2 Teelöffel Olivenöl • 3/4 Teelöffel Weißweinessig • 1 Prise Zucker • 1 Prise Senfpulver • 1/8 Teelöffel geriebene Zitronenschale • Salz und gemahlener schwarzer Pfeffer • 8 Tassen zerkleinerter Römersalat • 1 1/2 Esslöffel geriebener Parmesan

Backofen auf 260 °C vorheizen.

Knoblauchzehen einzeln auf ein Stück Alufolie legen und mit Backspray besprühen. 20 Minuten backen. Aus dem Ofen nehmen und etwas abkühlen lassen.

Knoblauch schälen und in Küchenmaschine oder Mixer geben. Mandeln, Wasser, Sauerrahm, Zitronensaft, Öl, Essig, Zucker, Senfpulver und Zitronenschale dazugeben. Mit Salz und Pfeffer würzen. Pürieren. Wenn nötig, mehr Wasser zugeben, um die gewünschte Konsistenz zu erhalten.

Salat in eine Schüssel geben. Dressing und Parmesan dazugeben. Alles vermengen.

SPINATSALAT MIT ORANGEN-VINAIGRETTE

Spinat und Orangen passen gut zueinander. Preiselbeeren, Walnüsse und Endiviensalat verbessern den Geschmack zusätzlich.

ergibt 6 Portionen

pro Portion

121	Kalorien
7,8 g	Gesamtfett
0,7 g	gesättigte Fette
3,3 g	Proteine
11 g	Kohlenhydrate
4,3 g	Ballaststoffe
0 mg	Cholesterin
34 mg	Natrium

Zubereitungszeit: 10 Minuten

2 Esslöffel Orangensaft • 2 Esslöffel Walnussöl • 2 Esslöffel Weißweinessig • $^1/_2$ Teelöffel geriebene Orangenschale • Salz und gemahlener schwarzer Pfeffer • Blätter von 4 Köpfen Endiviensalat • 150 g frischer Spinat, dicke Stiele entfernt • 2 Navel-Orangen, geschält und in mundgerechte Stücke geschnitten • $^1/_2$ Tasse getrocknete Preiselbeeren • $^1/_4$ Tasse klein gehackte geröstete Walnüsse

Orangensaft, Öl, Essig und Orangenschale in einer kleinen Schale mischen. Mit Salz und Pfeffer abschmecken. Gut verrühren.

Endiviensalat, Spinat, Orangen, Preiselbeeren und Walnüsse in einer großen Schale mischen. Vinaigrette dazugeben und leicht verrühren.

TIPP

Walnussöl ist ein exzellentes Salatöl. Es verbindet sich gut mit Essig und hat einen unnachahmlich nussigen Geschmack. Sie benötigen nur eine geringe Menge und können Fett sparen. Bewahren Sie Walnussöl im Kühlschrank auf, um es frisch zu halten. Sie finden es bei den anderen Ölen in Ihrem Supermarkt oder Reformhaus.

KOCHHINWEIS

Statt Spinat können Sie auch Radicchio nehmen. Statt Orangen eignen sich auch Erdbeeren, Himbeeren oder andere saftige Früchte. Statt Walnussöl können Sie Olivenöl nehmen.

Spinat-Erdbeer-Salat

Dieser farbenfrohe Salat ist ein Fest für Augen und Gaumen.

ergibt 6 Portionen	
pro Portion	
88	Kalorien
6,1 g	Gesamtfett
0,5 g	gesättigte Fette
4 g	Proteine
6,7 g	Kohlenhydrate
3,3 g	Ballaststoffe
2 mg	Cholesterin
50 mg	Natrium

Zubereitungszeit: 10 Minuten

2 Esslöffel fettarme Majonäse • 1 Esslöffel Weißweinessig • 1 Prise gemahlener Zimt • 1 Prise gemahlener Ingwer • 17 große Erdbeeren • Salz und gemahlener schwarzer Pfeffer • 6 Tassen frischer Spinat, geputzt • 6 Esslöffel fein gehackte Walnüsse

Majonäse, Essig, Zimt, Ingwer und 5 Erdbeeren mit Küchenmaschine oder Mixer vermengen. Mit Salz und Pfeffer abschmecken. Pürieren.

Spinat, Walnüsse und 12 Erdbeeren auf 6 Teller verteilen. Die Soße darübergießen.

Gemischter Blattsalat mit Pecannuss-Vinaigrette

Zarte junge Blattsalate schmecken süß-nussig bis leicht bitter. Sie können Sie nach Geschmack zusammenstellen. Wenn Sie kein Walnussöl zur Hand haben, ersetzen Sie es durch Rapsöl.

ergibt 4 Portionen	
pro Portion	
101	Kalorien
8,2 g	Gesamtfett
0,7 g	gesättigte Fette
2,3 g	Proteine
5,9 g	Kohlenhydrate
2,4 g	Ballaststoffe
0 mg	Cholesterin
9 mg	Natrium

Zubereitungszeit: 5 Minuten

12 geröstete Pecannusshälften • $^1/_4$ Tasse Apfelsaft • 1 Esslöffel Walnuss- oder Rapsöl • 1 Esslöffel Weißweinessig • Salz und gemahlener schwarzer Pfeffer • 8 Tassen junger Blattsalat

Pecannüsse, Apfelsaft, Öl und Essig mit Küchenmaschine oder Mixer vermengen. Mit Salz und Pfeffer abschmecken. Pürieren.

Blattsalat in eine große Schüssel geben. Dressing dazugeben und verrühren.

Buttersalat mit Himbeer-Vinaigrette

ergibt 4 Portionen
pro Portion

109	Kalorien
5,4 g	Gesamtfett
0,6 g	gesättigte Fette
2,4 g	Proteine
15,2 g	Kohlenhydrate
1,1 g	Ballaststoffe
0 mg	Cholesterin
6 mg	Natrium

Der süße, milde Geschmack des Buttersalats wird durch die Himbeer-Vinaigrette verfeinert.

Zubereitungszeit: 10 Minuten

1 Esslöffel Himbeer-Essig • 1 Esslöffel Walnussöl • 1 Esslöffel Wasser • 1/8 Teelöffel getrocknetes Estragon • 1/8 Teelöffel getrocknetes Basilikum • 1 Prise Zucker • Salz und gemahlener schwarzer Pfeffer • 4 Himbeeren • 1 Kopf Buttersalat • 1/4 Tasse getrocknete Kirschen • 4 Teelöffel geröstete Pinienkerne

Essig, Öl, Wasser, Estragon, Basilikum und Zucker in einer kleinen Schüssel mischen. Mit Salz und Pfeffer abschmecken. Alles gut vermischen. Himbeeren zugeben und leicht pürieren.

Salat auf vier Teller verteilen. Mit Kirschen und Pinienkernen bestreuen. Dressing darübergießen.

Rote-Beete-Salat mit Himbeer-Vinaigrette

ergibt 4 Portionen
pro Portion

106	Kalorien
3,7 g	Gesamtfett
0,5 g	gesättigte Fette
2,2 g	Proteine
17,7 g	Kohlenhydrate
3,9 g	Ballaststoffe
0 mg	Cholesterin
517 mg	Natrium

Rote Beete und Himbeer-Vinaigrette passen vortrefflich zusammen.

Zubereitungszeit: 5 Minuten • Kühlzeit: 15 Minuten

2 Dosen (je 380 g) Rote Beete in Scheiben, abgetropft • 1 Frühlingszwiebel, in dünne Scheiben geschnitten • 2 Esslöffel Olivenöl • 2 Esslöffel Himbeeressig • 1 Esslöffel Balsamico-Essig • 1 kleine Knoblauchzehe, fein gehackt • Salz und gemahlener schwarzer Pfeffer • 2 Esslöffel fein gehackter frischer Schnittlauch (wahlweise)

Geben Sie Rote Beete und Zwiebeln in eine große Schüssel.

Öl, Himbeeressig, Balsamico-Essig und Knoblauch in einer Tasse mischen. Mit Salz und Pfeffer abschmecken. Alles gut vermischen. Über die Rote Beete gießen und gut vermischen. Eventuell mit Schnittlauch bestreuen. Abdecken und mindestens 15 Minuten kühlen. Der Salat ist bis zu drei Tage im Kühlschrank haltbar.

Buttersalat mit Apfel-Minz-Dressing

Obwohl Sie für diesen Salat etwas mehr Zutaten benötigen, ist er mit einer Küchenmaschine oder einem Mixer schnell gemacht. Probieren Sie ihn im Herbst, wenn Apfelsaison ist.

ergibt 6 Portionen	
pro Portion	
99	Kalorien
7 g	Gesamtfett
1 g	gesättigte Fette
0,3 g	Proteine
9,9 g	Kohlenhydrate
2,1 g	Ballaststoffe
0 mg	Cholesterin
47 mg	Natrium

Zubereitungszeit: 15 Minuten

2 kleine Äpfel • 10 Blätter frische Minze • 1 1/2 Teelöffel frischer Dill • 1/8 Teelöffel getrockneter Thymian • 2 Blätter frisches Basilikum • 2 Esslöffel fettarme Majonäse • 1 1/2 Esslöffel Olivenöl • 1 1/2 Teelöffel Weißweinessig • 1/4 Teelöffel Meerrettich • 1/4 Teelöffel Worcester-Soße • 1/8 Teelöffel Knoblauchpulver • Salz und gemahlener schwarzer Pfeffer • 1 Esslöffel fein gehacktes frisches Schnittlauch • 1 Kopf Buttersalat • 1/3 Tasse getrocknete Preiselbeeren • 1/4 Tasse grob gehackte Pecannüsse

1 Apfel schälen, entkernen und klein schneiden. In Küchenmaschine oder Mixer geben. Minze, Dill, Thymian und Basilikum dazugeben. Alles fein hacken. Majonäse, Öl, Essig, Meerrettich, Worcester-Soße und Knoblauchpulver dazugeben. Mit Salz und Pfeffer abschmecken. Alles gut vermischen. Schnittlauch zugeben und nochmals kurz verrühren.

Salat, Preiselbeeren und Pecannüsse auf 6 Teller verteilen. Den zweiten Apfel klein schneiden und ebenfalls auf die Teller verteilen. Dressing darübergießen.

PANZANELLA

ergibt 8 Portionen	
pro Portion	
187	Kalorien
5,1 g	Gesamtfett
0,7 g	gesättigte Fette
5,3 g	Proteine
32,2 g	Kohlenhydrate
2,2 g	Ballaststoffe
0 mg	Cholesterin
229 mg	Natrium

Panzanella ist ein italienischer Gemüsesalat mit frischen Croutons. Am besten schmeckt er im Hochsommer, wenn Tomaten, Paprika, Gurken und Basilikum am geschmackvollsten sind. Für zusätzlichen Geschmack können Sie einige Brösel Feta oder Ziegenkäse darübergeben.

Zubereitungszeit: 20 Minuten

1 Baguette oder Ciabatta, gewürfelt • Knoblauchpulver • 2 rote, gelbe oder grüne Paprika, in dicke Scheiben geschnitten • 1 große rote Zwiebel, in dicke Scheiben geschnitten • 3 Knoblauchzehen, fein gehackt • 1 Salatgurke, gewürfelt • 30 Kirschtomaten, halbiert • 1/2 Tasse frischer Basilikum, fein gehackt • 1/4 Tasse Balsamico-Essig • 2 Esslöfel Olivenöl • Salz und gemahlener schwarzer Pfeffer

Ofen auf 180 °C vorheizen. Backblech mit Backspray besprühen. Brotwürfel darauflegen. Mit Knoblauchpulver bestreuen und mit Backspray besprühen. 10 Minuten backen, bis die Würfel leicht braun sind. In eine große Schüssel geben.

Eine antihaft-beschichtete Bratpfanne mit Backspray besprühen und bei mittlerer Hitze auf den Herd stellen. Paprika, Zwiebeln und Knoblauch dazugeben. Erhitzen und 4 Minuten unter ständigem Rühren braten. In die Schüssel zum Brot geben. Gurken, Tomaten und Basilikum dazugeben. Alles vermischen.

Essig und Öl in einer Tasse mischen. Mit Salz und Pfeffer abschmekken. Alles gut vermischen. Über den Salat geben und vermengen.

KOCHHINWEIS

So schneiden Sie Basilikum auf einfache Weise klein: Legen Sie 4 bis 5 Blätter übereinander. Rollen Sie sie längs zusammen und schneiden Sie sie über Kreuz.

Leichter Cäsar-Salat

Cäsar-Salat kann bis zu 40 g Fett pro Portion enthalten. In dieser leichteren Version wurde fettfreier Ei-Ersatz anstatt des rohen Eis verwendet und viel weniger Olivenöl. So enthält der Salat pro Portion nur noch 6,6 g Fett.

ergibt 4 Portionen
pro Portion

131	Kalorien
6,6 g	Gesamtfett
1,9 g	gesättigte Fette
7,5 g	Proteine
11,9 g	Kohlenhydrate
2,3 g	Ballaststoffe
6 mg	Cholesterin
440 mg	Natrium

Zubereitungszeit: 10 Minuten

$^1/_4$ Tasse fettfreier Ei-Ersatz • 3 Esslöffel fettarme Majonäse • $1^1/_2$ Esslöffel Dijon-Senf • $1^1/_2$ Esslöffel Zitronensaft • $1^1/_2$ Esslöffel Weißweinessig • 1 Esslöffel Olivenöl • 1 Teelöffel Sardellenpaste oder fein geschnittene Sardellen • 1 Teelöffel Worcester-Soße • 1 kleine, fein gehackte Knoblauchzehe • $^1/_4$ Teelöffel gemahlener schwarzer Pfeffer • 1 großer Kopf Römersalat, in mundgerechte Stücke zerteilt • 1 Tasse fettarme Croutons oder Knoblauch-Croutons (Seite 248) • $^1/_4$ Tasse geriebener Parmesan

Ei-Ersatz, Majonäse, Senf, Zitronensaft, Öl, Essing und Sardellenpaste oder Sardellen, Worcester-Soße, Knoblauch und Pfeffer mit Küchenmaschine oder Mixer gut vermischen.

Salat in eine große Schüssel geben. Dressing hinzufügen und vermischen. Mit Croutons und Parmesan bestreuen, leicht unterheben.

Kochhinweise

Sardellenpaste finden Sie im Dosenfisch-Regal der meisten Supermärkte. Weil sie gewürzt ist, hat sie etwas mehr Geschmack als geschnittene Sardellen.
Für eine vegetarische Mahlzeit können Sie die Sardellenpaste durch $^3/_4$ Teelöffel natriumarme Sojasoße ersetzen.

Thailändischer Gurkensalat

Dieser erfrischende Salat schmeckt würzig-scharf und hat ein leicht süßliches Aroma. Verwenden Sie zunächst eine halbe Jalapeno-Peperoni, wenn Sie wegen der Schärfe skeptisch sind.

ergibt 8 Portionen

pro Portion

62	Kalorien
4,2 g	Gesamtfett
0,4 g	gesättigte Fette
2,2 g	Proteine
5,8 g	Kohlenhydrate
0,6 g	Ballaststoffe
0 mg	Cholesterin
16 mg	Natrium

Zubereitungszeit: 10 Minuten

4 Salatgurken, geschält und gewürfelt • 2 Frühlingszwiebeln, fein gehackt • 1/4 Tasse Erdnüsse • 1 Tasse frische Petersilie • 1/2 Tasse frisches Koriandergrün • 1 Jalapeno-Peperoni, entkernt (Tragen Sie Plastikhandschuhe beim Schneiden.) • 1/4 Tasse Reisessig • 1 Esslöffel Rapsöl • 1 1/2 Teelöffel Currypulver • 1 Teelöffel Zucker • 1 Knoblauchzehe, fein gehackt • Salz und gemahlener schwarzer Pfeffer

Gurken, Frühlingszwiebeln und Erdnüsse in einer großen Schüssel vermischen.

Petersilie, Koriandergrün und Peperoni mit Küchenmaschine oder Mixer fein hacken. Zur Gurkenmischung geben und vermengen.

Essig, Öl, Currypulver, Zucker und Knoblauch in einer Tasse mischen. Mit Salz und schwarzem Pfeffer abschmecken. Alles gut verrühren. Über die Gurkenmischung geben und vermengen.

Kochhinweis

Wenn Sie keine Küchenmaschine und keinen Mixer besitzen, können Sie Petersilie, Koriandergrün und Peperoni auch mit einem scharfen Messer fein hacken.

Bauernsalat

Probieren Sie diesen einfach zuzubereitenden Salat im Sommer, wenn es das meiste frische Gemüse auf dem Markt gibt. Geben Sie etwas dünn geschnittenen Mozzarella oder Ziegenkäse darüber – für Extrageschmack und mehr Proteine.

ergibt 4 Portionen
pro Portion

98	Kalorien
4 g	Gesamtfett
0,6 g	gesättigte Fette
2,6 g	Proteine
15,2 g	Kohlenhydrate
2,3 g	Ballaststoffe
0 mg	Cholesterin
16 mg	Natrium

Zubereitungszeit: 10 Minuten

4 reife Tomaten, in Scheiben geschnitten • 4 Salatgurken, geschält und in dünne Scheiben geschnitten • 1 rote Zwiebel, in dünne Scheiben geschnitten • 1/4 Tasse frisches Basilikum, fein gehackt • Salz und gemahlener schwarzer Pfeffer • 2 Esslöffel Balsamico-Essig • 2 Esslöffel Olivenöl

Tomaten, Gurken und Zwiebeln auf 4 Teller verteilen. Basilikum darüberstreuen. Mit Salz und Pfeffer abschmecken.

Essig und Öl in einer Tasse vermischen, über den Salat gießen.

Gemischter Salat

Dies ist ein schneller, einfacher Salat, der sehr gut schmeckt. Variieren Sie die Zutaten nach Ihren Vorlieben.

Zubereitungszeit: 10 Minuten

5 Tassen fein gehackter Römersalat • 1 Tasse fein gehackter Radicchio oder Weißkohl • 1 kleine rote Zwiebel, fein gehackt • ½ Tasse klein geschnittene geröstete rote Paprika (aus dem Glas) • 1 Esslöffel Olivenöl • 1 Esslöffel Balsamico-Essig • geriebener Parmesan (wahlweise)

Römersalat, Radicchio oder Weißkohl, Zwiebeln und Paprika in einer großen Schüssel vermengen. Öl und Essig darübergeben. Mit Salz und Pfeffer abschmecken. Vermengen. Eventuell mit Parmesan bestreuen.

Kochhinweis

Radicchio ist eine italienische Chicoree-Art. Er hat einen leicht pfeffrigen und angenehm bitteren Geschmack. Rötlich-violette Blätter mit weißen Rippen formen einen kleinen, runden Salatkopf.

ergibt 4 Portionen

pro Portion

60	Kalorien
3,6 g	Gesamtfett
0,5 g	gesättigte Fette
1,7 g	Proteine
6 g	Kohlenhydrate
2 g	Ballaststoffe
0 mg	Cholesterin
9 mg	Natrium

Tipp

Geröstete rote Paprika (aus dem Glas) geben Salaten, Pasta, Reis oder Pizza einen wunderbaren Geschmack. Kaufen Sie sie jedoch nicht in Öl, sondern in Wasser eingelegt. Sie können Paprika auch selbst einlegen. Halbieren sie zwei große rote Paprika, entfernen Sie Rippen und Kerne. Legen Sie sie mit der Oberseite nach oben auf ein Backblech mit Alufolie. Grillen Sie sie auf oberster Schiene im Backofen, bis die Haut Blasen wirft und schwarz wird. Nehmen Sie die Paprika aus dem Ofen und legen Sie sie in eine Papiertüte. Verschließen Sie die Tüte und lassen Sie das Gemüse 15 Minuten schwitzen. Wenn es abgekühlt ist, nehmen Sie es heraus und entfernen die Haut. Schneiden und verarbeiten Sie die Paprika wie gewünscht.

KNUSPRIGER SALAT MIT GEDÄMPFTEM GEMÜSE

Diesen Salat können Sie auf verschiedene Arten zusammenstellen. Dämpfen Sie Ihr Lieblingsgemüse, bis es knusprigweich ist und lassen Sie es auf Raumtemperatur abkühlen. Servieren Sie den Salat mit einem dickflüssigen, geschmackvollen Dressing wie dem hier beschriebenen. Probieren Sie dazu auch die Tomaten-Vinaigrette (Seite 100) oder das Roquefort-Dressing (Seite 98).

ergibt 4 Portionen	
pro Portion	
75	Kalorien
3,3 g	Gesamtfett
0,5 g	gesättigte Fette
3,9 g	Proteine
10,6 g	Kohlenhydrate
3,2 g	Ballaststoffe
0 mg	Cholesterin
66 mg	Natrium

Zubereitungszeit: 20 Minuten • Ruhezeit: 30 Minuten

2 1/2 Tassen Blumenkohlröschen • 1 Tasse kleine Möhren, geviertelt • 2 1/2 Tassen Brokkoliröschen • 3/4 Tasse Paprika-Vinaigrette (Seite 100)

Blumenkohl in einen Dämpfkorb legen und 5 Minuten in geschlossenem Topf über kochendem Wasser dämpfen. Möhren dazugeben und weitere 2 Minuten dämpfen. Brokkoli dazugeben und weitere 5 Minuten dämpfen. Gemüse in eine große Schüssel geben. Auf Raumtemperatur abkühlen lassen.

Dressing dazugeben und vermengen.

WALDORFSALAT MIT BLAUSCHIMMELKÄSE

Als der Waldorfsalat vor 100 Jahren erfunden wurde, störte niemanden die fettreiche Majonäse, mit der er zubereitet wurde. In diesem Rezept bringt etwas Blauschimmelkäse Geschmack, während fettarme Majonäse für ein cremiges Dressing sorgt.

ergibt 4 Portionen	
pro Portion	
203	Kalorien
7,1 g	Gesamtfett
1,7 g	gesättigte Fette
4,3 g	Proteine
34,9 g	Kohlenhydrate
7,7 g	Ballaststoffe
5 mg	Cholesterin
252 mg	Natrium

Zubereitungszeit: 10 Minuten

4 Tassen klein geschnittene rote Äpfel • 1 Stange Staudensellerie, klein geschnitten • 1/4 Tasse fein gehackte, geröstete Walnüsse • 6 getrocknete Feigen, klein geschnitten • 3 Esslöffel fettarme Majonäse • gemahlener schwarzer Pfeffer • 30 g Blauschimmelkäse, zerkrümelt

Äpfel, Sellerie, Walnüsse, Feigen und Majonäse in einer großen Schüssel vermengen. Mit Salz und Pfeffer abschmecken und gut vermischen. Blauschimmelkäse zugeben und leicht vermengen.

COBB-SALAT

ergibt 4 Portionen

pro Portion

257	Kalorien
12,3 g	Gesamtfett
4,3 g	gesättigte Fette
28,1 g	Proteine
8 g	Kohlenhydrate
2 g	Ballaststoffe
265 mg	Cholesterin
277 mg	Natrium

Robert Cobb entwarf diesen nach ihm benannten Salat 1936 im Brown-Derby-Restaurant in Hollywood. Meist ist er mit hart gekochten Eiern, Schinken, Tomaten und Blauschimmelkäse belegt. In dieser leichteren Version habe ich den Schinken durch Hähnchenbrust ersetzt und weniger Käse verwendet.

Zubereitungszeit: 15 Minuten

4 Tassen zerpflückter Römersalat • 2 Tassen „Knusprige Pitastreifen" (Seite 249) oder fettarme Croutons (wahlweise) • 1 1/2 Tassen klein geschnittene, gekochte Hähnchenbrust • 1/2 kleine rote Zwiebel, in dünne Scheiben geschnitten • 4 Frühlingszwiebeln, fein gehackt • 30 g Blauschimmelkäse, zerkrümelt • 2 Tomaten, gewürfelt • 4 hart gekochte Eier, gewürfelt • gemahlener schwarzer Pfeffer • 1/2 Tasse cremiges Basilikum-Dressing (Seite 98)

Salat, Pitastreifen oder Croutons, Hähnchen, Zwiebeln, Frühlingszwiebeln und Blauschimmelkäse in eine große Schüssel geben und vermengen.

Tomaten und Eier dazufügen. Leicht vermengen. Auf vier Teller verteilen. Mit Salz und Pfeffer abschmecken. Dressing darübergeben.

Knuspriger Wintersalat

Die Zutaten für diesen Salat halten sich lange, deshalb sind sie leicht zu lagern. Dazu passt gut ein dickflüssiges, geschmackvolles Dressing wie fettarmes Roquefort-Dressing oder Paprika-Vinaigrette (Seite 100).

Zubereitungszeit: 5 Minuten

1 1/2 Tassen kleine Brokkokiröschen • 1 1/2 Tassen kleine Blumenkohlröschen • 1 kleine rote Zwiebel, fein gehackt • 1 geraspelte Möhre • 1 Tasse Weißkohl, fein geschnitten • 1/2 Tasse fettarmes Roquefort-Dressing (Seite 100)

Brokkoli, Blumenkohl, Zwiebeln, Möhren und Weißkohl in eine große Schüssel geben. Dressing darübergießen und vermengen.

ergibt 4 Portionen
pro Portion

89	Kalorien
3,6 g	Gesamtfett
2,1 g	gesättigte Fette
6,3 g	Proteine
9,7 g	Kohlenhydrate
2,2 g	Ballaststoffe
10 mg	Cholesterin
252 mg	Natrium

TIPP

Zu den Kreuzblütlern gehörende Gemüse, z.B. Brokkoli, Rosenkohl, Weißkohl, Blumenkohl, Grünkohl, Kohlrabi, Senf und Rüben, enthalten Stickstoffverbindungen, die nach Forschungserkenntnissen eine Rolle bei der Reduzierung des Krebs-Risikos spielen. Daneben enthalten die meisten viel Vitamin C und Folsäure. Denken Sie an Ihre Gesundheit und essen Sie ab jetzt mehr Kreuzblütlergemüse.

Amerikanischer Kartoffelsalat

ergibt 6 Portionen

pro Portion

207	Kalorien
3,7 g	Gesamtfett
1,1 g	gesättigte Fette
6,9 g	Proteine
36,9 g	Kohlenhydrate
0,6 g	Ballaststoffe
142 mg	Cholesterin
568 mg	Natrium

Ein Freund bat mich, einen Kartoffelsalat zu bereiten, der so gut schmeckte wie der seiner Mutter – nur fettarmer sollte er sein. Das Originalrezept enthielt viel Majonäse und nicht wenige Eier. Hier ist meine veränderte Version. Es hat den Geschmackstest sehr gut bestanden.

Zubereitungszeit: 15 Minuten

900 g rote Kartoffeln, in kleine Würfel geschnitten • 2 Stangen Staudensellerie, klein geschnitten • 6 Frühlingszwiebeln, fein gehackt • 1 Tasse fettarme Majonäse • 1 Esslöffel frische, fein gehackte Petersilie • $1^1/_2$ Teelöffel Senfpulver • 1 Teelöffel Weißweinessig • $^1/_4$ Teelöffel geriebene Zitronenschale • $^1/_4$ Teelöffel getrockneter Dill • 4 hart gekochte Eier, klein geschnitten • Salz und gemahlener schwarzer Pfeffer

Kartoffeln in einem großen Topf mit kaltem Wasser bedecken und bei großer Hitze zum Kochen bringen. Bei mittlerer Hitze 10 Minuten kochen, bis sie weich genug sind, um sie mit einer Gabel einzustechen. Kartoffeln abtropfen lassen.

Sellerie, Frühlingszwiebeln, Majonäse, Petersilie, Senfpulver, Essig, Zitronenschale und Dill in einer großen Schüssel gut vermischen. Kartoffeln und Eier dazufügen. Mit Salz und Pfeffer würzen. Gut vermischen.

ASIATISCHER KRAUTSALAT MIT ORANGEN-INGWER-DRESSING

Chinakohl eignet sich fantastisch für Krautsalat. Er ist länglich geformt und hat hellgrüne Blätter, ähnlich wie Römersalat.

Zubereitungszeit: 15 Minuten • Ruhezeit: 30 Minuten

900 g Chinakohl, in dünne Streifen geschnitten • 1 Möhre, geraspelt • 1/2 rote Zwiebel, in dünne Scheiben geschnitten • 1/2 Tasse Orangensaft • 3 Esslöffel Reisessig • 1 1/2 Esslöffel natriumarme Sojasoße • 1 Esslöffel Sesamöl • 1 1/2 Teelöffel fein gehackter frischer Ingwer • 1 1/2 Teelöffel fein gehacktes frisches Koriandergrün • Salz und gemahlener schwarzer Pfeffer

Kohl, Möhren und Zwiebeln in einer großen Schüssel vermengen.

Orangensaft, Essig, Sojasoße, Öl, Ingwer und Koriandergrün in Küchenmaschine oder Mixer geben und pürieren. Über die Kohlmischung gießen. Mit Salz und Pfeffer abschmecken. Vermengen. Vor dem Servieren 30 Minuten ziehen lassen.

ergibt 4 Portionen
pro Portion

101	Kalorien
4 g	Gesamtfett
0,5 g	gesättigte Fette
5,5 g	Proteine
11,5 g	Kohlenhydrate
2,4 g	Ballaststoffe
0 mg	Cholesterin
244 mg	Natrium

SHRIMPS-KRABBEN-SALAT

Dieser Shrimps-Krabben-Salat sorgt für Abwechslung auf Ihrem Speiseplan. Füllen Sie ihn mit etwas Senf und grünem Salat in Pita-Taschen. Oder geben Sie ihn auf ein Brötchen oder einen Bagel.

ergibt 4 Portionen
pro Portion

184	Kalorien
4,5 g	Gesamtfett
0,7 g	gesättigte Fette
27,7 g	Proteine
4,4 g	Kohlenhydrate
0,3 g	Ballaststoffe
253 mg	Cholesterin
500 mg	Natrium

Zubereitungszeit: 10 Minuten

450 g gepulte und gekochte Krabben • 120 g Krebsfleisch in Stücken • 1/2 Tasse fein geschnittener Sellerie • 1 Schalotte, fein geschnitten • 1 Teelöffel fein gehackter frischer Dill • 1/3 Tasse fettarme Majonäse • 2 Esslöffel Zitronensaft • 1 Teelöffel Dijonsenf • scharfe Chilisoße • Salz und gemahlener schwarzer Pfeffer

Krabben, Krebsfleisch, Sellerie, Schalotte und Dill in einer großen Schüssel vermengen.

Majonäse, Zitronensaft und Senf in einer kleinen Schüssel mischen. Mit Chilisoße, Salz und Pfeffer würzen. Gut vermischen. Auf die Meeresfrüchte geben und gut vermengen.

THUNFISCHSALAT MIT ÄPFELN UND CASHEWKERNEN

Dieses Rezept gibt Thunfischsalat eine besondere Note. Äpfel sorgen für Süße und Biss, geröstete Cashewkerne und Currypulver für einen reichhaltigen Geschmack. Probieren Sie den Salat mit Vollwert-Cra-ckern oder Knusprigen Pitastreifen (Seite 249). Wenn Sie keine Honigmelone haben, servieren Sie den Salat in Pita-Taschen als Sandwich.

ergibt 4 Portionen	
pro Portion	
415	Kalorien
7 g	Gesamtfett
1,4 g	gesättigte Fette
29,7 g	Proteine
65,6 g	Kohlenhydrate
9,3 g	Ballaststoffe
35 mg	Cholesterin
650 mg	Natrium

Zubereitungszeit: 10 Minuten

2 Dosen (je 170 g) in Wasser eingelegter Thunfisch, abgetropft und zerkrümelt • 2 kleine Äpfel, klein geschnitten • 1/4 Tasse fettarme Majonäse • 1/4 Tasse fein gehackte Cashewkerne • 1 Teelöffel Currypulver • gemahlener schwarzer Pfeffer • 2 kleine Honigmelonen

Thunfisch, Äpfel und Majonäse in einer mittelgroßen Schüssel gut vermischen.

Cashewkerne in eine kleine Pfanne geben. Bei mittlerer Hitze 1 bis 2 Minuten erwärmen, bis die Nüsse duften und goldfarben werden. Currypulver dazugeben und 30 Sekunden rühren, bis die Cashewkerne mit Curry umhüllt sind. Zur Thunfischmischung hinzufügen. Mit Pfeffer abschmecken. Nochmals gut vermischen.

Honigmelonen halbieren und Kerne entfernen. Thunfischsalat in die Melonenhälften geben.

CURRY-LINSEN-SALAT

ergibt 4 Portionen
pro Portion

372	Kalorien
7,9 g	Gesamtfett
1 g	gesättigte Fette
22,4 g	Proteine
56,6 g	Kohlenhydrate
13,9 g	Ballaststoffe
0 mg	Cholesterin
203 mg	Natrium

Obwohl die Zutatenliste lang ist, beträgt die Zubereitungszeit für diesen Salat nur 10 Minuten. Er schmeckt erfrischend leicht. Servieren Sie den Linsensalat auf Grüngemüse mit Vollwert-Cräckern.

Zubereitungszeit: 10 Minuten • Kochzeit: 45 Minuten

3 Tassen Wasser • $1\frac{1}{2}$ Tassen Linsen • $\frac{1}{2}$ Tasse fettfreie Hühner- oder Gemüsebrühe • 2 Esslöffel Olivenöl • 2 Esslöffel Sherry- oder Weißweinessig • 1 Esslöffel natriumarme Sojasoße • 1 Knoblauchzehe, fein gehackt • 2 Esslöffel Zitronensaft • 1 Teelöffel geriebene Zitronenschale • $\frac{1}{2}$ Teelöffel Chilipulver • $\frac{1}{2}$ Teelöffel Currypulver • 2 Tassen geraspelte Möhren • 1 rote Zwiebel, in dünne Scheiben geschnitten • 2 Esslöffel fein gehacktes frisches Koriandergrün • $\frac{1}{4}$ Tasse klein geschnittene, geröstete rote Paprika (aus dem Glas) • Salz und schwarzer Pfeffer

Wasser in mittelgroßem Topf bei großer Hitze zum Kochen bringen. Linsen hineingeben und aufkochen lassen. Bei mittlerer Hitze abgedeckt 45 Minuten kochen lassen, bis kein Wasser mehr im Topf ist.

Brühe, Öl, Essig, Sojasoße, Knoblauch, Zitronensaft, Zitronenrinde, Chilipulver und Currypulver in einer großen Schüssel gut vermischen.

Möhren, Zwiebeln, Koriandergrün, Paprika und Linsen hinzufügen. Mit Salz und Pfeffer abschmecken und nochmals gut vermengen.

Wildreissalat mit Pecannüssen und Kirschen

Dieser Salat schmeckt heiß, warm oder kalt. Reste lassen sich auch noch am folgenden Tag genießen.

ergibt 6 Portionen	
pro Portion	
263	Kalorien
9,3 g	Gesamtfett
1 g	gesättigte Fette
6,9 g	Proteine
41,3 g	Kohlenhydrate
2 g	Ballaststoffe
0 mg	Cholesterin
30 mg	Natrium

Zubereitungszeit: 10 Minuten • Kochzeit: 45 Minuten

2 1/2 Tassen Wasser • 1 1/4 Tassen Wildreis, gewaschen • 1 1/2 Tassen geraspelte Möhren • 3/4 Tasse getrocknete Kirschen • 1/3 Tasse grob gehackte Pecannüsse • 6 Frühlingszwiebeln, fein gehackt • 1/4 Tasse fettfreie Hühner- oder Gemüsebrühe • 2 Esslöffel Olivenöl • 2 Esslöffel Balsamico-Essig • 1 Knoblauchzehe, fein gehackt • 1 Teelöffel getrockneter Thymian • Salz und gemahlener schwarzer Pfeffer

Wasser in einem mittelgroßen Topf bei mittlerer Hitze zum Kochen bringen. Reis hineingeben und aufkochen lassen. Bei mittlerer Hitze abgedeckt 45 Minuten kochen lassen, bis kein Wasser mehr im Topf ist. In eine große Schüssel geben.

Möhren, Kirschen, Pecannüsse und Frühlingszwiebeln dazugeben und vermengen.

Brühe, Öl, Essig, Knoblauch und Thymian in einer kleinen Schüssel mischen. Über den Salat gießen. Mit Salz und Pfeffer abschmecken. Vermengen.

Kochhinweis

Geben Sie dem Salat eine andere Geschmacksnote, indem Sie die Kirschen durch getrocknete Preiselbeeren ersetzen und die Pecannüsse durch Walnüsse oder Mandeln.

Couscous-Tabbouleh

ergibt 6 Portionen
pro Portion

266	Kalorien
6 g	Gesamtfett
1,1 g	gesättigte Fette
8,1 g	Proteine
46,3 g	Kohlenhydrate
9,3 g	Ballaststoffe
1,7 mg	Cholesterin
29 mg	Natrium

In dieser geschmackvollen Tabbouleh-Abwandlung wird Bulgur durch milden Couscous ersetzt. So entsteht eine erfrischend leichte Mittags- oder Abendmahlzeit. Sie können das Tabbouleh auch zu Huhn oder Fisch servieren. Um den Geschmack zu verstärken, lassen sie das Tabbouleh bis zu drei Tage im Kühlschrank marinieren.

Zubereitungszeit: 10 Minuten

$2^1/_4$ Tassen Wasser • 1 Teelöffel + 2 Esslöffel Olivenöl • $1^1/_2$ Tassen Couscous • 8 Frühlingszwiebeln, fein gehackt • 1 Tasse fein gehackte frische Petersilie • 1 rote Paprika, klein geschnitten • 1 Tasse geraspelte Möhren • 1 Zucchini, gewürfelt • 1 Salatgurke, gewürfelt • Salz und gemahlener schwarzer Pfeffer • $^1/_4$ Tasse Zitronensaft • 1 große Knoblauchzehe, fein gehackt • 1 Teelöffel fein gehackte frische Minze oder $^1/_2$ Teelöffel getrocknete Minze

Wasser und 1 Teelöffel Öl in einem mittelgroßen Topf bei großer Hitze zum Kochen bringen. Couscous einrühren. Von der Kochstelle nehmen, abdecken und 5 Minuten stehen lassen, bis die Flüssigkeit aufgesogen ist.

Frühlingszwiebeln, Petersilie, Paprika, Möhren, Zucchini, Gurke und Tomaten in eine große Schüssel geben. Mit Salz und Pfeffer abschmecken. Vermengen. Den Couscous mit einer Gabel zerkrümeln und dazugeben. Umrühren.

Zitronensaft, Knoblauch, Minze und 2 Esslöffel Öl in einer kleinen Schüssel gut vermischen. Zum Salat hinzufügen und vermengen.

Rezepte

15

Sättigende Suppen und Eintöpfe voller Geschmack

Suppen sind gesund. Ein dampfender Teller Suppe wärmt an einem kalten Wintertag und wenn es im Sommer richtig heiß ist, sorgt eine kalte Suppe für Erfrischung.

Die meisten Suppen und Eintöpfe enthalten nicht sehr viel Fett. Es gibt jedoch einige Ausnahmen, z.B. Käsesuppen, Fischcremesuppen und Chili. Um diese schweren Suppen leichter zu machen, ersetze ich Sahne durch fettarme Kondensmilch oder kleine Mengen fettarmen Sahneersatz. Für ein herzhaftes und gesundes Chili können Sie statt Rinderhack fettarmes Geflügelhack oder Putenwürstchen nehmen. Wenn Sie sehr gern Gehacktes mögen, nehmen Sie für ihre Lieblings-Suppen und -Eintöpfe zunächst die halbe Menge Rinderhack und die halbe Menge Putenwürstchen. Wenn Sie sich an den Geschmack gewöhnt haben, nehmen sie nur noch Putenwürstchen. Um Ihren Lieblings-Bohnensuppen die richtige Konsistenz zu geben, pürieren Sie einfach einige der Bohnen anstatt schwere Sahne oder Sauerrahm zuzugeben.

Möchten Sie eine schnelle Mahlzeit zubereiten? Bewahren Sie ein paar Portionen Suppe und Eintopf in der Tiefkühltruhe auf. Kochen Sie das nächste Mal die doppelte Menge Suppe und frieren Sie die Hälfte ein. Wenn Sie einmal keine Zeit zum Kochen haben, können Sie sie einfach aufwärmen. Suppen eignen sich auch gut zum Mitnehmen. Halten Sie sie in der Thermoskanne warm oder erhitzen Sie sie am Arbeitsplatz in der Mikrowelle. So bekommen Sie auch unterwegs eine sättigende, fettarme Mahlzeit.

Tomatencremesuppe

Mit Tomaten aus der Dose und frischem Basilikum können Sie im Handumdrehen eine Suppe kochen. Mit etwas fettarmem Sahneersatz wird sie cremig und sättigend. Dabei enthält sie nur 3,5 g mehr Fett pro Portion.

ergibt 4 Portionen
pro Portion

409	Kalorien
8,9 g	Gesamtfett
2,9 g	gesättigte Fette
133 g	Proteine
72,2 g	Kohlenhydrate
3,5 g	Ballaststoffe
11 mg	Cholesterin
682 mg	Natrium

Zubereitungszeit: 10 Minuten • restliche Kochzeit: 30 Minuten

1 Esslöffel Olivenöl • 1 Zwiebel, fein gehackt • 5 Knoblauchzehen, fein gehackt • 2 Dosen (je 800 g) gewürfelte oder pürierte Tomaten • 1 Tasse fettfreie Hühner- oder Gemüsebrühe • 1/3 Tasse frisches Basilikum, fein gehackt • 1 Esslöffel Zucker • 1/2 Teelöffel getrockneter Thymian • 1 Tasse kleine Nudeln • 1/2 Tasse fettarmer Sahneersatz • gemahlener schwarzer Pfeffer

Öl in großem Topf bei mittlerer Hitze erwärmen. Zwiebeln und Knoblauch 5 Minuten dünsten. Tomaten, Brühe, Basilikum, Zucker und Thymian dazugeben. Zum Kochen bringen. Abgedeckt 30 Minuten bei geringer Hitze kochen lassen. Ab und zu umrühren.

Nudeln in großem Topf nach den Packungsangaben kochen. Abtropfen lassen. In die Suppe einrühren und Topf von der Kochstelle nehmen.

Fettarmen Sahneersatz in eine kleine Schale geben. Eine kleine Menge Suppe hineinrühren. Dann die Mischung unter ständigem Rühren in die Suppe geben. Mit Pfeffer abschmecken.

Tipp

2 Esslöffel Sahne enthalten 11 g Fett. Mit fettarmem Sahneersatz sparen Sie ca. 8 g Fett. Er besteht zu gleichen Teilen aus Vollmilch und Sahne. 2 Esslöffel enthalten nur 3 g Fett. Benutzen Sie fettarmen Sahneersatz sparsam, um Suppen, Soßen und Aufläufen die richtige Konsistenz zu verleihen.

Kochhinweise

Um die Konsistenz der Suppe zu variieren, nehmen Sie eine Dose gewürfelte und eine Dose pürierte Tomaten.
Dekorieren Sie die Suppe mit frischen Basilikumblättern, geriebenem Parmesan und fettarmen Croutons oder Knoblauch-Croutons.

KARTOFFEL-LAUCH-SUPPE

Frischer Fenchel gibt dieser Suppe Raffinesse. Ist Ihnen mehr nach einer traditionellen Kartoffel-Lauch-Suppe, nehmen Sie statt des Fenchels eine Kartoffel mehr.

ergibt 6 Portionen
pro Portion

242	Kalorien
4,7 g	Gesamtfett
2,8 g	gesättigte Fette
5,3 g	Proteine
46,4 g	Kohlenhydrate
3,8 g	Ballaststoffe
13 mg	Cholesterin
117 mg	Natrium

Zubereitungszeit: 25 Minuten • restliche Kochzeit: 20 Minuten

1 Esslöffel Butter oder Rapsöl • 1 kleine Zwiebel, fein gehackt • 680 g Lauch, geputzt und in Scheiben geschnitten • 2 Tassen Fenchel, klein geschnitten • 900 g Kartoffeln, geschält und gewürfelt • 1/2 Teelöffel getrockneter Majoran • 1/2 Teelöffel getrockneter Dill • 6 Tassen fettfreie Hühner- oder Gemüsebrühe • 1/2 Tasse fettarmer Sahneersatz• 2 Teelöffel trockener Sherry oder alkoholfreier Weißwein • 1 Teelöffel fein gehackte frische Petersilie • 1 Teelöffel fein gehacktes frisches Basilikum • Salz und gemahlener schwarzer Pfeffer

Butter oder Öl in einem großen Topf bei mittlerer Hitze erwärmen. Zwiebeln, Lauch und Fenchel hinzufügen. 10 Minuten dünsten. Kartoffeln, Majoran und Dill einrühren. Brühe dazugeben und zum Kochen bringen. 20 Minuten mit schräg aufgelegtem Topfdeckel bei mittlerer bis schwacher Hitze kochen.

Suppe mit Küchenmaschine oder Mixer pürieren. Zurück in den Topf geben. Fettarmen Sahneersatz, Sherry oder Wein, Petersilie und Basilikum einrühren. Mit Salz und Pfeffer abschmecken.

KOCHHINWEIS

Fenchel ist ein Gemüse mit einer weißen Knolle und hellgrünen Stängeln. Schneiden Sie zum Kochen das untere Ende sowie das obere Ende der Stängel ab. Vierteln Sie die Knolle längs, schneiden Sie das Innere heraus und schneiden Sie sie in Scheiben. Fenchel hat ein leichtes Lakritz- oder Anis-Aroma. Er passt zu Kartoffeln, Fisch, Käse und Geflügel.

SÜSSKARTOFFELSUPPE

ergibt 6 Portionen
pro Portion

219	Kalorien
6,9 g	Gesamtfett
4,3 g	gesättigte Fette
4,2 g	Proteine
36,3 g	Kohlenhydrate
3,5 g	Ballaststoffe
20 mg	Cholesterin
118 mg	Natrium

Süßkartoffeln enthalten sehr viele Vitamine und gehören zu den gesündesten Gemüsen. Die meisten Zutaten dieser Suppe sind sehr fettarm. Ich füge etwas fettarmen Sahneersatz hinzu, um die Konsistenz abzurunden.

Zubereitungszeit: 20 Minuten • restliche Kochzeit: 20 Minuten

1 Esslöffel Butter oder Rapsöl • 1 Zwiebel, fein gehackt • 1 Möhre, fein gehackt • 1 Stange Staudensellerie, klein geschnitten • 1/2 Teelöffel frischer Ingwer, fein gehackt • 4 mittelgroße Süßkartoffeln, geschält und gewürfelt • 1 große Kartoffel, geschält und gewürfelt • 6 Tassen fettfreie Hühner- oder Gemüsebrühe • 1 Tasse fettarmer Sahneersatz • 1/2 Teelöffel Muskat • Salz und gemahlener schwarzer Pfeffer

Butter oder Öl in einem großen Topf bei mittlerer Hitze erwärmen. Zwiebeln, Möhren, Sellerie und Ingwer dazugeben. 5 Minuten dünsten lassen. Süßkartoffeln und Kartoffel einrühren. Brühe hinzufügen und bei starker Hitze zum Kochen bringen. 20 Minuten bei geringer Hitze kochen lassen, bis das Gemüse gar ist.

Suppe in Küchenmaschine oder Mixer füllen und fein pürieren. Zurück in den Topf geben. Fettarmen Sahneersatz und Muskat einrühren. Mit Salz und Pfeffer abschmecken.

KOCHHINWEIS

Muskatnuss ist der Samen eines orientalischen Baumes. Der Samenmantel wird entfernt und als Muskatblüte (ebenfalls ein Gewürz) benutzt. Den Samen selbst kann man als ganze Nuss oder gemahlen kaufen. Da gemahlene Muskatnuss sehr schnell ihr Aroma verliert, kaufen Sie besser ganze Muskatnüsse und reiben Sie sie frisch mit einer Muskatreibe.

Knoblauchsuppe

Durch vorheriges Backen wird Knoblauch weich und bekommt einen milderen Geschmack. Wenn Sie ein Knoblauch-Fan sind, streuen Sie Knoblauch-Croutons (Seite 248) über die Suppe.

ergibt 6 Portionen
pro Portion

184	Kalorien
4,9 g	Gesamtfett
1,7 g	gesättigte Fette
10,8 g	Proteine
24,1 g	Kohlenhydrate
0,8 g	Ballaststoffe
7 mg	Cholesterin
439 mg	Natrium

Zubereitungszeit: 25 Minuten • restliche Kochzeit: 30 Minuten

2 Knoblauchknollen, ungeschält • 2 Esslöffel Wasser • 1 Esslöffel Butter • 1 Esslöffel Olivenöl • 1 kleine Zwiebel, fein gehackt • 2 Knoblauchzehen, fein gehackt • 1 große Tomate, geschält und gewürfelt • 3 Scheiben Baguette oder Ciabatta, in Stückchen • 6 Tassen fettfreie Hühner- oder Gemüsebrühe • 1 Dose (340 g) fettarme Kondensmilch • 1 Esslöffel trockener Sherry oder alkoholfreier Weißwein • Salz und gemahlener schwarzer Pfeffer • 1/3 Tasse Knoblauch-Croutons oder andere fettarme Croutons (wahlweise)

Ofen auf 260 °C vorheizen. 2 kleine Auflaufförmchen mit Backspray besprühen. Etwa 1,5 cm vom oberen Ende jeder Knoblauchknolle entfernen. Knollen mit Backspray besprühen und in die vorbereiteten Förmchen setzen. Jeweils 1 Esslöffel Wasser hinzufügen. 25 bis 30 Minuten backen, bis der Knoblauch weich ist. Aus dem Ofen nehmen und abkühlen lassen.

Butter und Öl in einem großen Topf bei mittlerer Hitze erwärmen. Zwiebeln hinzugeben und 2 Minuten dünsten. Fein gehackte Knoblauchzehe einrühren und 1 Minute dünsten. Kartoffeln und Brot dazugeben und vermischen. Von der Kochstelle nehmen.

Gebackenen Knoblauch schälen und Zehen ebenfalls in den Topf geben. Wieder auf den Herd stellen und 1 Minute dünsten. Brühe und Milch dazugießen. Zum Kochen bringen. Bei geringer Hitze 10 bis 15 Minuten kochen lassen, bis die Kartoffeln gar sind.

Suppe mit Küchenmaschine oder Mixer pürieren. Zurück in den Topf geben und Sherry oder Wein hinzufügen. Mit Salz und Pfeffer abschmecken. Eventuell Croutons darüberstreuen und servieren.

SCHWEIZER BROKKOLISUPPE

ergibt 6 Portionen
pro Portion

264	Kalorien
5,7 g	Gesamtfett
3 g	gesättigte Fette
23,6 g	Proteine
28,8 g	Kohlenhydrate
0,7 g	Ballaststoffe
23 mg	Cholesterin
845 mg	Natrium

Meine Kinder lieben den Geschmack dieser cremigen Suppe. Und ich liebe die Suppe, weil sie ihnen die Vitamine A, C und B-Komplex sowie Kalzium, Kalium und Ballaststoffe gibt.

Zubereitungszeit: 35 Minuten

1 großer Brokkoli • 1 Teelöffel Rapsöl • 1 Zwiebel, fein gehackt • 1 große Kartoffel, gewürfelt • 4 Tassen fettfreie Hühner- oder Gemüsebrühe • 1 Teelöffel getrocknetes Basilikum • 1 Teelöffel getrocknete italienische Kräutermischung • 2 Tassen geraspelter magerer Jarlsberg-Käse oder Leerdammer • 1 1/2 Tassen fettarme Milch • 1 1/2 Tassen fettarme Kondensmilch • Salz und gemahlener schwarzer Pfeffer

Brokkoliröschen von den Stielen trennen. Röschen teilen. Stiele klein schneiden.

Einen großen Topf mit Backspray besprühen. Öl und Zwiebel in den Topf geben. Bei mittlerer Hitze 3 Minuten braten. Kartoffeln und Brokkolistiele dazugeben. 2 Minuten unter Rühren braten. Brühe, Basilikum und italienische Kräutermischung dazugeben. Zum Kochen bringen. Auf mittlere bis schwache Hitze stellen, abdecken und 10 Minuten kochen lassen. Brokkoliröschen bis auf zwei Tassen dazugeben und 5 Minuten kochen lassen.

Suppe mit Küchenmaschine oder Mixer pürieren. Zurück in den Topf gießen. Restliche Brokkoliröschen hinzufügen und bei mittlerer Hitze 6 bis 8 Minuten kochen, bis der Brokkoli gar ist. Nach und nach den Käse unter ständigem Rühren hinzufügen, bis er geschmolzen ist. Nach und nach Milch und Kondensmilch dazugießen. Mit Salz und Pfeffer abschmecken. Unter leichtem Rühren erhitzen.

KOCHHINWEIS

Übrig gebliebene Suppe können Sie bis zu 4 Tage im Kühlschrank aufbewahren. Zum Einfrieren eignen sich Käsesuppen jedoch nicht sehr gut.

Blumenkohl-Käse-Suppe

Fettarme Kondensmilch verfeinert diese reichhaltige Suppe. Sie ersetzt Sahne und Vollmilch, die meist in traditionellen Käsesuppen verwendet wird.

ergibt 8 Portionen

pro Portion

190	Kalorien
5 g	Gesamtfett
2,6 g	gesättigte Fette
16,7 g	Proteine
19,6 g	Kohlenhydrate
3,3 g	Ballaststoffe
18 mg	Cholesterin
635 mg	Natrium

Zubereitungszeit: 40 Minuten • restliche Kochzeit: 5 Minuten

1 Esslöffel Butter oder Rapsöl • 1 kleine Zwiebel, fein gehackt • 2 Knoblauchzehen, fein gehackt • 1 große Kartoffel, geschält und gewürfelt • 1 Blumenkohl, in Röschen zerteilt • 5 Tassen fettfreie Hühner- oder Gemüsebrühe • 2 Dosen (je 340 g) fettarme Kondensmilch • 170 g fettarmer würziger Käse, geraspelt • 2 Esslöffel trockener Sherry oder alkoholfreier Weißwein • Salz und gemahlener schwarzer Pfeffer

Butter oder Öl in großem Topf bei mittlerer Hitze erwärmen. Zwiebeln 3 Minuten darin dünsten. Knoblauch dazugeben und weitere 2 Minuten dünsten. Kartoffel und Blumenkohl daruntermischen. Brühe und Milch hineingießen. Bei mittlerer Hitze zum Kochen bringen, dabei häufig umrühren. Bei geringer Hitze unter ständigem Umrühren 15 Minuten kochen lassen, bis Kartoffeln und Blumenkohl gar sind.

Suppe mit Küchenmaschine oder Mixer pürieren. Zurück in den Topf gießen. Gouda und Sherry oder Wein hinzufügen. Käse unter ständigem Rühren darin auflösen. Mit Salz und Pfeffer abschmecken.

Kochhinweis

Übrig gebliebene Suppe können Sie bis zu 4 Tage im Kühlschrank aufbewahren. Zum Einfrieren eignen sich Käsesuppen jedoch nicht sehr gut.

Muschelsuppe „Manhattan“

ergibt 6 Portionen
pro Portion

187	Kalorien
5,7 g	Gesamtfett
0,7 g	gesättigte Fette
13,5 g	Proteine
21,5 g	Kohlenhydrate
2,9 g	Ballaststoffe
25 mg	Cholesterin
426 mg	Natrium

Diese schnell zubereitete Fischsuppe ist eine Alternative zur „Freitagabend-Pizza“. Mit Brot und Salat wird eine leckere Mahlzeit daraus. Kaufen Sie frische Venusmuscheln in Ihrem Supermarkt oder nehmen Sie drei Dosen (ca. 570 g) Venusmuscheln im eigenen Saft.

Zubereitungszeit: 10 Minuten • restliche Kochzeit: 30 Minuten

2 Esslöffel Olivenöl • 1 Zwiebel, fein gehackt • 1 Möhre, fein gehackt • 2 Stangen Staudensellerie, klein geschnitten • 2 große Kartoffeln, gewürfelt • 690 g Fischbrühe • 1 Dose (800 g) gewürfelte Tomaten (mit Saft) • 2 Esslöffel fein gehackte frische Petersilie • 1 Teelöffel getrockneter Thymian • 1 Teelöffel Zucker • 450 g klein geschnittene Venusmuscheln • Salz und gemahlener schwarzer Pfeffer

Öl in großem Topf bei mittlerer Hitze erwärmen. Zwiebeln, Möhren und Sellerie dazugeben. 5 Minuten dünsten. Kartoffeln einrühren und weitere 2 Minuten braten. Muschelsaft, Tomaten (mit Saft), Petersilie, Thymian und Zucker hinzufügen. Zum Kochen bringen. Bei geringer Hitze 15 bis 20 Minuten kochen lassen, bis die Kartoffeln gar sind.

Muscheln einrühren. Mit Salz und Pfeffer würzen. Bei geringer Hitze 10 Minuten kochen lassen, bis die Muscheln weich sind.

Muschelsuppe „New England"

Haben Sie Appetit auf eine Suppe, die Sie mit der Gabel essen können? Diese Fischsuppe treibt Ihr Fettbudget nicht in die Höhe. Fettarmer Sahneersatz und fettarme Kondensmilch ersetzen die Sahne.

ergibt 4 Portionen
pro Portion

324	Kalorien
8 g	Gesamtfett
4,3 g	gesättigte Fette
25,6 g	Proteine
37 g	Kohlenhydrate
1,8 g	Ballaststoffe
60 mg	Cholesterin
353 mg	Natrium

Zubereitungszeit: 10 Minuten • restliche Kochzeit: 20 Minuten

1 Esslöffel Butter • 1 Zwiebel, fein gehackt • 2 große Kartoffeln, geschält und gewürfelt • 460 g Fischbrühe • 1 Lorbeerblatt • 1/4 Teelöffel getrockneter Thymian • 1 Dose (340 g) fettarme Kondensmilch • 450 g klein geschnittene Venusmuscheln • 1/4 Teelöffel geriebene Zitronenschale • 2 1/2 Esslöffel Arrowroot oder Maisstärke • 1/2 Tasse fettarmer Sahneersatz • 1 Teelöffel Worcester-Soße • 2 Esslöffel frische, fein gehackte Petersilie • Salz und gemahlener schwarzer Pfeffer • Paprikagewürz

Butter in großer Pfanne bei mittlerer Hitze schmelzen. Zwiebeln darin 5 Minuten dünsten. Kartoffeln dazufügen und 1 Minute dünsten, Muschelsaft, Lorbeerblatt und Thymian hinzugeben. 10 Minuten kochen.

Kondensmilch, Muscheln und Zitronenschale einrühren. Bei mittlerer Hitze 10 Minuten kochen lassen.

Arrowroot oder Maisstärke in eine kleine Schüssel geben. Fettarmen Sahneersatz dazugeben und glatt rühren. Mischung nach und nach in die Suppe rühren. Worcester-Soße und Petersilie dazugeben. Suppe bei geringer Hitze unter ständigem Rühren kochen, bis sie andickt. Mit Salz und Pfeffer abschmecken. Lorbeerblatt herausnehmen. Mit Paprika bestreut servieren.

Kochhinweis

Klein geschnittene Venusmuscheln erhalten Sie an der Fischtheke Ihres Supermarktes. In den meisten Läden finden Sie Venusmuscheln in der Dose (190 g) im Fischregal. Wenn sie Venusmuscheln aus der Dose verwenden, nehmen Sie 3 Dosen (im eigenen Saft).

Fischsuppe mit Krabben und Mais

ergibt 6 Portionen
pro Portion

252	Kalorien
5,1 g	Gesamtfett
2,7 g	gesättigte Fette
18,3 g	Proteine
3 g	Kohlenhydrate
35,6 g	Ballaststoffe
51 mg	Cholesterin
364 mg	Natrium

Verwenden Sie frischen Sommermais, so bekommt die Suppe den intensivsten Geschmack. Gefrorener Mais eignet sich ebenfalls, schmeckt aber nicht so gut.

Zubereitungszeit: 15 Minuten • restliche Kochzeit: 20 Minuten

2 Esslöffel Butter oder Rapsöl • 1 Zwiebel, fein gehackt • 1 Stange Staudensellerie, klein geschnitten • 3 Knoblauchzehen, fein gehackt • 2 Kartoffeln, gewürfelt • 1/2 Teelöffel getrockneter Majoran • 1/4 Teelöffel getrockneter Thymian • 1/4 Teelöffel gemahlener Koriander • 1/4 Teelöffel gemahlene Muskatnuss • 3 Tassen fettfreie Hühner- oder Gemüsebrühe • 1 1/2 Tassen fettarme Kondensmilch • 2 1/2 Tassen Maiskörner • 230 g Krebsfleisch in Stücken • 1 Esslöffel frische, fein gehackte Petersilie • 1 Teelöffel trockener Sherry oder alkoholfreier Weißwein • 1/4 Teelöffel geriebene Zitronenschale • Salz und gemahlener schwarzer Pfeffer • gemahlener roter Pfeffer

Butter oder Öl in großer Pfanne bei mittlerer Hitze erwärmen. Zwiebeln, Möhren, Sellerie und Knoblauch dazugeben. 5 Minuten dünsten. Kartoffeln, Majoran, Thymian, Koriander und Muskat dazugeben. Mit Brühe und Milch übergießen. Zum Kochen bringen und dann 15 Minuten bei geringer Hitze kochen lassen, bis die Kartoffeln gar sind.

2 Tassen Mais mit Küchenmaschine oder Mixer pürieren. Mais mit Krebsfleisch, Petersilie, Sherry oder Wein, Zitronenschale und der restlichen halben Tasse Mais in die Suppe geben. 5 Minuten kochen lassen. Mit Salz, rotem und schwarzem Pfeffer abschmecken.

Variation

Fischsuppe mit Mais und Kartoffeln: Ersetzen Sie für eine vegetarische Suppe das Krebsfleisch durch eine 3/4 Tasse mehr Mais und eine weitere Kartoffel.

Kalte Meeresfrüchte-Suppe

Diese feine Suppe eignet sich gut zum Mitnehmen.

ergibt 6 Portionen	
pro Portion	
211	Kalorien
4,7 g	Gesamtfett
1,8 g	gesättigte Fette
27,2 g	Proteine
8,8 g	Kohlenhydrate
0,4 g	Ballaststoffe
112 mg	Cholesterin
279 mg	Natrium

Zubereitungszeit: 25 Minuten • Ruhezeit: 2 Stunden

3 Tassen Wasser • 1 Tasse trockener Sherry oder alkoholfreier Weißwein • 230 g mittelgroße Garnelen, geschält und gesäubert • 230 g Jakobsmuscheln • 230 g Lachsfilet ohne Haut, in mundgerechte Stücke geschnitten • 1 Esslöffel Butter oder Margarine • 1 Möhre, fein gehackt • 1/2 rote oder grüne Paprika, klein geschnitten • 1 kleine Jalapeno-Peperoni, entkernt und klein geschnitten (Ziehen Sie beim Verarbeiten Handschuhe an.) • 1 Tasse fettarmer Sauerrahm • 3 Esslöffel fein gehackter frischer Dill • geriebene Schale einer Limette • 450 g Krebsfleisch in Stücken • 1 Tasse Buttermilch • Salz und gemahlener schwarzer Pfeffer • scharfe Chilisoße

Wasser in einem mittelgroßen Topf bei großer Hitze zum Kochen bringen. Garnelen, Jakobsmuscheln und Lachs hinzugeben. Bei mittlerer Hitze 2 bis 4 Minuten kochen, bis die Garnelen und Muscheln undurchsichtig sind und der Lachs sich mit einer Gabel leicht zerteilen lässt. Meeresfrüchte mit einem Schöpflöffel aus dem Wasser nehmen und auf einen Teller legen. Diesen und die Brühe in den Kühlschrank stellen.

Butter oder Margarine in einer kleinen antihaft-beschichteten Pfanne bei mittlerer Hitze erwärmen. Möhren und Knoblauch zugeben. 3 Minuten dünsten.

Möhrengemisch in eine Küchenmaschine geben. Paprika, Jalapeno, Sauerrahm, Dill und Limettenschale hinzufügen. Pürieren. Mischung in eine große Schüssel geben. Krebsfleisch, Buttermilch, Meeresfrüchte und Brühe dazugeben. Mit Salz, Pfeffer und Chilisoße würzen. Mindestens 2 Stunden kühlen. Die Suppe ist einen Tag haltbar.

FRUCHTIGE GAZPACHO

ergibt 6 Portionen
pro Portion

156	Kalorien
5,1 g	Gesamtfett
1 g	gesättigte Fette
2,4 g	Proteine
29,6 g	Kohlenhydrate
3,5 g	Ballaststoffe
0 mg	Cholesterin
29 mg	Natrium

Gazpacho ist eine erfrischende Suppe, die kalt gegessen wird. Sie stammt ursprünglich aus Spanien. Ihr würzig-fruchtiger Geschmack macht diese Suppe einmalig.

Zubereitungszeit: 20 Minuten • Kühlzeit: 2 Stunden

$^1/_2$ Honigmelone, gewürfelt • $2^1/_2$ Tassen grüne Weintrauben • 1 Avocado, halbiert • 1 Salatgurke, halbiert • 1 grüne Paprika, halbiert • 1 Jalapeno, entkernt (Ziehen Sie beim Verarbeiten Handschuhe an.) • geriebene Schale und Saft einer Limette • $^1/_4$ Tasse frische Basilikumblätter • 3 Esslöffel frischer Dill • 2 Esslöffel frische Petersilie • 4 Frühlingszwiebeln, klein geschnitten • 2 Esslöffel Weißweinessig • Salz und gemahlener schwarzer Pfeffer • scharfe Chilisoße (wahlweise)

Melone, 2 Tassen Weintrauben, halbe Avocado, halbe Gurke, halbe Paprika, Jalapeno, Limettenschale, Limettensaft, Basilikum, Dill und Petersilie in eine Küchenmaschine geben. Pürieren. In eine große Schüssel geben.

Die restlichen Weintrauben vierteln und dazugeben. Restliche Avocado, Gurke und Paprika würfeln und dazugeben. Frühlingszwiebeln und Essig einrühren. Mit Salz, Pfeffer und evtl. Chilisoße abschmecken. Abgedeckt mindestens 2 Stunden kühlen. Die Suppe ist einen Tag haltbar.

KOCHHINWEIS

Verwenden Sie $^1/_4$ Tasse Frühlingszwiebeln, um die Suppenportionen hübsch zu garnieren.

Erbsensuppe mit Wildreis

Wildreis macht diese traditionelle Erbsensuppe interessant und sorgt ebenso für Vitamin B. Da dieses Rezept 10 Portionen ergibt, können Sie einige zum Aufwärmen einfrieren. In der Tiefkühltruhe hält sich die Suppe bis zu drei Monate.

ergibt 10 Portionen	
pro Portion	
348	Kalorien
3,8 g	Gesamtfett
0,5 g	gesättigte Fette
18,7 g	Proteine
62,6 g	Kohlenhydrate
4,3 g	Ballaststoffe
0 mg	Cholesterin
118 mg	Natrium

Zubereitungszeit: 15 Minuten • Kochzeit: 55 Minuten

2 1/2 Tassen Wasser • 1 Tasse Wildreis, abgespült • 2 Esslöffel Olivenöl • 2 Zwiebeln, fein gehackt • 4 Möhren, fein gehackt • 4 Stangen Staudensellerie, klein geschnitten • 4 Knoblauchzehen, fein gehackt • 3 Tassen getrocknete Erbsen • 1 Lorbeerblatt • 1 Teelöffel getrockneter Thymian • 1 Teelöffel Senfpulver • 1/8 Teelöffel getrockneter Salbei • 10 Tassen fettfreie Hühner- oder Gemüsebrühe • 2 Esslöffel Zitronensaft • Salz und gemahlener schwarzer Pfeffer

Wasser in einem mittelgroßen Topf bei großer Hitze zum Kochen bringen. Wildreis hineingeben und zum Kochen bringen. Bei niedriger Hitze 45 Minuten kochen, bis die Flüssigkeit aufgesogen ist.

Öl in großem Topf bei mittlerer Hitze erwärmen. Zwiebeln, Möhren, Sellerie und Knoblauch hineingeben und 10 Minuten dünsten. Erbsen, Lorbeerblatt, Thymian, Senf und Salbei einrühren. Brühe dazugeben. Zum Kochen bringen. Abgedeckt 45 Minuten bei mittlerer bis geringer Hitze kochen lassen. Ab und zu umrühren.

Wildreis und Zitronensaft dazufügen. Mit Salz und Pfeffer würzen. Bei geringer Hitze 5 Minuten kochen, bis die Suppe andickt und die Erbsen gar sind. Lorbeerblatt herausnehmen.

BOHNENSUPPE „SOUTHWEST“

Diese Suppe schmeckt köstlich an kühlen Herbsttagen. Für noch mehr Geschmack können Sie sie mit geraspeltem magerem Gouda bestreuen.

ergibt 8 Portionen
pro Portion

286	Kalorien
6,2 g	Gesamtfett
0,6 g	gesättigte Fette
13,7 g	Proteine
46,4 g	Kohlenhydrate
2,8 g	Ballaststoffe
0 mg	Cholesterin
130 mg	Natrium

Zubereitungszeit: 15 Minuten • Kochzeit: 1 1/4 Stunden

450 g getrocknete Pinto-Bohnen, über Nacht eingeweicht • 6 Tassen Wasser • 3 Esslöffel Raps- oder Olivenöl • 1 Zwiebel, fein gehackt • 7 Knoblauchzehen, fein gehackt • 1 grüne oder rote Paprika, klein geschnitten • 1 Möhre, fein gehackt • 1 Stange Staudensellerie, klein geschnitten • 3 kleine Zucchini, gewürfelt • 3 reife Tomaten, gewürfelt • 1 Dose (130 g) milde grüne Chilischoten, klein geschnitten • 1 Lorbeerblatt • 1 Teelöffel Chilipulver • 1 Teelöffel getrockneter Oregano • 1 Teelöffel Zucker • 1/4 Teelöffel gemahlener Kreuzkümmel • 3 Esslöffel Tomatenmark • 1 Esslöffel gehacktes frisches Koriandergrün • 1 Esslöffel Zitronensaft • Salz und gemahlener schwarzer Pfeffer

Bohnen abtropfen lassen und nochmals abspülen. In einen großen Topf geben. Wasser dazugeben und bei großer Hitze zum Kochen bringen. Bei geringer Hitze 50 Minuten kochen lassen, bis die Bohnen gar sind.

Öl in großem Topf bei mittlerer Hitze erwärmen. Zwiebeln dazugeben und 2 Minuten dünsten. Knoblauch, Paprika, Möhren und Sellerie hinzufügen und 5 Minuten dünsten. Zucchini, Tomaten, Chilischoten, Lorbeerblatt, Chilipulver, Oregano, Zucker und Kreuzkümmel dazugeben. 5 Minuten dünsten.

Tomatenmark, Koriandergrün, Zitronensaft und Bohnen mit der Kochflüssigkeit in die Gemüsemischung einrühren. Mit Salz und Pfeffer abschmecken. Unter häufigem Rühren zum Kochen bringen. Bei geringer Hitze 20 Minuten kochen lassen. Lorbeerblatt herausnehmen.

CHILI „SUPER-BOWL“

Dieses Chili ist einfach zuzubereiten und kann lange auf dem Herd warm gehalten werden. Wollen Sie eine größere Menge kochen, verdoppeln oder verdreifachen Sie die Zutaten.

ergibt 6 Portionen
pro Portion

311	Kalorien
7,8 g	Gesamtfett
1,3 g	gesättigte Fette
28 g	Proteine
37,9 g	Kohlenhydrate
9,9 g	Ballaststoffe
47 mg	Cholesterin
505 mg	Natrium

Zubereitungszeit: 15 Minuten • Kochzeit: 30 Minuten

1 Esslöffel Raps- oder Olivenöl • 2 Zwiebeln, fein gehackt • 5 Knoblauchzehen, fein gehackt • 1 große Jalapeno, entkernt und klein geschnitten (Ziehen Sie beim Verarbeiten Handschuhe an.) • 450 g zerkleinerte Putenbrust • 170 g fettarme Putenwürstchen ohne Haut • 3 Esslöffel Chilipulver • 1 Esslöffel Paprikagewürz • 2 Teelöffel getrockneter Oregano • 2 Teelöffel gemahlener Kreuzkümmel • 2 Teelöffel ungesüßtes Kakaopulver • 1 Dose (800 g) geschälte Tomaten, püriert • 1 Dose (445 g) Kidney-Bohnen, abgespült und abgetropft • Salz und gemahlener schwarzer Pfeffer • 1 Esslöffel fein gehacktes, frisches Koriandergrün • 1 Esslöffel Limettensaft

Öl in großem Topf bei mittlerer Hitze erwärmen. Zwiebeln, Knoblauch und Jalapeno hinzufügen und 5 Minuten dünsten. Putenfleisch und -wurst in den Topf geben. 5 Minuten dünsten und dabei das Fleisch mit einem Löffel zerteilen. Chilipulver, Paprika, Oregano, Kreuzkümmel und Kakao einrühren.

Tomatenpüree und Bohnen hinzufügen. Mit Salz und Pfeffer abschmecken. Abgedeckt 30 Minuten bis zu 2 Stunden bei geringer Hitze kochen lassen. Koriandergrün und Limettensaft einrühren.

KOCHHINWEISE

Ist das Chili zu scharf? So wird es milder: Servieren Sie es mit fettarmem Sauerrahm oder geraspeltem Magermilchkäse. Milchprodukte neutralisieren die Schärfe der Jalapeno.
Chili ist sehr vielseitig. Um den Geschmack abzuwandeln, fügen Sie Maiskörner, klein geschnittenes Gemüse oder andere Chili-Arten hinzu.

Linseneintopf mit Nudeln

Linsen sind schnell zubereitet und sehr gesund. Anders als die meisten anderen Hülsenfrüchte müssen Sie vor dem Kochen nicht eingeweicht werden. Linsen liefern außerdem viele Proteine sowie Kalzium, Eisen, Zink und Kalium.

ergibt 4 Portionen
pro Portion

561	Kalorien
5,1 g	Gesamtfett
0,7 g	gesättigte Fette
29,3 g	Proteine
102,6 g	Kohlenhydrate
2,5 g	Ballaststoffe
0 mg	Cholesterin
150 mg	Natrium

Zubereitungszeit: 25 Minuten • Kochzeit: 30 Minuten

1 Esslöffel Olivenöl • 1 Zwiebel, fein gehackt • 5 Knoblauchzehen, fein gehackt • 1 Möhre, fein gehackt • 2 Teelöffel fein gehackter Ingwer • 2 Tassen Linsen • 1 Teelöffel getrockneter Thymian • 1 Teelöffel getrockneter Koriander • 1 Teelöffel Chilipulver • 6 Tassen fettfreie Hühner- oder Gemüsebrühe • 2 Kartoffeln, geschält und gewürfelt • 1 Tasse Farfalle oder andere Nudeln • 2 Esslöffel gehackte, frische Petersilie und/oder Koriandergrün • 1 Esslöffel Sherry- oder Weißweinessig • 1 Teelöffel geriebene Zitronenschale • Salz und gemahlener schwarzer Pfeffer • Feta-Käse, zerkrümelt (wahlweise)

Öl in großem Topf bei mittlerer Hitze erwärmen. Zwiebeln, Knoblauch, Möhren und Ingwer dazugeben. 5 Minuten dünsten. Linsen, Thymian, getrockneten Koriander und Chilipulver einrühren. Brühe darüber gießen und zum Kochen bringen. 35 Minuten mit schräg aufgelegtem Topfdeckel bei schwacher Hitze kochen. Ab und zu umrühren.

Kartoffeln und Nudeln dazugeben. 10 Minuten kochen, dabei häufig umrühren, bis Kartoffeln und Nudeln gar sind. Petersilie und/oder frisches Koriandergrün, Essig und Zitronenschale einrühren. Mit Salz und Pfeffer abschmecken.

Mit Frühlingszwiebeln und evtl. Feta garniert servieren.

Kochhinweis

Um herzhaften Suppen aus Hülsenfrüchten eine hellere Farbe zu verleihen, geben Sie am Ende der Kochzeit einen Schuss Essig oder Zitronensaft hinzu.

Linseneintopf mit Würstchen

Dieser Linseneintopf ergibt mit Salat und knusprigem Brot eine herzhafte Mahlzeit. Reste eignen sich wunderbar zum Aufwärmen.

Zubereitungszeit: 10 Minuten • Kochzeit: 45 Minuten

5 Tassen fettfreie Hühner- oder Gemüsebrühe • 1 1/2 Tassen Linsen • 2 Lorbeerblätter • 1/2 Teelöffel Fenchelsamen • 1 Teelöffel zerstoßener getrockneter Rosmarin • 340 g fettarme Putenwürstchen, in ca. 1,5 cm dicke Scheiben geschnitten • 1 1/2 Esslöffel Olivenöl • 2 rote Zwiebeln, in Scheiben geschnitten • 2 Möhren, fein gehackt • 1 rote Paprika, klein geschnitten • 8 Knoblauchzehen, fein gehackt • 1 Teelöffel getrocknetes Bohnenkraut • 1 Teelöffel getrockneter Thymian • 1 Teelöffel getrockneter Majoran oder Oregano • 1/4 Tasse fein gehacktes Basilikum und/oder Petersilie • 1/4 Tasse trockener Rotwein oder alkoholfreier Rotwein • 1/4 Tasse Tomatenmark • 2 Teelöffel Balsamico-Essig • Salz und gemahlener schwarzer Pfeffer

ergibt 6 Portionen

pro Portion

351	Kalorien
8,3 g	Gesamtfett
1,7 g	gesättigte Fette
27,3 g	Proteine
42,6 g	Kohlenhydrate
2,8 g	Ballaststoffe
36 mg	Cholesterin
846 mg	Natrium

Brühe, Linsen, Lorbeerblätter, Fenchelsamen und Rosmarin in einem großen Topf bei großer Hitze zum Kochen bringen. Abgedeckt 35 bis 40 Minuten bei niedriger Hitze kochen, bis die Linsen gar sind.

Große Pfanne mit Backspray besprühen und bei mittlerer Hitze erwärmen. Wurst hineingeben und braten, bis sie braun wird. In eine mittelgroße Schüssel geben.

Öl in die Pfanne geben und bei mittlerer Hitze erwärmen. Zwiebeln, Möhren, Paprika und Knoblauch dazugeben und 5 Minuten dünsten. Bohnenkraut, Thymian und Majoran oder Oregano dazugeben. Linsenmischung, Wurst, Basilikum und/oder Petersilie, Wein und Tomatenmark einrühren. 10 Minuten kochen, bis Linsen und Möhren gar sind. Essig einrühren. Mit Salz und Pfeffer abschmecken. Lorbeerblatt herausnehmen

Rezepte

16

Mehr Ballaststoffe mit Vollkorn und Hülsenfrüchten

Körner und Hülsenfrüchte sind sehr wichtige Bestandteile einer gesunden Ernährung. Auch für die fettarme Lebensweise sind sie ein Haupt-Nährstofflieferant. Sie enthalten wenig oder kein Fett aber viele Ballaststoffe und andere essenzielle Nährstoffe. Die komplexen Kohlenhydrate von Körnern liefern Ihrem Körper lang anhaltende Energie, die über den ganzen Tag freigesetzt wird.

Körner und Hülsenfrüchte sind sehr sättigend. So laufen Sie weniger Gefahr, zu viel Fettreiches zu essen. Generell können Sie eine größere Menge an Körnern und Hülsenfrüchten essen als fettreiche Dinge (wie Butter und Öle), um die gleiche Kalorienzahl zu sich zu nehmen. Körner und Hülsenfrüchte haben nur 4 Kalorien pro Gramm, Fette wie Butter und Öl hingegen haben 9 Kalorien pro Gramm.

Suchen Sie eine gehaltvolle Beilage? Probieren Sie Pilz-Graupen-Pilaf. Soll es etwas leichter sein, nehmen Sie Couscous mit Aprikosen und Pinienkernen. Am besten essen Sie Körner und Hülsenfrüchte als Hauptmahlzeit. An einem kalten Winterabend tut nichts so gut wie ein Teller gut gewürzte Rote Bohnen mit Reis. Mais-Huhn-Risotto passt hervorragend zur warmen Jahreszeit. Mehr Gerichte mit Körnern und Hülsenfrüchten finden Sie bei den Salatrezepten ab Seite 96, bei den Suppenrezepten ab Seite 122, bei den Nudelrezepten ab Seite 152 und bei den Gebäckrezepten ab Seite 264.

PILZ-GRAUPEN-PILAF

ergibt 6 Portionen
pro Portion

224	Kalorien
2,7 g	Gesamtfett
1,4 g	gesättigte Fette
8,1 g	Proteine
42 g	Kohlenhydrate
8,2 g	Ballaststoffe
5 mg	Cholesterin
204 mg	Natrium

Servieren Sie diesen herzhaften Pilaf mit gut gewürztem Hähnchen oder Gemüse. Bereiten Sie es mit verschiedenen Pilzsorten zu, so bekommt es einen einmaligen Geschmack.

Zubereitungszeit: 15 Minuten • Kochzeit: 35 Minuten

1 Esslöffel Butter oder Margarine • 2 Schalotten, fein gehackt • 1 Knoblauchzehe, fein gehackt • $2^1/_2$ Tassen klein geschnittene Pilze • 2 Esslöffel trockener Sherry oder alkoholfreier Weißwein • 1 Teelöffel natriumarme Sojasoße • $^1/_2$ Teelöffel getrockneter Majoran • $^1/_2$ Teelöffel getrockneter Thymian • Salz und gemahlener schwarzer Pfeffer • $1^1/_2$ Tassen Perlgraupen • 3 Tassen fettfreie Hühner- oder Gemüsebrühe

Butter oder Margarine in einem mittelgroßen Topf bei mittlerer Hitze erwärmen. Schalotten und Knoblauch hinzufügen. 3 Minuten dünsten. Pilze, Sherry oder Wein, Sojasoße, Majoran und Thymian dazugeben. Mit Salz und Pfeffer abschmecken. 7 bis 10 Minuten kochen, bis die Flüssigkeit verkocht ist und die Pilze braun werden. Graupen hinzufügen und 2 Minuten kochen. Ab und zu umrühren.

Brühe hinzufügen und zum Kochen bringen. Abgedeckt 20 bis 25 Minuten bei schwacher bis mittlerer Hitze kochen lassen, bis die Flüssigkeit aufgesogen ist. Topf von der Kochstelle nehmen, abdecken und 10 Minuten stehen lassen. Vor dem Servieren mit einer Gabel auflockern.

KOCHHINWEIS

Kleine Perlgraupen werden schnell gar. Der Nachteil ist, dass ihre Vorbehandlung viele Ballaststoffe, Mineralien und Proteine herauszieht. Die meisten Nährstoffe sind in Graupen mit Spelzen enthalten, die sie in vielen Reformhäusern bekommen. Nehmen Sie in diesem Fall $1^1/_2$ Tassen der Graupen und 4 Tassen Brühe. Kochen Sie die Graupen $1^1/_2$ Stunden.

Mais-Huhn-Risotto

Sommermais kommt in diesem schmackhaften Risotto gut zur Geltung.

ergibt 6 Portionen
pro Portion

583.	Kalorien
8,9 g	Gesamtfett
2,9 g	gesättigte Fette
35,2 g	Proteine
86,3 g	Kohlenhydrate
3,4 g	Ballaststoffe
55 mg	Cholesterin
507 mg	Natrium

Zubereitungszeit: 1 Stunde

5 Tassen fettfreie Hühner- oder Gemüsebrühe • 4 Teelöffel Olivenöl • 2 Schalotten, klein geschnitten • 1 rote Paprika, in feine Streifen geschnitten • 2 Tassen Natur-Rundkornreis • 1 Tasse trockener Weißwein oder alkoholfreier Weißwein • 450 g Hähnchenbrust ohne Knochen und Haut, in mundgerechte Stücke geschnitten • Salz und gemahlener schwarzer Pfeffer • Knoblauch- und Paprikagewürz • Kerne von 6 frischen Maiskolben (etwa 5 Tassen) • 3 Esslöffel klein gehackte frische Kräuter (Basilikum, Schnittlauch, Koriandergrün) • 1 Tasse geriebener fettarmer Provolone • 1/4 Tasse geriebener Parmesan

Brühe in einem mittelgroßen Topf bei großer Hitze zum Kochen bringen. Bei geringer Hitze warm halten.

3 Teelöffel Öl in einem großen Topf bei großer Hitze erwärmen. Schalotten und rote Paprika hineingeben. 2 Minuten dünsten. Reis einrühren und 2 Minuten dünsten. Wein darübergießen und 5 Minuten unter ständigem Rühren kochen, bis die Flüssigkeit fast aufgesogen ist. Nach und nach 4 Tassen Brühe dazugeben. Häufig umrühren, bis jeweils eine Tasse Brühe aufgesogen ist (insgesamt ca. 25 Minuten).

Währenddessen 1 Teelöffel Öl in einer großen antihaft-beschichteten Pfanne bei mittlerer Hitze erwärmen. Hähnchen dazugeben und anbraten. Mit Salz, Pfeffer, Knoblauch- und Paprikagewürz abschmecken. Unter häufigem Rühren 5 Minuten braten, bis das Hähnchen gar ist.

Wenn die vierte Tasse Brühe aufgesogen ist, Mais und Kräuter einrühren und fünfte Tasse Brühe dazugeben. 10 Minuten unter Rühren kochen, bis der Reis gar aber bissfest ist. Topf von der Kochstelle nehmen. Hähnchen, Provolone oder Mozzarella und Parmesan einrühren. Mit Salz und Pfeffer abschmecken.

SPARGELRISOTTO MIT GETROCKNETEN TOMATEN

Durch ständiges Rühren bekommt dieses Risotto eine cremige Konsistenz.

ergibt 4 Portionen

pro Portion	
317	Kalorien
6,1 g	Gesamtfett
1,8 g	gesättigte Fette
11,6 g	Proteine
50,5 g	Kohlenhydrate
0,2 g	Ballaststoffe
5 mg	Cholesterin
575 mg	Natrium

Zubereitungszeit: 40 Minuten

2 Tassen fettfreie Hühner- oder Gemüsebrühe • 8 getrocknete Tomaten • 1 Esslöffel Olivenöl • 2 Schalotten oder 1 kleine Zwiebel, fein gehackt • 1 Tasse Natur-Rundkornreis • $^1/_2$ Tasse trockener Weißwein oder alkoholfreier Weißwein • 230 g Spargel, geschält und in 2,5 cm lange Stückchen geschnitten • 2 Esslöffel gehackter frischer Schnittlauch • $^1/_2$ Teelöffel fein geriebene Zitronenschale • $^1/_4$ Tasse geriebener Parmesan • Salz und gemahlener schwarzer Pfeffer

Brühe in einem kleinen Topf zum Kochen bringen. Bei geringer Hitze warm halten.

Tomaten in eine kleine Schüssel geben. Mit kochendem Wasser bedecken und bis zur Verarbeitung einweichen lassen.

Öl in einem großen Topf bei mittlerer Hitze erwärmen. Schalotten oder Zwiebeln hinzufügen und 2 Minuten dünsten. Reis einrühren und 1 Minute garen. Wein darübergießen und unter ständigem Rühren 4 Minuten kochen, bis die Flüssigkeit fast aufgesogen ist. Nacheinander zweimal eine halbe Tasse Brühe dazugeben. Häufig umrühren, bis jeweils die Brühe aufgesogen ist (insgesamt ca. 10 Minuten).

Eine weitere halbe Tasse Brühe und Spargel, Schnittlauch und Zitronenschale einrühren. Unter ständigem Umrühren kochen, bis die Brühe aufgesogen ist. Die letzte halbe Tasse Brühe dazugeben. Unter Rühren 5 Minuten kochen, bis der Spargel weich und der Reis gar, aber bissfest ist.

Topf von der Kochstelle nehmen und Parmesan einrühren. Mit Salz und Pfeffer abschmecken. Tomaten abtropfen lassen und in Streifen schneiden. Über das Risotto streuen.

Reis und Brokkoli mit Walnüssen und Roquefort

Der intensive Geschmack von Brokkoli und Roquefort macht dieses Rezept zu einer außergewöhnlichen Beilage. Servieren Sie es mit einer Hähnchen- oder Fischvorspeise. Reste in eine Tortilla gerollt ergeben eine weitere Mahlzeit. Probieren Sie das Rezept auch mit Blauschimmelkäse oder Gorgonzola statt Roquefort.

ergibt 6 Portionen

pro Portion

136	Kalorien
5,6 g	Gesamtfett
2,4 g	gesättigte Fette
7,2 g	Proteine
15,1 g	Kohlenhydrate
2 g	Ballaststoffe
10 mg	Cholesterin
348 mg	Natrium

Zubereitungszeit: 5 Minuten • Kochzeit: 40 Minuten

1 Teelöffel Butter oder Rapsöl • 1 Schalotte, fein gehackt • 1 Knoblauchzehe, fein gehackt • 1/2 Tasse Naturreis • 3 Tassen fettfreie Hühner- oder Gemüsebrühe • Salz und gemahlener schwarzer Pfeffer • 2 Tassen kleine Brokkoliröschen • 2 Esslöffel gehackte geröstete Walnüsse • 1 Esslöffel gehackte frische Petersilie • 1/2 Teelöffel geriebene Zitronenschale • 60 g Roquefort, zerkrümelt

Butter oder Öl in einem großen Topf bei mittlerer Hitze erwärmen. Schalotten und Knoblauch zugeben. 4 Minuten dünsten, bis das Gemüse leicht braun ist. Reis und Brühe einrühren. Mit Salz und Pfeffer abschmecken. Zum Kochen bringen. Bei geringer Hitze 30 Minuten kochen.

Brokkoli auf den Reis geben, nicht umrühren. Abdecken und 10 bis 15 Minuten kochen lassen, bis die Flüssigkeit aufgesogen und der Reis weich ist.

Walnüsse, Petersilie und Zitronenschale vorsichtig einrühren. Roquefort darüberstreuen. Vor dem Servieren etwas schütteln.

SCHMACKHAFTE POLENTA

Polenta ist ein Brei aus Maisgrieß, der in Wasser oder anderer Flüssigkeit gekocht wird. Das Geheimnis für das Gelingen ist ständiges Umrühren. Kaufen Sie das gröbste erhältliche Maismehl (Maisgrieß). Manchmal steht „Polenta" auf dem Etikett.

ergibt 4 Portionen

pro Portion

166	Kalorien
1,6 g	Gesamtfett
0,2 g	gesättigte Fette
3,7 g	Proteine
35,2 g	Kohlenhydrate
7 g	Ballaststoffe
0 mg	Cholesterin
16 mg	Natrium

Zubereitungszeit: 20 Minuten

5 Tassen Wasser • 1 1/2 Tassen Maisgrieß • Salz und gemahlener schwarzer Pfeffer

Wasser in einem großen Topf bei mittlerer Hitze zum Kochen bringen. Maismehl unter ständigem Rühren mit einem Schneebesen langsam einstreuen.

Bei geringer bis mittlerer Hitze die Mischung mit einem Löffel aufrühren und vom Rand abstreifen. 15 bis 20 Minuten unter ständigem Umrühren kochen, bis die Mischung so fest ist, dass der Löffel darin stehen bleibt. Mit Salz und Pfeffer abschmecken.

KOCHHINWEISE

Für mehr Geschmack können Sie das Wasser durch fettfreie Hühner- oder Gemüsebrühe ersetzen. Fügen Sie getrockneten Oregano und getrocknetes Basilikum hinzu. Rühren Sie geriebenen Parmesan in die fertige Polenta.

Servieren Sie Polenta mit Ihrer Lieblings-Nudelsoße. Oder probieren Sie die Soßen der folgenden Rezepte: Pasta Puttanesca (Seite 154), Pasta Marinarta mit Meeresfrüchten (Seite 155) und Muschel-Nudeln mit Linsensoße (Seite 165).

Polenta wird fest, wenn sie abkühlt. Sie kann dann in Stücke geschnitten und gegrillt oder gekocht werden. Gießen Sie die heiße Polenta in eine Kuchenform und lassen Sie sie abkühlen. So kann Polenta wie Nudeln serviert oder wie Lasagnenudeln für einen Auflauf verwendet werden. Für Polenta-Pizza streichen Sie heiße Polenta dünn auf ein mit Backspray besprühtes Backblech. Lassen Sie sie abkühlen und backen Sie die Polenta 5 bis 8 Minuten bei 230 °C, bis die Oberfläche fest, aber noch nicht braun ist. Belegen Sie die Polenta mit Ihren Lieblingszutaten für Pizza und backen Sie sie weitere 10 Minuten.

COUSCOUS MIT APRIKOSEN UND PINIENKERNEN

Couscous ist eine kleinkörnige Teigwarenart. Er besteht aus Grieß und wird schnell gar. Im Supermarkt finden sie Couscous im Reisregal. Dieses Rezept können Sie variieren. Nehmen Sie statt Aprikosen und Pinienkernen andere Trockenfrüchte und Nüsse, die Sie gern mögen.

ergibt 4 Portionen
pro Portion

361	Kalorien
7,2 g	Gesamtfett
2,4 g	gesättigte Fette
11,3 g	Proteine
64,5 g	Kohlenhydrate
11,9 g	Ballaststoffe
8 mg	Cholesterin
38 mg	Natrium

Zubereitungszeit: 10 Minuten • Ruhezeit: 10 Minuten

1 Esslöffel Butter oder Rapsöl • $1\frac{1}{2}$ Tassen Couscous • 3 Esslöffel Pinienkerne • $2\frac{1}{4}$ Tassen kochendes Wasser • 6 getrocknete Aprikosen, gewürfelt • $\frac{1}{8}$ Teelöffel gemahlener Zimt • 1 Esslöffel gehackte frische Petersilie • Salz und gemahlener schwarzer Pfeffer

Butter und Öl in einem mittelgroßem Topf erhitzen. Couscous und Pinienkerne dazugeben. Bei mittlerer Hitze unter ständigem Umrühren 4 Minuten rösten, bis die Pinienkerne leicht braun sind und duften. Von der Kochstelle nehmen und Wasser, Aprikosen und Zimt hinzufügen. Einmal umrühren, fest verschließen und 10 bis 15 Minuten stehen lassen, bis die Flüssigkeit aufgesogen ist.

Den Couscous mit einer Gabel vorsichtig auflockern. Petersilie dazugeben und mit Salz und Pfeffer abschmecken.

WEISSE BOHNEN MIT PAPRIKA UND SALBEI

Diese schnell zubereitete Beilage eignet sich gut als Abwechslung zu Kartoffeln. Sie können Sie auch mit Crackern oder Mini-Pitataschen als Vorspeise servieren. Reste halten sich im Kühlschrank bis zu 3 Tage.

ergibt 4 Portionen
pro Portion

170	Kalorien
3,8 g	Gesamtfett
0,5 g	gesättigte Fette
8,4 g	Proteine
27,2 g	Kohlenhydrate
0,8 g	Ballaststoffe
0 mg	Cholesterin
420 mg	Natrium

Zubereitungszeit: 10 Minuten

1 Esslöffel Olivenöl • 1 Schalotte, in Scheiben geschnitten • 2 Knoblauchzehen, fein gehackt • 1/4 bis 1/2 Teelöffel getrockneter Salbei • 3/4 Tasse geröstete rote Paprika (aus dem Glas) • 1 Dose (445 g) weiße Bohnen, abgespült und abgetropft • 2 Teelöffel gehacktes frisches Basilikum • 2 Teelöffel frischer Zitronensaft • Salz und gemahlener schwarzer Pfeffer

Öl in mittelgroßer antihaft-beschichteter Pfanne bei mittlerer Hitze erwärmen. Schalotten und Knoblauch hinzugeben. 1 Minute dünsten. Salbei einrühren und 1 Minute kochen. Paprika, Bohnen, Basilikum und Zitronensaft einrühren. Gut vermischen. 1 bis 2 Minuten kochen. Pfanne von der Kochstelle nehmen. Mit Salz und Pfeffer abschmecken. Warm oder abgekühlt servieren.

TIPP

Bohnen aus der Dose enthalten meist sehr viel Salz. Wenn Sie die Bohnen abspülen und abtropfen lassen, reduzieren Sie den Salzgehalt jedoch um 50%. Geben Sie sie dazu in einen Durchschlag und spülen Sie sie mit kaltem Wasser ab.

KOCHHINWEIS

Die Paprika können Sie auch selber in etwas Olivenöl anrösten.

ROTE BOHNEN MIT REIS

Wenn Sie gern Bohnen mögen, ist dieses herzhafte Gericht genau das Richtige für Sie. Nehmen Sie beim Kochen nicht zu viel scharfe Soße. Würzen Sie lieber bei Tisch nach.

ergibt 4 Portionen
pro Portion

521	Kalorien
10,4 g	Gesamtfett
0,8 g	gesättigte Fette
24,3 g	Proteine
97,5 g	Kohlenhydrate
18 g	Ballaststoffe
0 mg	Cholesterin
837 mg	Natrium

Zubereitungszeit: 35 Minuten • Kochzeit: 50 Minuten

2 Esslöffel Rapsöl • 2 kleine Zwiebeln, fein gehackt • 1 rote oder grüne Paprika, klein geschnitten • 10 Knoblauchzehen, fein gehackt • 1 Stange Staudensellerie, klein geschnitten • 1 $^1/_2$ Teelöffel getrockneter Oregano • $^1/_2$ Teelöffel getrockneter Thymian • $^1/_2$ Teelöffel gemahlener Kreuzkümmel • scharfe Chilisoße • Salz und gemahlener schwarzer Pfeffer • 2 $^1/_4$ Tassen fettfreie Hühner- oder Gemüsebrühe • 1 Tasse Naturreis • 1 Dose (415 g) gewürfelte Tomaten, mit Saft • 1 Esslöffel Worcester-Soße • 1 Lorbeerblatt • 1 Teelöffel Paprikagewürz • 1 Teelöffel gemahlener Koriander • $^1/_2$ Teelöffel Zucker • 2 Dosen (je 430 g) rote Kidneybohnen, abgetropft, nicht abgespült • 1 Teelöffel Weißweinessig oder Zitronensaft • gebackene Tortilla-Chips (wahlweise)

1 Esslöffel Öl in einem mittelgroßen Topf bei mittlerer Hitze erwärmen. Je die Hälfte der Zwiebeln, Paprika und Knoblauchzehen sowie den Sellerie hinzugeben. 10 Minuten unter häufigem Rühren kochen. 1 Teelöffel Oregano, Thymian und Kreuzkümmel hinzufügen. Mit Chilisoße, Salz und Pfeffer abschmecken. Brühe dazugießen und zum Kochen bringen. Reis einrühren und erneut zum Kochen bringen. Bei schwacher bis mittlerer Hitze 45 Minuten kochen, bis die Flüssigkeit aufgesogen und der Reis gar ist. Topf von der Kochstelle nehmen und 5 Minuten beiseite stellen. Vor dem Servieren mit einer Gabel auflockern.

In der Zwischenzeit 1 Esslöffel Öl in einem mittelgroßen Topf bei mittlerer Hitze erwärmen. Die restlichen Zwiebeln, Paprika und Knoblauchzehen hinzufügen. 5 Minuten kochen. Tomaten (mit Saft), Worcester-Soße, Lorbeerblatt, Koriander, Zucker, Bohnen und einen halben Teelöffel Oregano dazugeben. Mit Chilisoße, Salz und Pfeffer abschmecken. Bei schwacher bis mittlerer Hitze 20 Minuten kochen. Oft umrühren. Essig oder Zitronensaft einrühren. Lorbeerblatt vor dem Servieren herausnehmen.

Bohnenmischung über den Reis geben. Eventuell mit Tortilla-Chips garnieren.

MEXIKANISCHER REIS

ergibt 4 Portionen

pro Portion

147	Kalorien
1,1 g	Gesamtfett
0,2 g	gesättigte Fette
3,2 g	Proteine
30,9 g	Kohlenhydrate
2,2 g	Ballaststoffe
0 mg	Cholesterin
40 mg	Natrium

Servieren Sie dieses leicht zuzubereitende Reisgericht mit Burritos, Tacos oder einem anderen mexikanischen Gericht, das Sie gern mögen.

Zubereitungszeit: 5 Minuten • Kochzeit: 40 Minuten

$1\frac{1}{2}$ Tassen fettfreie Hühner- oder Gemüsebrühe • $\frac{3}{4}$ Tasse Naturreis • 1 Teelöffel Chilipulver • $\frac{1}{2}$ Teelöffel Knoblauchpulver • $\frac{1}{2}$ Teelöffel Zucker • $\frac{1}{4}$ Teelöffel Kreuzkümmel • Salz und gemahlener schwarzer Pfeffer

Brühe in einem mittelgroßen Topf bei großer Hitze zum Kochen bringen. Reis, Chili und Knoblauchpulver, Zucker und Kreuzkümmel einstreuen. Mit Salz und Pfeffer abschmecken. Erneut zum Kochen bringen. Bei schwacher Hitze 35 bis 45 Minuten kochen, bis die Flüssigkeit aufgesogen und der Reis gar ist.

Von der Kochstelle nehmen und 5 Minuten stehen lassen. Vor dem Servieren mit einer Gabel auflockern.

Rezepte

17

Perfekte Pasta

Pasta ist ein perfektes fettarmes Essen. Sie enthält viele Kohlenhydrate, wenig Fett und ist schnell zubereitet und sehr vielseitig. Die meisten Pasta-Arten können Sie ersetzen, Sie sollten nur „in der Familie“ bleiben. Wenn im Rezept eine länglich geformte Pasta wie Linguine angegeben ist, können Sie sie durch eine andere ähnlich geformte Pasta, wie z.B. Spaghetti oder Fettuccine, ersetzen. Ähnliches gilt für andere Formen. Wenn Sie keine Penne mehr haben, können Sie z.B. Farfalle nehmen.

Damit die Pasta nicht zu kalorienreich wird, sollten Sie auf fettreiche Soßen verzichten, die viel Öl, Butter, Sahne oder Käse enthalten. Natürlich müssen Sie deshalb nicht auf Sahnesoßen verzichten. In diesem Buch finden Sie einige fettarme Sahne-Soßen. Im Rezept „Fettuccine mit Spargel-Erbsen-Soße“ sind die Erbsen mit fettarmem Sahneersatz püriert. Die grüne Soße enthält weniger Fett als eine reine Sahnesoße.

Vergessen Sie nicht den Parmesankäse. Schon ein bisschen geriebener Parmesan oder Pecorino verbessern den Geschmack eines Pastagerichts merklich, ohne den Fettgehalt in die Höhe zu treiben. Ein Esslöffel geriebener Parmesan hat nur 23 Kalorien und 1,5 g Fett.

Die meisten Gerichte sind schnell auf dem Herd zubereitet. Im Ofen gegarte Pastagerichte wie Lasagne finden Sie ab Seite 220.

PASTA „PUTTANESCA“

Die meisten Zutaten für dieses traditionelle, geschmackvolle italienische Gericht haben Sie wahrscheinlich im Haus.

ergibt 4 Portionen
pro Portion

576	Kalorien
10,8 g	Gesamtfett
1,5 g	gesättigte Fette
22,3 g	Proteine
99,7 g	Kohlenhydrate
1,9 g	Ballaststoffe
12 mg	Cholesterin
964 mg	Natrium

Zubereitungszeit: 15 Minuten • Kochzeit: 30 Minuten

1 Esslöffel Olivenöl • 1 Dose (60 g) Sardellenfilets, abgespült und abgetropft • 6 Knoblauchzehen, fein gehackt • 1 Dose (800 g) geschälte Tomaten (mit Saft) • 1 Tasse, gehackte frische Petersilie • 2 Teelöffel getrockneter Oregano • 20 Kalamata-Oliven, entsteint und grob gehackt • 1/3 Tasse abgetropfte Kapern • 1/2 Teelöffel geriebene Zitronenschale • gemahlener schwarzer Pfeffer • grob gemahlene Peperoni • 450 g Fusilli oder Spaghetti • 1/2 Tasse fettfreie Hühner- oder Gemüsebrühe • geriebener Parmesan oder zerkrümelter Feta (wahlweise)

Öl in einem mittelgroßen Topf bei mittlerer Hitze erwärmen. Sardellen und Knoblauch dazugeben. Mit einem Holzlöffel zu einem Brei verrühren.

Tomaten aus der Dose grob schneiden und mit Saft, Petersilien, Oliven, Kapern und Zitronenschale in den Topf geben. Zum Kochen bringen. 30 Minuten bei geringer Hitze kochen lassen. Ab und zu umrühren. Mit Pfeffer und Peperoni abschmecken.

Nudeln in einem großen Topf kochen wie auf der Packung angegeben. Abtropfen lassen und in eine große Schüssel geben. Mit Brühe vermengen. Soße darübergeben und evtl. Parmesan oder Feta darüberstreuen.

TIPP

Oliven verleihen Gerichten einen tollen Geschmack, aber sie enthalten sehr viel Fett. Kaufen Sie sie in Lake oder Essig eingelegt anstatt in Öl. Schwarze Oliven enthalten am wenigsten Fett, griechische am zweit-wenigsten. Das meiste Fett enthalten grüne Oliven. Schneiden Sie die Oliven fein, so verbreitet sich der Geschmack besser und Sie können weniger nehmen.

Pasta „Marinara“ mit Meeresfrüchten

Verwenden Sie Ihre Lieblings-Meeresfrüchte für dieses Gericht. Ich mag Garnelen, Jakobsmuscheln, Venusmuscheln, Miesmuscheln, Hummer und Krabben.

ergibt 4 Portionen	
pro Portion	
534	Kalorien
6,3 g	Gesamtfett
0,8 g	gesättigte Fette
33,7 g	Proteine
81,9 g	Kohlenhydrate
5,3 g	Ballaststoffe
112 mg	Cholesterin
275 mg	Natrium

Zubereitungszeit: 15 Minuten • Kochzeit: 30 Minuten

1 Esslöffel Olivenöl • 1 Zwiebel, fein gehackt • 4 Knoblauchzehen, fein gehackt • 1 Dose (800 g) geschälte Tomaten, püriert • 1/4 Tasse trockener Rotwein oder alkoholfreier Rotwein • 2 Esslöffel gehackte frische Petersilie • 2 Esslöffel gehacktes frisches Basilikum • 1/2 Teelöffel Zucker • 1/4 Teelöffel geriebene Zitronenschale • 1/2 Teelöffel getrocknetes Oregano • 1/8 Teelöffel getrockneter Salbei • Salz und gemahlener schwarzer Pfeffer • grob gemahlene Peperoni • 290 g Linguine oder Spaghetti • 450 g gemischte Meeresfrüchte • geriebener Parmesan (wahlweise)

Öl in einem mittelgroßen Topf bei mittlerer Hitze erwärmen. Zwiebeln und Knoblauch darin 10 Minuten dünsten. Tomatenpüree, Wein, Petersilie, Basilikum, Zucker, Zitronenschale, Oregano und Salbei zugeben. Mit Salz, Pfeffer und Peperoni würzen. 25 Minuten bei geringer Hitze kochen.

Nudeln in einem großen Topf kochen wie auf der Packung angegeben. Abtropfen lassen und in eine große Schüssel geben.

Meeresfrüchte in die Soße geben. 5 bis 10 Minuten kochen, bis die Muscheln gar sind. Soße über die Nudeln gießen. Eventuell mit Parmesan bestreuen.

Variation

Würzige Pasta Marinara: Für eine vegetarische Version des Rezepts können sie die Meeresfrüchte weglassen und stattdessen leicht angebratenes, gemischtes Gemüse und mehr Peperoni zugeben.

SPAGHETTI MIT FLEISCHKLÖSSCHEN

Mit Putenbrust wird dieses beliebte Gericht viel leichter. Mit Pilzen, Zucchini oder anderem Gemüse können Sie die Soße noch reichhaltiger machen.

ergibt 8 Portionen
pro Portion

471	Kalorien
8,8 g	Gesamtfett
2,2 g	gesättigte Fette
25,3 g	Proteine
71,6 g	Kohlenhydrate
2,8 g	Ballaststoffe
79 mg	Cholesterin
340 mg	Natrium

Zubereitungszeit: 30 Minuten • Kochzeit: 50 Minuten

SOSSE

1 Esslöffel Olivenöl • 1 Zwiebel, fein gehackt • 4 Knoblauchzehen, fein gehackt • 1 grüne Peperoni, fein gehackt • 1 Dose (415 g) gewürfelte Tomaten (mit Saft) • 1 Dose (800 g) geschälte Tomaten, püriert • 1 1/2 Esslöffel gehacktes frisches Basilikum • 1 Esslöffel gehackte frische Petersilie • 1 1/2 Teelöffel gehacktes frisches Oregano • Salz und gemahlener schwarzer Pfeffer

FLEISCHKLÖSSCHEN

3 Scheiben Vollwertbrot ohne Kruste • 1 Tasse Magermilch • 2 Eier, leicht geschlagen • 450 g Putenbrusthack • 1/3 Tasse gehackte frische Petersilie • 3 Knoblauchzehen, fein gehackt • 1/4 Tasse Parmesan- oder Pecorino-Käse • 1/8 Teelöffel Piment • Salz und gemahlener schwarzer Pfeffer • 1 Esslöffel Olivenöl

SPAGHETTI

450 g Spaghetti • geriebener Parmesan (wahlweise)

Für die Soße: Öl in einem mittelgroßen Topf bei mittlerer Hitze erwärmen. Zwiebeln, Knoblauch und grüne Peperoni darin 10 bis 12 Minuten dünsten, bis das Gemüse angebräunt ist. Gewürfelte Tomaten (mit Saft) einrühren und 5 Minuten garen. Tomatenpüree, Basilikum, Petersilie und Oregano zugeben. Mit Salz und Pfeffer würzen. Abgedeckt 30 Minuten bei geringer Hitze kochen lassen, ab und zu umrühren.

Für die Fleischklößchen: Brot und Milch in eine kleine Schüssel geben.

Eier, Putenhack, Petersilie, Knoblauch, Parmesan oder Pecorino und Piment in einer mittelgroßen Schüssel vermischen. Eingeweichtes Brot leicht ausdrücken und über die Mischung bröckeln. Restliche Milch wegschütten. Mit Salz und Pfeffer würzen. Gut vermischen. 16 Fleischklößchen formen.

Backblech mit Backpapier auslegen. Fleischklößchen darauflegen und mindestens 15 Minuten kalt stellen.

Öl in einer großen Pfanne bei mittlerer Hitze erwärmen. Fleischklößchen hineingeben und 10 Minuten braten; zwischendurch wenden, damit sie von allen Seiten braun werden. Soße in die Pfanne geben. Abgedeckt 20 bis 25 Minuten bei geringer Hitze kochen, bis die Fleischklößchen gar sind.

Für die Spaghetti: Nudeln in einem großen Topf kochen wie auf der Packung angegeben. Abtropfen lassen und in eine große Schüssel geben. Soße mit Fleischklößchen darübergießen. Eventuell mit Parmesan bestreuen.

Kochhinweis

Petersilie bekommen Sie in zwei Arten: glatt und kraus. Krause Petersilie wird oft zum Garnieren verwendet. Glatte Petersilie hat etwas mehr Geschmack. Verwenden Sie zum Kochen am besten glatte Petersilie.

Capellini mit Jakobsmuscheln und Tomaten

Capellini sind eine sehr dünne Nudelart. Sie lassen sich sehr gut zu Nestern formen sowie mit Muscheln und Tomatensoße füllen.

ergibt 4 Portionen
pro Portion

497	Kalorien
9,5 g	Gesamtfett
2,1 g	gesättigte Fette
35,8 g	Proteine
68,2 g	Kohlenhydrate
1,8 g	Ballaststoffe
53 mg	Cholesterin
725 mg	Natrium

Zubereitungszeit: 15 Minuten • Kochzeit: 20 Minuten

1 Esslöffel und 1 Teelöffel Olivenöl • 1 kleine Zwiebel, fein gehackt • 4 Knoblauchzehen, fein gehackt • 1 Dose (800 g) gewürfelte Tomaten (mit Saft) • 1/4 Tasse gehacktes frisches Basilikum • 1/2 Teelöffel geriebene Zitronenschale • Salz und gemahlener schwarzer Pfeffer • 450 g Jakobsmuscheln, in mundgerechte Stücke geschnitten • 290 g Capellini • 1/2 Tasse fettfreie Hühner- oder Gemüsebrühe • 1/4 Tasse Parmesan- oder Pecorino-Käse

1 Esslöffel Öl in einem mittelgroßen Topf bei mittlerer Hitze erwärmen. Zwiebeln und Knoblauch darin 5 Minuten dünsten, bis das Gemüse weich ist. Tomaten mit Saft hinzufügen und 15 Minuten kochen. Basilikum und Zitronenschale einrühren. Mit Salz und Pfeffer abschmecken. Auf niedrige Hitze stellen.

1 Teelöffel Öl in einer großen antihaft-beschichteten Pfanne bei mittlerer bis starker Hitze erwärmen. Darin die Muscheln unter Rühren 2 bis 4 Minuten garen, bis die Muscheln nicht mehr durchsichtig sind. Nicht verkochen lassen.

Nudeln in einem großen Topf kochen wie auf der Packung angegeben. Abtropfen lassen und in eine große Schüssel geben. Mit Brühe vermengen. Soße darübergießen und mit Muscheln garnieren. Mit Parmesan oder Pecorino bestreuen.

Kochhinweise

Sie können die Muscheln auch durch Garnelen oder Krabben ersetzen.

Alle Meeresfrüchte müssen vor dem Kochen unter kaltem Wasser abgespült und dann trockengetupft werden.

ZITRONEN-LINGUINE MIT LACHS

Diese leckere Mahlzeit können Sie in weniger als einer halben Stunde kochen. Reichen Sie dazu Brot und einen knusprigen Salat mit fettarmer Vinaigrette.

Zubereitungszeit: 25 Minuten

1 Esslöffel Butter • 1 Esslöffel Olivenöl • 1 Knoblauchzehe, fein gehackt • $1^1/_2$ Tassen fettfreie Hühner- oder Gemüsebrühe • 1 Esslöffel gehacktes frisches Basilikum • 2 Teelöffel Kapern, abgetropft • 1 Teelöffel geriebene Zitronenschale • 3 Esslöffel frischer Zitronensaft • Salz und gemahlener schwarzer Pfeffer • 340 g Linguine • 450 g Lachsfilet ohne Haut, geviertelt • $^1/_4$ Tasse fettarmen Sahneersatz

ergibt 4 Portionen

pro Portion

545	Kalorien
13,5 g	Gesamtfett
4,3 g	gesättigte Fette
35,4 g	Proteine
68,2 g	Kohlenhydrate
0,1 g	Ballaststoffe
71 mg	Cholesterin
260 mg	Natrium

Grill vorheizen. Grillpfanne mit Backspray besprühen.

Öl in einem mittelgroßen Topf bei mittlerer Hitze erwärmen. Darin den Knoblauch 2 Minuten dünsten. Brühe, Basilikum, Kapern, Zitronenschale und 2 Esslöffel Zitronensaft einrühren. Mit Salz und Pfeffer abschmecken. 5 Minuten bei geringer Hitze kochen.

Nudeln in einem großen Topf kochen wie auf der Packung angegeben. Abtropfen lassen und in eine große Schüssel geben.

Lachs in die vorbereitete Grillpfanne geben. Mit 1 Esslöffel Zitronensaft beträufeln. Ca. 11 cm von der Hitzequelle entfernt 5 Minuten je Seite grillen. Wenn der Fisch gar ist, lässt er sich sehr leicht mit einer Gabel zerteilen.

Fettarmen Sahneersatz langsam in die Soße im Topf rühren. Die Hälfte der Soße über die Nudeln geben und vermengen. Lachs auf die Nudeln legen und die restliche Soße darübergießen.

Glasnudeln mit Huhn

ergibt 6 Portionen
pro Portion

364	Kalorien
8,6 g	Gesamtfett
1,5 g	gesättigte Fette
24,7 g	Proteine
45,8 g	Kohlenhydrate
1,5 g	Ballaststoffe
46 mg	Cholesterin
273 mg	Natrium

Etwas Erdnussbutter und geröstetes Sesamöl sowie Chili-Knoblauch-Soße geben diesem Gericht eine besondere Note. Chili-Knoblauch-Soße bekommen Sie in asiatischen Lebensmittelgeschäften.

Zubereitungszeit: 20 Minuten

290 g Glasnudeln • 450 g Hühnerbrust ohne Knochen und Haut, in dünne Streifen geschnitten • 1 Knoblauchzehe, fein gehackt • 1 Teelöffel fein gehackter frischer Ingwer • Salz und gemahlener schwarzer Pfeffer • 1/4 Tasse gehackte Erdnüsse • 1 rote Paprika, klein geschnitten • 6 Frühlingszwiebeln, klein geschnitten • 3 Esslöffel trockener Sherry oder alkoholfreier Weißwein • 1 Esslöffel Erdnussbutter • 1 Esslöffel Sesamöl • 1 Tasse fettfreie Hühner- oder Gemüsebrühe • 3 Esslöffel Reisessig • 2 Esslöffel natriumarme Sojasoße • 2 Teelöffel Honig • 1 Teelöffel Chili-Knoblauch-Soße • grob gemahlene Peperoni

Nudeln in einem großen Topf kochen wie auf der Packung angegeben. Abtropfen lassen und in eine große Schüssel geben.

Eine große antihaft-beschichtete Pfanne mit Backspray besprühen. Bei mittlerer bis hoher Hitze auf die Kochplatte stellen. Hühnerbrust, Knoblauch und Ingwer dazugeben. Mit Salz und Pfeffer würzen. Unter rühren 5 Minuten garen, bis das Fleisch beim Aufschneiden innen nicht mehr rosa ist. Den Nudeln beigeben. Erdnüsse, Paprika und Frühlingszwiebeln dazugeben. Vermengen.

Pfanne wieder auf die Kochplatte stellen und Sherry oder Wein hineingießen. Unter Umrühren 1 Minute kochen, um die am Pfannenboden angebackenen Reste abzulösen. Flüssigkeit in eine mittelgroße Schüssel geben. Erdnussbutter und Öl dazugeben. Glatt rühren. Brühe, Essig, Sojasoße, Honig und Chili-Knoblauch-Soße einrühren. Mit Peperoni abschmecken. Über die Nudeln gießen und vermengen.

FETTUCCINE MIT SPARGEL-ERBSEN-SOSSE

Servieren Sie dieses Gericht im Frühling, wenn Spargelsaison ist. Mit Erbsen und fettarmem Sahneersatz pürierter Spargel ergibt eine exzellente grüne Nudelsoße.

Zubereitungszeit: 10 Minuten • Kochzeit: 15 Minuten

450 g Spargel, geschält • 2 Schalotten, klein geschnitten • 3 Knoblauchzehen, fein gehackt • 3/4 Tasse fettarmer Sahneersatz • 1/4 Tasse gehackte frische Petersilie und/oder Basilikum • 1/4 Teelöffel geriebene Zitronenschale • 1 1/2 Tassen gefrorene Erbsen, aufgetaut • Salz und gemahlener schwarzer Pfeffer • grob gemahlene Peperoni • 340 g Fettuccine • 1/4 Tasse geröstete rote Paprika (aus dem Glas), in Streifen geschnitten • 1 Esslöffel gehacktes frisches Schnittlauch

ergibt 4 Portionen

pro Portion

395	Kalorien
8,8 g	Gesamtfett
3,4 g	gesättigte Fette
18,8 g	Proteine
65,1 g	Kohlenhydrate
2,6 g	Ballaststoffe
17 mg	Cholesterin
227 mg	Natrium

Spargel in einen Dämpfkorb geben. 10 Minuten in einem großen, verschlossenen Topf über kochendem Wasser dämpfen, bis der Spargel weich ist. Spitzen abschneiden. Spitzen und Spargelstangen beiseite stellen.

Eine kleine antihaft-beschichtete Pfanne mit Backspray besprühen. Bei mittlerer Hitze auf die Kochplatte stellen. Schalotten und Knoblauch darin 2 bis 3 Minuten garen, bis das Gemüse weich ist. In Küchenmaschine oder Mixer füllen.

Fettarmen Sahneersatz, Petersilie und/oder Basilikum, Zitronenschale, 1 Tasse Erbsen und die Spargelstangen dazugeben und pürieren. Mit Salz, Pfeffer und Peperoni abschmecken.

Nudeln in einem großen Topf kochen wie auf der Packung angegeben. Abtropfen lassen und in eine große Schüssel geben. Soße dazugeben und vermengen. Mit der restlichen halben Tasse Erbsen, Spargelspitzen, Paprikastreifen und Schnittlauch bestreuen.

SAHNE-FETTUCCINE MIT MEERESFRÜCHTEN

ergibt 6 Portionen
pro Portion

415	Kalorien
8,4 g	Gesamtfett
2,1 g	gesättigte Fette
37,4 g	Proteine
49,9 g	Kohlenhydrate
1,1 g	Ballaststoffe
60 mg	Cholesterin
694 mg	Natrium

Mit diesem üppigen Nudel-Fisch-Gericht werden Sie Familie und Freunde zum Staunen bringen. Und trotzdem enthält es nur wenig Fett. Verwenden Sie für dieses Rezept Meeresfrüchte wie z.B. Jakobsmuscheln, geschälte Garnelen, Lachs und klein geschnitte Venusmuscheln.

Zubereitungszeit: 20 Minuten

1 Esslöffel Olivenöl oder Butter • 2 Schalotten, klein geschnitten • 3 Knoblauchzehen, fein gehackt • 230 g Pilze, in Scheiben geschnitten • 1 Dose (415 g) fettarme Kondensmilch • 1 Dose (415 g) ganze, geschälte Tomaten, abgetropft und klein geschnitten • 2 Esslöffel gehacktes frisches Basilikum und/oder Petersilie • 1 Teelöffel geriebene Zitronenschale • 340 g Fettuccine • 450 g gemischte Meeresfrüchte • 1 Dose (130 g) klein geschnittenes Krebsfleisch • 2 Esslöffel Arrowroot oder Maisstärke • 2 Esslöffel Wasser • 1/2 Tasse geriebener Parmesan • Salz und gemahlener schwarzer Pfeffer

Öl oder Butter in einem mittelgroßen Topf bei mittlerer Hitze erwärmen. Schalotten und Knoblauch darin 2 Minuten dünsten. Pilze hinzugeben und 5 Minuten dünsten, bis die Pilze weich sind. Milch, Tomaten, Basilikum oder Petersilie und Zitronenschale einrühren. 5 Minuten kochen.

Nudeln in einem großen Topf kochen wie auf der Packung angegeben. Abtropfen lassen und in eine große Schüssel geben.

Meeresfrüchte und Krabben in die Soße geben. 5 Minuten kochen, bis die Meeresfrüchte gar sind.

Arrowroot oder Maisstärke in eine Tasse geben. Wasser hinzufügen und unter Umrühren auflösen. Einen Löffel Soße in die Tasse geben. Mischung in den Topf mit den Meeresfrüchten geben und umrühren, bis die Mischung leicht andickt. Parmesan einrühren. Mit Salz und Pfeffer abschmecken.

Soße über die Nudeln geben. Vermengen.

FARFALLE MIT LACHS UND ROQUEFORT

Hier sorgen einige fettreichere Zutaten für Geschmack. Mit ein paar Pinienkernen und etwas Roquefort werfen Sie jedoch keinesfalls die Prinzipien der fettarmen Ernährung über Bord.

ergibt 6 Portionen	
pro Portion	
462	Kalorien
10,9 g	Gesamtfett
2,7 g	gesättigte Fette
28,1 g	Proteine
60,7 g	Kohlenhydrate
0,1 g	Ballaststoffe
45 mg	Cholesterin
235 mg	Natrium

Zubereitungszeit: 25 Minuten

1 Esslöffel Olivenöl • 4 Knoblauchzehen, fein gehackt • 1/4 Teelöffel getrockneter Salbei • 1 Tasse fettfreie Hühner- oder Gemüsebrühe • 1/4 Tasse trockener Weißwein oder alkoholfreier Weißwein • gemahlener schwarzer Pfeffer • 450 g Farfalle • 450 g Lachsfilet • Saft einer halben Zitrone • 40 g Roquefort oder Blauschimmelkäse, zerkrümelt • 3 Esslöffel geröstete Pinienkerne

Grill vorheizen. Grillpfanne mit Backspray besprühen.

Einen kleinen Topf mit Backspray besprühen. Bei mittlerer Hitze Öl, Knoblauch und Salbei 30 Sekunden dünsten. Brühe und Wein hinzugeben. Mit Pfeffer würzen. Bei geringer Hitze 5 Minuten kochen lassen.

Nudeln in einem großen Topf kochen wie auf der Packung angegeben.

Lachs in die Grillpfanne geben und mit Zitronensaft beträufeln. Ca. 11 cm von der Hitzequelle entfernt grillen (pro 2,5 cm Dicke des Fisches ca. 10 Minuten). Wenn der Fisch gar ist, lässt er sich sehr leicht mit einer Gabel zerteilen.

Nudeln abtropfen lassen und in eine große Schüssel geben. Mit der Brühemischung übergießen. Lachs zerteilen, Haut entfernen und auf die Nudeln legen. Roquefort oder Blauschimmelkäse und Pinienkerne dazugeben. Leicht vermengen.

Penne mit Würstchen und Brokkoli

Hungrige Ehemänner und Kinder lieben dieses Gericht. Wurst aus Puten- oder Hähnchenbrust enthält die geringste Menge Fett.

ergibt 6 Portionen	
pro Portion	
456	Kalorien
10,3 g	Gesamtfett
3,2 g	gesättigte Fette
25,1 g	Proteine
65 g	Kohlenhydrate
1,5 g	Ballaststoffe
42 mg	Cholesterin
675 mg	Natrium

Zubereitungszeit: 25 Minuten

450 g Penne • 3 Tassen Brokkoliröschen • 4 Knoblauchzehen, fein gehackt • 340 g fettarme Puten- oder Hähnchenwurst, ohne Haut • $^1/_2$ Tasse fettfreie Hühner- oder Gemüsebrühe • $^1/_2$ Tasse geriebener Parmesan • 1 Esslöffel Olivenöl • 2 Esslöffel Balsamico-Essig • gemahlener schwarzer Pfeffer

Nudeln in einem großen Topf 8 Minuten kochen. Brokkoli dazugeben und 3 Minuten kochen, bis Nudeln und Brokkoli gar sind. Abtropfen lassen und in eine große Schüssel geben.

Eine große antihaft-beschichtete Pfanne mit Backspray besprühen und bei mittlerer Hitze auf die Kochplatte stellen. Darin den Knoblauch 1 Minute dünsten. Wurst in kleinen Stückchen in die Pfanne geben. 5 Minuten braten und dabei die Wurst mit einem Holzlöffel weiter zerkleinern. Wenn die Wurst braun geworden ist, über die Nudeln geben.

Brühe, Parmesan, Öl und Essig über die Nudeln gießen. Vermengen. Mit Pfeffer würzen.

Kochhinweis

Bestreuen Sie dieses Gericht mit Peperoni, so wird es noch würziger.

Variation

Penne mit Tofuwurst und Brokkoli: Für eine vegetarische Version des Rezepts können Sie die Geflügelwurst durch Tofuwurst ersetzen. Sie bekommen Sie in der Kühlabteilung vieler Supermärkte.

MUSCHELNUDELN MIT LINSENSOSSE

Dieses Gericht ist leicht und doch sehr sättigend. Die Linsen sind schnell gar und werden hier zu einer vollwertigen Soße verarbeitet. Sie enthalten nur sehr wenig Fett aber viel Kalzium, Kalium, Zink und Eisen.

Zubereitungszeit: 10 Minuten • Kochzeit: 50 Minuten

2 Esslöffel Olivenöl • 1 Zwiebel, fein gehackt • 4 Knoblauchzehen, fein gehackt • 2 1/4 Tassen fettfreie Hühner- oder Gemüsebrühe • 2 Tassen trockener Rotwein oder alkoholfreier Rotwein • 1 Tasse Tomaten aus der Dose, abgetropft und klein geschnitten • 1 Möhre, geraspelt • 3/4 Tasse Linsen • 1 1/2 Esslöffel Tomatenmark • 1 Teelöffel getrockneter Oregano • 1 Esslöffel gehacktes frisches Basilikum • 1 Teelöffel Zucker • 1 Teelöffel Zitronensaft • Salz und gemahlener schwarzer Pfeffer • 340 g kleine Muschelnudeln • 1/4 Tasse geriebener Parmesan

Öl in einem mittelgroßen Topf bei mittlerer Hitze erwärmen. Zwiebeln und Knoblauch darin 5 Minuten dünsten. Brühe, Wein, Tomaten, Möhren, Linsen, Tomatenmark und Oregano einrühren. Zum Kochen bringen. Bei mittlerer bis geringer Hitze abgedeckt 50 bis 60 Minuten kochen, bis die Linsen sehr weich sind. Ab und zu umrühren. Basilikum, Zucker und Zitronensaft einrühren. Mit Salz und Pfeffer abschmecken.

Nudeln in einem großen Topf kochen wie auf der Packung angegeben. Abtropfen lassen und in eine große Schüssel geben. Soße darübergießen. Vermengen. Mit Parmesan bestreut servieren.

ergibt 6 Portionen

pro Portion

451	Kalorien
7,2 g	Gesamtfett
1,6 g	gesättigte Fette
16,3 g	Proteine
68,1 g	Kohlenhydrate
1,2 g	Ballaststoffe
3 mg	Cholesterin
217 mg	Natrium

TIPP

Essen Sie mehr Linsen und weniger Fleisch. Ebenso sollten Sie viel grünes Blattgemüse essen und viel Orangensaft trinken. Nach einem Bericht des Journal of the American Medical Association könnten durch die vermehrte Aufnahme von Folsäuren viele Todesfälle durch Herzkrankheiten vermieden werden. Linsen, Orangensaft, Spinat und andere grüne Blattgemüse enthalten zahlreiche Folsäuren.

Rezepte

18

DER FETTARME FANG DES TAGES

Denken Sie, die Zubereitung von Fisch sei kompliziert? Ich kann sie beruhigen: Die Rezepte in diesem Kapitel sind alle ganz einfach und schnell zuzubereiten. Für spezielle Anlässe habe ich einige feinere Gerichte in das Buch aufgenommen. „Lachs und Spinat im Blätterteig mit Kapernsoße" ist ein guter Hauptgang für ein romantisches Abendessen.

Die wichtigste Regel für die Zubereitung von Fisch lautet: frisch sollte er sein. Wenn Sie an einem bestimmten Tag eine spezielle Sorte nicht bekommen, können Sie sie meist durch eine andere ersetzen. Wenn es keinen Lachs auf dem Markt gibt, nehmen Sie einen anderen Fisch mit festem Fleisch, z.B. Schwert- oder Thunfisch.

Die zweite Regel lautet: Würzen Sie ihn gut. Eine leckere Marinade oder Soße gibt jedem Fischgericht das richtige Aroma. Das Geheimnis meines ohne großen Aufwand zubereiteten Red Snappers ist die Pfirsich-Salsa, mit der er serviert wird.

Wenn Sie nicht am Meer oder an einem See wohnen, bekommen Sie trotzdem viele Fischsorten frisch bzw. gefroren. Die meisten benötigen nur eine geringe Garzeit, sind kalorienarm und liefern viel Protein. Probieren Sie die Rezepte mit Ihren Lieblingssorten aus. Wenn sie gern Fisch mit Nudeln mögen, schauen sie ins Kapitel 17.

GEGRILLTER RED SNAPPER MIT PFIRSICH-SALSA

ergibt 4 Portionen
pro Portion

246	Kalorien
2,6 g	Gesamtfett
0,5 g	gesättigte Fette
36,8 g	Proteine
19,1 g	Kohlenhydrate
3,1 g	Ballaststoffe
62 mg	Cholesterin
76 mg	Natrium

Wenn nur jedes Sommergericht so einfach zuzubereiten wäre. Sind Pfirsiche und süße Zwiebeln auf dem Markt , laden Sie Freunde zum Abendessen ein. Die fruchtige Salsa passt perfekt zu gegrilltem Red Snapper.

Zubereitungszeit: 15 Minuten

5 Pfirsiche, geschält, entkernt und klein geschnitten • 1/2 süße Zwiebel, fein gehackt • 1 rote Paprika, klein geschnitten • 1/4 Teelöffel gemahlener Zimt • 1/8 Teelöffel gemahlener Ingwer • 1/8 Teelöffel gemahlener roter Pfeffer • Salz • 670 g Red-Snapper-Filets, ohne Haut • 2 Esslöffel Zitronensaft • gemahlener schwarzer Pfeffer

Pfirsiche, Zwiebeln, Paprika, Zimt, Ingwer und roten Pfeffer in einer mittelgroßen Schüssel vermischen. Mit Salz würzen.

Grill vorheizen. Grillpfanne mit Backspray besprühen.

Fischfilets mit Zitronensaft beträufeln. Mit schwarzem Pfeffer würzen. Ca. 11 cm von der Hitzequelle entfernt 5 bis 6 Minuten je Seite grillen. Wenn der Fisch gar ist, lässt er sich sehr leicht mit einer Gabel zerteilen. Mit der Salsa servieren.

KOCHHINWEISE

Sie können das Gericht auch mit Lachs, Heilbutt oder Seezunge zubereiten. Die Pfirsiche können Sie auch durch Aprikosen oder andere Früchte ersetzen.

Eine einfache Regel für die Garzeit von Fisch: Dünsten Sie ihn pro 2,5 cm Dicke je 10 Minuten. Wenn der Fisch gar ist, lässt er sich sehr leicht mit einer Gabel zerteilen (er gart leicht weiter, nachdem Sie ihn aus dem Ofen nehmen). Wenden Sie den Fisch nach der Hälfte der gesamten Garzeit.

Schwertfisch gefüllt mit Basilikum-Pesto

Mit diesem Rezept können Sie den Fisch würzen, ohne ihn zu marinieren. Das Pesto ist schnell zubereitet und der Fisch in wenigen Minuten gar.

ergibt 6 Portionen	
pro Portion	
212	Kalorien
8,7 g	Gesamtfett
2,2 g	gesättigte Fette
30,8 g	Proteine
0,6 g	Kohlenhydrate
0 g	Ballaststoffe
60 mg	Cholesterin
156 mg	Natrium

Zubereitungszeit: 10 Minuten • Garzeit: 10 Minuten

½ Tasse frisches Basilikum • 1 Knoblauchzehe • 1 Esslöffel Pinienkerne • 1 Esslöffel geriebener Parmesan • 1 Esslöffel gehackte frische Petersilie • 1 Esslöffel Wasser • 2 Teelöffel Olivenöl • Salz und gemahlener schwarzer Pfeffer • 6 Schwertfischsteaks (je 160 g)

Basilikum, Knoblauch, Pinienkerne, Parmesan, Petersilie, Wasser und Öl mit Küchenmaschine oder Mixer verrühren. Mit Salz und Pfeffer abschmecken.

Grill vorheizen. Grillpfanne mit Backspray besprühen.

Fischfilets seitlich aufschneiden, dabei jedoch nicht ganz durchtrennen. Mit dem Pesto füllen, etwas jedoch zurückbehalten. Mit diesem Rest die Ober- und Unterseite des Fisches bestreichen.

Fisch in die vorbereitete Pfanne geben und 11 cm von der Hitzequelle entfernt grillen (pro 2,5 cm Dicke ca. 10 Minuten). Nach der Hälfte der gesamten Kochzeit wenden. Wenn der Fisch gar ist, lässt er sich sehr leicht mit einer Gabel zerteilen.

Kochhinweis

Um den Geschmack zu intensivieren, stellen Sie den gefüllten Fisch abgedeckt bis zu 8 Stunden in den Kühlschrank.

ergibt 4 Portionen
pro Portion

243	Kalorien
7,8 g	Gesamtfett
1,2 g	gesättigte Fette
36,4 g	Proteine
7 g	Kohlenhydrate
1,8 g	Ballaststoffe
62 mg	Cholesterin
372 mg	Natrium

Gegrillter Fisch mit italienischem Gemüse

Für dieses Rezept können Sie jeden Fisch verwenden. Das Gemüse schmeckt intensiv, deshalb bevorzuge ich einen Fisch mit einem kräftigen Aroma wie Red Snapper oder Thunfisch. Dieses Rezept eignet sich vorzüglich, um auch unbekannte Fischsorten auszuprobieren.

Zubereitungszeit: 25 Minuten

1 Esslöffel Olivenöl • 1 rote Zwiebel, fein gehackt • 1 mittelgroße Zucchini, fein gehackt • $^1/_2$ Tasse fein gehackte geröstete rote Paprika (aus dem Glas) • 12 schwarze oder Kalamata-Oliven, entsteint und fein gehackt • 3 Esslöffel abgetropfte Kapern, fein gehackt • 1 Esslöffel fein gehacktes frisches Basilikum • 1 Teelöffel fein gehackte frische Petersilie • Salz und gemahlener schwarzer Pfeffer • 680 g Fischfilet • Zitronensaft

Eine große antihaft-beschichtete Pfanne mit Backspray besprühen. Öl hineingeben und bei mittlerer Hitze erwärmen. Zwiebeln und Knoblauch darin 2 Minuten dünsten. Zucchini einrühren und 5 Minuten dünsten. Paprika, Oliven, Kapern, Basilikum und Petersilie dazufügen. Unter Rühren bei mittlerer bis geringer Hitze 5 Minuten kochen, bis die Zucchini weich ist. Mit Salz und Pfeffer abschmecken.

Grill vorheizen. Grillpfanne mit Backspray besprühen. Fisch in die vorbereitete Pfanne geben und mit Zitronensaft besprenkeln. Fisch 11 cm von der Hitzequelle entfernt grillen (pro 2,5 cm Dicke ca. 10 Minuten). Fisch mit festem Fleisch, nach der Hälfte der gesamten Kochzeit wenden. Wenn der Fisch gar ist, lässt er sich sehr leicht mit einer Gabel zerteilen.

Gemüsemischung über den Fisch geben und servieren.

Kochhinweis

Die Gemüsemischung eignet sich auch gut als Aufstrich für Cracker, Toasts und Bruschetta.

THUNFISCHSTEAKS MIT HIMBEERMARINADE

Mit dieser süßsauren Himbeermarinade können Sie Fischkenner erfreuen. Sie eignet sich vorzüglich für Thunfischfilets, passt aber auch zu allen anderen Fischsorten mit festem Fleisch und ebenso zu Geflügel.

ergibt 6 Portionen

pro Portion

169	Kalorien
1,6 g	Gesamtfett
0,4 g	gesättigte Fette
34,2 g	Proteine
2,3 g	Kohlenhydrate
0 g	Ballaststoffe
66 mg	Cholesterin
108 mg	Natrium

Zubereitungszeit: 15 Minuten • Kühlzeit: 2 Stunden

3 Esslöffel Himbeeressig • 1 Esslöffel natriumarme Sojasoße • 1 Esslöffel Honig • 1 Esslöffel Wasser • 1 Knoblauchzehe, fein gehackt • 1/2 Teelöffel fein gehackter frischer Ingwer • 1/2 Teelöffel Sesamöl • 1/2 Teelöffel ungebleichtes Mehl • 6 Thunfischsteaks (je 160 g)

Essig, Sojasoße, Honig, Wasser, Knoblauch, Ingwer, Öl und Mehl in einer Tasse mischen.

Thunfisch in einer Lage in eine große Auflaufform legen. Marinade darübergießen und Fisch wenden, so dass er von allen Seiten mariniert ist. Abdecken und 2 Stunden in den Kühlschrank stellen, dabei den Fisch mindestens noch einmal wenden.

Grill vorheizen. Grillpfanne oder -rost mit Backspray besprühen. Fisch aus der Marinade nehmen und 11 cm von der Hitzequelle entfernt grillen (pro 2,5 cm Dicke ca. 10 Minuten). Fisch nach der Hälfte der gesamten Kochzeit wenden. Restliche Marinade wegschütten. Wenn der Fisch gar ist, lässt er sich sehr leicht mit einer Gabel zerteilen.

MARINIERTER THUNFISCH MIT KIRSCHSOSSE

ergibt 6 Portionen
pro Portion

217	Kalorien
3,2 g	Gesamtfett
1,5 g	gesättigte Fette
27,3 g	Proteine
12,3 g	Kohlenhydrate
0,1 g	Ballaststoffe
55 mg	Cholesterin
127 mg	Natrium

Eine kräftige Kirschsoße gibt diesen Thunfischsteaks den richtigen Pfiff. Ich mag den Fisch am liebsten auf Kartoffelpüree mit Knoblauch (Seite 244) serviert. Wenn Sie auf dem Markt keinen frischen Thunfisch bekommen, können Sie Schwertfisch oder auch Geflügel verwenden.

Zubereitungszeit: 20 Minuten • Kühlzeit: 30 Minuten

MARINADE

6 Thunfischsteaks (je 120 g) • 1/2 Tasse trockener Rotwein oder alkoholfreier Rotwein • 1/2 Tasse Balsamico-Essig

SOSSE

1 Esslöffel Butter oder Rapsöl • 1 Schalotte, fein gehackt • 1 Tasse fettfreie Hühner- oder Gemüsebrühe • 1/2 Tasse trockener Rotwein oder alkoholfreier Rotwein • 1/2 Tasse getrocknete Kirschen • 1 Esslöffel gehackte frische Petersilie • 1/2 Teelöffel Zucker • Salz und gemahlener schwarzer Pfeffer

Für die Marinade: Thunfisch in eine 20 x 20 cm große Backform geben. Wein und Essig darübergießen. Abdecken und 30 Minuten in den Kühlschrank stellen.

Für die Soße: Butter oder Öl in einem kleinen Topf bei mittlerer Hitze erwärmen. Schalotte darin 1 Minute dünsten. Brühe, Wein, Kirschen, Petersilie und Zucker hinzufügen. Fisch abtropfen lassen und Marinade zur Soße geben.

Soße zum Kochen bringen. Bei mittlerer bis geringer Hitze 20 Minuten kochen, bis die Soße um die Hälfte reduziert ist. Mit Salz und Pfeffer abschmecken.

In der Zwischenzeit den Grill vorheizen. Eine Grillpfanne mit Backspray besprühen. Thunfisch in die Pfanne legen und 11 cm von der Hitzequelle entfernt grillen (pro 2,5 cm Dicke ca. 10 Minuten), bis er innen leicht rosa ist (mit einem Messer testen; wenn der Fisch noch rot ist, ist er noch nicht gar). Fisch nach der Hälfte der gesamten Kochzeit wenden. Mit der Soße servieren.

GEGRILLTER HEILBUTT MIT AVOCADOSOSSE

Avocados enthalten viel Fett – etwa 30 g. Aber der größte Anteil sind einfach ungesättigte Fettsäuren, die nicht ungesund sind. In diesem Rezept reicht eine Avocado für 6 Portionen. Sie können also den cremigen Geschmack des Gerichts genießen, ohne sich Gedanken über zu viel Fett machen zu müssen.

ergibt 6 Portionen

pro Portion

250	Kalorien
9 g	Gesamtfett
1,3 g	gesättigte Fette
36,9 g	Proteine
5,1 g	Kohlenhydrate
1,4 g	Ballaststoffe
55 mg	Cholesterin
104 mg	Natrium

Zubereitungszeit: 20 Minuten

SOSSE

1 Avocado • 1/4 Tasse Wasser • 1/4 Tasse fettarme saure Sahne • 4 Teelöffel Limettensaft • 3 Esslöffel fein gehackte Frühlingszwiebeln • 1/4 Teelöffel gemahlener Kreuzkümmel • scharfe Chilisoße oder gemahlener roter Pfeffer • Salz und gemahlener schwarzer Pfeffer

FISCH

6 Heilbuttfilets (je 170 g) • 3 Esslöffel Limettensaft • 1 Tomate, fein gehackt

Grill vorheizen. Grillpfanne oder -rost mit Backspray besprühen.

Für die Soße: Mit Küchenmaschine oder Mixer Avocado, Wasser, saure Sahne, Limettensaft, Frühlingszwiebeln und Kreuzkümmel pürieren. Mit scharfer Chilisoße oder rotem Pfeffer, Salz und Pfeffer abschmecken.

Für den Fisch: Beide Seiten des Heilbutts mit Limettensaft beträufeln. In die Pfanne oder auf den Rost legen. 11 cm von der Hitzequelle entfernt 4 bis 5 Minuten pro Seite grillen. Wenn der Fisch gar ist, lässt er sich sehr leicht mit einer Gabel zerteilen. Mit Soße und Tomaten servieren.

KOCHHINWEIS

Avocados sind innen butterweich. Aufgeschnitten wird das Fleisch an der Luft schnell braun. Um dies zu verhindern, beträufeln Sie es mit Zitronen- oder Limettensaft. Wenn Sie nur eine Hälfte verwenden, lassen Sie den Kern in der anderen Hälfte und decken sie mit Plastikfolie ab. Lagern Sie sie im Kühlschrank. Braune Stellen können Sie vor dem Verarbeiten entfernen.

LACHSFILETS MIT FRISCHEN TOMATEN

Diese Mahlzeit ist so leicht zubereitet wie ein Sandwich.

ergibt 4 Portionen

pro Portion

219	Kalorien
7 g	Gesamtfett
1,1 g	gesättigte Fette
33,6 g	Proteine
3,6 g	Kohlenhydrate
0,9 g	Ballaststoffe
86 mg	Cholesterin
195 mg	Natrium

Zubereitungszeit: 15 Minuten • Backzeit: 10 Minuten

1 Knoblauchzehe, fein gehackt • 2 Tomaten, fein gehackt • 2 Esslöffel fein gehackte rote Zwiebel • 1 Teelöffel Olivenöl • $^1/_2$ Teelöffel geriebene Zitronenschale • 1 Esslöffel gehackter frischer Dill • 1 Teelöffel gehackte frische Petersilie • 1 Esslöffel abgetropfte Kapern • Salz und gemahlener schwarzer Pfeffer • 4 Lachsfilets (je 170 g)

Ofen auf 230 °C vorheizen. 4 quadratische Stücke Alufolie mit Backspray besprühen.

Knoblauch, Tomaten, Zwiebeln, Öl, Zitronenschale, Dill, Petersilie und Kapern in eine mittelgroße Schale geben. Mit Salz und Pfeffer würzen. Gut vermischen.

Filets auf die vorbereitete Alufolie legen. Tomatenmischung darübergeben. Zwei gegenüberliegende Seiten der Folie zusammen nehmen und über dem Lachs mehrere Male falten. Die überstehenden Enden der Folie (wie bei einem Bonbon) zusammendrehen.

Die Filets auf einem Backblech backen (pro 2,5 cm Dicke des Fisches ca. 10 Minuten). Wenn der Fisch gar ist, lässt er sich sehr leicht mit einer Gabel zerteilen.

Lachs und Spinat im Blätterteig mit Kapernsoße

Dieses delikate französische Gericht ist gut für spezielle Anlässe geeignet. Die Lachsfilets sind in knusprigem Blätterteig gebacken und werden mit Spinat zubereitet. Eine feine Pilzsoße rundet das Ganze ab. Statt Hühner- oder Gemüsebrühe können Sie auch Fischbrühe nehmen.

ergibt 4 Portionen

pro Portion

390	Kalorien
11,5 g	Gesamtfett
3,7 g	gesättigte Fette
31,5 g	Proteine
39,2 g	Kohlenhydrate
2,2 g	Ballaststoffe
68 mg	Cholesterin
652 mg	Natrium

Zubereitungszeit: 30 Minuten • Kochzeit: 20 Minuten

Sosse

1 Esslöffel Butter oder Margarine • 3 Esslöffel ungebleichtes Mehl • 2 Tassen fettfreie Hühner- oder Gemüsebrühe • 1/4 Tasse klein geschnittene Pilze • 1 Esslöffel abgetropfte kleine Kapern • Salz und gemahlener schwarzer Pfeffer

Fisch

1 Teelöffel Butter oder Olivenöl • 5 Knoblauchzehen, fein gehackt • 290 g frischer Spinat, zerpflückt • Salz und gemahlener schwarzer Pfeffer • 1 Esslöffel Zitronensaft • 450 g Lachsfilet ohne Haut, in 4 Stücke geschnitten • 230 g Blätterteig

Für die Soße: Butter oder Margarine in einem kleinen Topf bei mittlerer Hitze erwärmen. Mehl dazugeben und mit dem Fett verrühren. Brühe langsam einrühren. Pilze dazugeben und bei geringer Hitze 30 Minuten kochen lassen. Soße durchsieben und Pilze wegwerfen. Soße zurück in den Topf geben und Kapern zufügen. Mit Salz und Pfeffer abschmecken. Bei sehr geringer Hitze warm halten.

Für den Fisch: Während die Soße bei geringer Hitze kocht, Ofen auf 180 °C vorheizen. Backblech mit Backspray besprühen.

Eine große antihaft-beschichtete Pfanne mit Backspray besprühen und bei mittlerer Hitze auf die Kochplatte stellen. Butter oder Öl und Knoblauch hineingeben. 1 Minute dünsten. Spinat dazugeben und 5 Minuten unter häufigem Rühren garen, bis der Spinat weich ist. Mit Salz und Pfeffer abschmecken.

Lachs mit Zitronensaft besprenkeln.

Blätterteig in 4 gleich große Stücke teilen, so dass jedes Viertel aus ca. 8 langen rechteckigen Lagen besteht. Noch nicht verarbeiteten Teig mit Plastikfolie abdecken, damit er nicht austrocknet.

Jedes Teigviertel einzeln wie folgt zubereiten: Alle Lagen mit Backspray besprühen. Lagen aufeinanderlegen. $^1/_8$ der Spinatmischung auf ein kurzes Ende streichen. Fisch auf den Spinat legen. Ein weiteres Achtel Spinat auf den Lachs legen.

Spinat und Fisch bis zur Mitte des Teig-Rechtecks vorsichtig einrollen. Dann Seiten einklappen und weiter rollen, so dass die Füllung fest vom Teig umschlossen ist. Teigtaschen mit dem Ende nach unten auf das vorbereitete Backblech legen und mit Backspray besprühen.

20 Minuten backen, bis der Teig knusprig ist. Mit der Soße servieren.

Gebratene Krabbenküchlein

Für meine Version schmackhafter Krabbenküchlein benutze ich viel Krebsfleisch und etwas Vollwertbrot. Ich brate die Küchlein leicht an. Reichen Sie Remouladensoße (Seite 262) dazu.

ergibt 4 Portionen

pro Portion

169	Kalorien
5,4 g	Gesamtfett
1,9 g	gesättigte Fette
21,6 g	Proteine
7,3 g	Kohlenhydrate
0,6 g	Ballaststoffe
154 mg	Cholesterin
818 mg	Natrium

Zubereitungszeit: 30 Minuten

450 g Krebsfleisch • 1/2 Tasse frische Vollwertbrotbrösel • 2 Frühlingszwiebeln, fein gehackt • 1 Esslöffel gehackte, frische Petersilie • 1 Ei, leicht geschlagen • 5 Esslöffel fettarme Majonäse • 1 Teelöffel Senfpulver • 1 Teelöffel Zitronensaft • 1/2 Teelöffel scharfe Chilisoße • 1/2 Teelöffel Salz • 1/2 Teelöffel gemahlener schwarzer Pfeffer • 2 Teelöffel Butter oder Rapsöl

Krebsfleisch, Brotbrösel, Frühlingszwiebeln und Petersilie in einer mittelgroßen Schüssel leicht vermengen.

Ei, Majonäse, Senfpulver, Zitronensaft, Chilisoße, Salz und Pfeffer in einer kleinen Schüssel verrühren. Diese Mischung vorsichtig in die Krebsfleisch-Mischung einrühren und gut vermengen. Die Masse zu 8 Küchlein formen.

Eine große antihaft-beschichtete Pfanne mit Backspray besprühen. Bei mittlerer Hitze erwärmen. 1 Teelöffel Butter oder Öl erwärmen. 4 Küchlein in die Pfanne geben und pro Seite 4 bis 6 Minuten braten, bis sie gut gebräunt und gar sind. Aus der Pfanne nehmen und warm stellen. 1 Teelöffel Butter oder Öl in die Pfanne geben und die restlichen 4 Küchlein braten.

Miesmuscheln in Brühe

Miesmuscheln sind in Europa sehr beliebt. Achten Sie beim Kauf der Muscheln darauf, dass sie fest verschlossen sind.

ergibt 8 Portionen	
pro Portion	
329	Kalorien
6,6 g	Gesamtfett
1,2 g	gesättigte Fette
22,4 g	Proteine
38,8 g	Kohlenhydrate
0,5 g	Ballaststoffe
37 mg	Cholesterin
687 mg	Natrium

Zubereitungszeit: 15 Minuten • Kochzeit: 25 Minuten

etwa 4,5 Liter kaltes Wasser • $^1/_3$ Tasse Salz • 2300 g Miesmuscheln • 1 Esslöffel Olivenöl • 8 Knoblauchzehen, fein gehackt • 1 Stange Lauch, klein geschnitten • 2 Stangen Staudensellerie, klein geschnitten • 2 Tassen fettfreie Hühnerbrühe • 1 Tasse trockener Weißwein oder alkoholfreier Weißwein • 1 Teelöffel getrockneter Thymian • 9 Zweige frische glatte Petersilie • $^1/_2$ Teelöffel geriebene Zitronenschale • Salz und gemahlener schwarzer Pfeffer • 1 großer Laib knuspriges Vollkorn-Baguette oder Ciabatta, in Scheiben geschnitten

Wasser in einen großen Topf geben. $^1/_3$ Tasse Salz unter Rühren darin auflösen. Muscheln unter fließendem kaltem Wasser gründlich abspülen und in den Topf geben. 15 bis 20 Minuten einweichen lassen, um Ablagerungen zu entfernen. Muscheln abtropfen lassen und Wasser wegschütten. Mit einer Schere fadenartige Fasern von den Muscheln abschneiden. Muscheln beiseite stellen.

Öl in einem großen Suppentopf bei mittlerer Hitze erwärmen. Knoblauch, Lauch und Sellerie 2 Minuten dünsten, bis das Gemüse leicht angebräunt ist. Brühe, Wein, Thymian, Petersilie und Zitronenschale hinzugeben. Mit Salz und Pfeffer würzen und zum Kochen bringen. Bei geringer Hitze 5 Minuten köcheln.

Muscheln dazugeben und Brühe erneut zum Kochen bringen. Abdecken und 5 Minuten kochen, bis die Muscheln weit geöffnet sind.

Muscheln auf Teller verteilen und Brühe darübergeben. Ungeöffnete Muscheln wegwerfen. Mit Brot zum Eintunken in die Brühe servieren.

GARNELEN IM CASHEWMANTEL MIT MANGOSOSSE

Dieses Garnelengericht ist leicht und erhält durch die Cashewkerne einen nussigen Geschmack. Eine fruchtige Soße ersetzt die herkömmliche fettreiche Remoulade. Als Meeresfrüchte-Vorspeise nimmt dieses Gericht einen herausragenden Platz ein.

ergibt 4 Portionen
pro Portion

243	Kalorien
6,8 g	Gesamtfett
1,6 g	gesättigte Fette
30,2 g	Proteine
14,7 g	Kohlenhydrate
1,7 g	Ballaststoffe
316 mg	Cholesterin
491 mg	Natrium

Zubereitungszeit: 30 Minuten

SOSSE

1 große reife Mango, geschält und entkernt • 1 hart gekochter Eidotter • 1/4 Tasse fettarme Majonäse • 1 Esslöffel fein gehacktes frisches Basilikum • Salz und gemahlener schwarzer Pfeffer • gemahlener roter Pfeffer

GARNELEN

1/4 Tasse gehackte und geröstete Cashewkerne • 680 g große Garnelen, geschält, gesäubert und aufgeschnitten (siehe Kochhinweis) • Salz und gemahlener schwarzer Pfeffer

Für die Soße: Mango, Eidotter und Majonäse mit Mixer oder Küchenmaschine pürieren. In eine kleine Schüssel geben und Basilikum einrühren. Mit Salz, schwarzem und rotem Pfeffer abschmecken. Abdecken und bis zum Servieren in den Kühlschrank stellen. Bei Zimmertemperatur servieren.

Für die Garnelen: 8 Holzspieße in eine flache Schale legen und mit Wasser bedecken. Zum Einweichen beiseite stellen.

Cashewkerne mit Mixgerät oder Küchenmaschine fein mahlen. Auf einen großen, flachen Teller streichen. Garnelen flach drücken, so dass sie sich leicht fächerförmig ausbreiten. Die Garnelen in eine mittelgroße Schale geben. Mit Salz und Pfeffer würzen.

Holzspieße abtropfen lassen. Garnelen auf die Spieße verteilen: Spitze und Ende jeder Garnele auf den Spieß aufziehen, dazwischen etwa 0,5 cm Platz lassen. Beide Seiten der aufgespießten Garnele in der Cashewmasse wälzen.

Grill vorheizen. Grillpfanne mit Backspray besprühen. Spieße in die Pfanne geben und 5 cm von der Hitzequelle entfernt pro Seite 2 bis 3 Minuten grillen, bis die Garnelen nicht mehr rosa sind. Mit Mangosoße servieren.

Kochhinweise

So schneiden Sie die Garnelen fächerförmig auf: Schneiden Sie den Rücken der Garnelen längs ein – wie beim Säubern –, aber etwas tiefer, ca. bis zur Hälfte. Schneiden Sie die Garnelen dabei nicht durch! Drücken Sie sie danach leicht flach. Lassen Sie den Schwanz an den Garnelen. Während des Kochens breiten sich die Garnelen weiter fächerförmig aus.

Geben Sie die Cashewkerne zum Rösten in eine antihaft-beschichtete Pfanne. Rösten Sie sie 3 bis 5 Minuten bei mittlerer Hitze, bis sie goldbraun werden und duften. Bewegen Sie die Pfanne dabei.

Die Soße können Sie bereits vorher zubereiten und bis zu einem Tag im Kühlschrank aufbewahren.

Das Gericht passt gut zu Reis oder Couscous.

Das Gericht eignet sich auch gut als Vorspeise: Spießen Sie jeweils nur eine Garnele auf und dippen Sie die gegrillten Garnelen in die Soße.

Variationen

Jakobsmuscheln im Mandelmantel mit Pfirsichsoße: Ersetzen Sie die Mango durch 2 große Pfirsiche (geschält, entsteint und klein geschnitten). Ersetzen Sie die Cashewkerne durch $^1/_4$ Tasse geröstete Mandeln und die Garnelen durch 680 g Jakobsmuscheln.

Thunfisch im Pecannussmantel mit Aprikosensoße: Ersetzen Sie die Mango durch 3 Aprikosen (geschält, entsteint und klein geschnitten). Ersetzen Sie die Cashewkerne durch $^1/_4$ Tasse geröstete Pecannüsse und die Garnelen durch 680 g Thunfischsteak, in 2,5 cm große Würfel geschnitten.

Mediterraner Fischeintopf

Dieser herzhafte Fisch-Eintopf stammt von der Mittelmeerküste Frankreichs. Sie können dafür jeden beliebigen frischen Fisch verwenden. Die Suppe wird mit viel Brot serviert.

ergibt 6 Portionen

pro Portion

476	Kalorien
10,6 g	Gesamtfett
1,8 g	gesättigte Fette
50,8 g	Proteine
38,6 g	Kohlenhydrate
3,2 g	Ballaststoffe
177 mg	Cholesterin
756 mg	Natrium

Zubereitungszeit: 20 Minuten • Kochzeit: 25 Minuten

2 Esslöffel Olivenöl • 1 große Stange Lauch, in Scheiben geschnitten • 4 Knoblauchzehen, fein gehackt • 1/2 rote Paprika, fein gehackt • 1 Möhre, fein gehackt • 1 Dose (800 g) natriumarme geschälte Tomaten (mit Saft) • 2 Tassen Muschelsaft oder Fischbrühe • 2 Tassen natriumarme Tomatensoße • 2 Tassen fettfreie Hühner- oder Gemüsebrühe • 1 Tasse trockener Weißwein oder alkoholfreier Weißwein • 1/4 Tasse gehackte frische Petersilie • 1/4 Tasse gehacktes frisches Basilikum • 2 Scheiben knuspriges Vollwertbrot, zerbröselt • 1 Teelöffel zerstoßene Safranfäden • 1 Teelöffel Fenchelsamen • 1 Teelöffel getrockneter Thymian • 1 Teelöffel geriebene Zitronenschale • 230 g Heilbutt, in mundgerechte Stücke geschnitten • 230 g Schwertfisch, in mundgerechte Stücke geschnitten • 450 g Garnelen, geschält und gesäubert • 230 g Jakobsmuscheln • 150 g klein geschnittene Venusmuscheln • Salz und gemahlener schwarzer Pfeffer • 6 dicke Scheiben Vollwertbrot

Öl in einem großen Suppentopf bei mittlerer bis hoher Hitze erwärmen. Lauch, Knoblauch, Paprika und Möhren darin 5 Minuten dünsten. Tomaten leicht in der Dose zerdrücken und mit Saft in den Topf geben. Muschelsaft oder Fischbrühe, Tomatensoße, Brühe, Wein, Petersilie, Basilikum, Brotkrümel, Safran, Fenchelsamen, Thymian und Zitronenschale einrühren. Zum Kochen bringen. Bei mittlerer bis geringer Hitze abgedeckt 20 Minuten kochen lassen. Ab und zu umrühren. Heilbutt und Schwertfisch hinzugeben. 5 Minuten kochen. Garnelen und Muscheln hinzufügen. 3 Minuten kochen, bis der Fisch gar ist. Mit Salz und Pfeffer abschmecken.

Zum Servieren 1 Scheibe Brot in jede Suppentasse legen und den Eintopf darübergeben.

Kochhinweis

Statt Heilbutt und Schwertfisch können Sie auch anderen Fisch mit festem Fleisch nehmen, z.B. Thunfisch, Lachs oder Barsch.

Rezepte

Geschmackliche Vielfalt mit Geflügel

Geflügel ist fettarm und ein wichtiger Proteinlieferant im Rahmen einer fettarmen Ernährung. Es enthält weitere wichtige Nährstoffe wie Eisen und Zink.
Mit Geflügel bereiten Sie im Handumdrehen eine Hauptmahlzeit zu. Hähnchen- und Putenschnitzel sind schnell zubereitet und die geschmackliche Vielfalt der Gerichte ist groß. Hähnchenbrustfilet können Sie in Minuten braten, grillen oder pochieren sowie mit Marinaden und Soßen würzen, wie Sie es am liebsten mögen. Etwas Gemüse und Reis oder Nudeln dazu – schon ist eine Mahlzeit komplett.
In den meisten Rezepten dieses Buchs wird Hähnchenbrust ohne Knochen und Haut verwendet, denn sie ist vielseitig verwendbar und sehr fettarm. Putenbrust ist ebenfalls mager. Ich verwende sie ebenfalls in einigen Rezepten. Putenhack ersetzt im saftigen und pikanten Putenhackbraten „Southwest" den Rinderhackanteil. Beim Kauf sollten Sie darauf achten, dass der Anteil Putenbrust 100% beträgt. Manchmal enthält Putenhack das dunkle Fleisch und die Haut, die den Fettgehalt merklich erhöhen.
Für einfache Beilagen zu den Geflügelrezepten schauen Sie sich am besten die Getreidebeilagen (ab Seite 140) und die Gemüsebeilagen (ab Seite 230) an.

HÄHNCHEN-PARMESAN-STREIFEN

ergibt 4 Portionen

pro Portion

197	Kalorien
4,8 g	Gesamtfett
1,8 g	gesättigte Fette
28,9 g	Protein
7,6 g	Kohlenhydrate
0 g	Ballaststoffe
73 mg	Cholesterin
233 mg	Natrium

Diese Hähnchenstreifen habe ich mir für meine Kinder ausgedacht – aber natürlich schmecken sie auch Erwachsenen. Dippen Sie sie in Tomaten- oder Remouladensoße (Seite 262). Für eine schnelle Mahlzeit können Sie die Streifen mit einem Salat und Chili-Kartoffeln (Seite 246) servieren.

Zubereitungszeit: 10 Minuten • Kühl- und Backzeit: 35 Minuten

450 g Hähnchenbrust ohne Haut, in Streifen geschnitten • 1/2 Tasse Magermilch • 1/3 Tasse Brotbrösel oder Zerealien • 3 Esslöffel geriebener Parmesan-Käse • 2 Teelöffel getrocknete Petersilie • 1/4 Teelöffel gemahlener schwarzer Pfeffer

Hähnchenfleisch in eine flache Schüssel geben und mit Milch bedecken. Zugedeckt mindestens 15 Minuten kühlen.

Backofen auf 190 °C vorheizen. Ein Backblech mit Backspray besprühen.

Brotbrösel oder Zerealien, Parmesan, Petersilie und Pfeffer in einer flachen Schüssel vermischen.

Die Hähnchenstreifen in dieser Mischung wälzen. Auf das vorbereitete Backblech legen. Streifen nochmals mit Backspray besprühen.

20 Minuten backen, bis das Fleisch in der Mitte nicht mehr rosa ist (mit einem scharfen Messer testen).

HÄHNCHEN MIT PILZEN UND PAPRIKA

Zaubern sie eine exzellente Mahlzeit in gerade einmal 15 Minuten. Servieren Sie diese leichte Hauptmahlzeit mit Kartoffelpüree, Reis oder Vollwertbrot und einem knusprigen Salat.

Zubereitungszeit: 15 Minuten

1 Esslöffel Olivenöl • 1 rote Zwiebel, in dicke Scheiben geschnitten • 10 Knoblauchzehen, in Scheiben geschnitten • 1 rote Paprika, in Scheiben geschnitten • 230 g Pilze, in Scheiben geschnitten • 450 g Hähnchenbrust ohne Haut, gewürfelt • 1 Esslöffel gehacktes frisches Basilikum • Salz und gemahlener schwarzer Pfeffer

Öl in einer großen Pfanne bei mittlerer Hitze erwärmen. Zwiebeln, Knoblauch, rote Paprika und Pilze darin 2 Minuten dünsten.

Hähnchenfleisch und Basilikum einrühren. Mit Salz und Pfeffer abschmecken. 5 Minuten dünsten, bis das Hähnchenfleisch in der Mitte nicht mehr rosa ist (mit einem scharfen Messer testen).

ergibt 4 Portionen

pro Portion

224	Kalorien
6,8 g	Gesamtfett
1,3 g	gesättigte Fette
28,2 g	Protein
13 g	Kohlenhydrate
2,6 g	Ballaststoffe
69 mg	Cholesterin
63 mg	Natrium

TIPP

Verwenden Sie helles Hähnchenfleisch, denn es enthält am wenigsten Fett. Eine 90-g-Portion dunkles Fleisch (Schenkel und Keule) hat 5 g mehr Fett als die gleiche Menge Hähnchenbrust.

HUHN UND NUDELN MIT TOMATEN

ergibt 6 Portionen

pro Portion

437	Kalorien
7,3 g	Gesamtfett
2,6 g	gesättigte Fette
32,5 g	Protein
55,9 g	Kohlenhydrate
1,8 g	Ballaststoffe
53 mg	Cholesterin
693 mg	Natrium

Dieses Gericht ist nicht so schwer wie ein klassischer Huhn-Nudel-Eintopf. Weiße Bohnen, Nudeln und Tomatensoße mit Kräutern machen es bekömmlich.

Zubereitungszeit: 35 Minuten

2 Teelöffel Olivenöl • 450 g gehäutete Hähnchenbrust, in Streifen geschnitten • Salz und gemahlener schwarzer Pfeffer • 1 Zwiebel, in Scheiben geschnitten • 1 grüne Peperoni, gehackt • 6 Knoblauchzehen, zerstoßen • 1 Teelöffel getrockneter Oregano • 1 Dose (800 g) Würfeltomaten (mit Saft) • 3/4 Tasse trockener Weißwein oder alkoholfreier Weißwein • 230 g Spaghetti • 1/4 Tasse gehacktes frisches Basilikum und/oder Petersilie • 1 Teelöffel geriebene Zitronenschale • 1 Dose (450 g) weiße Bohnen, abgespült und abgetropft • 1/2 Tasse geriebener Parmesan-Käse

In einer antihaft-beschichteten Pfanne 1 Teelöffel Öl bei mittlerer Hitze erwärmen. Hähnchenfleisch hinzufügen und 2 bis 3 Minuten dünsten, bis es fast gar ist. Mit Salz und Pfeffer abschmecken. Hähnchenfleisch auf eine Platte geben.

Das restliche Öl in derselben Pfanne bei mittlerer Hitze erwärmen. Zwiebeln, grüne Peperoni und Knoblauch darin 5 Minuten garen. Oregano, Tomaten (mit Saft) und Wein einrühren. 10 Minuten köcheln lassen.

Spaghetti in einem großen Topf gemäß Packungsanweisung kochen. Abgießen und in eine große Schüssel geben.

Basilikum und/oder Petersilie und Zitronenschale in die Soße einrühren. Mit Salz und Pfeffer abschmecken. Hähnchenfleisch und Bohnen zugeben. Vorsichtig rühren und das Hähnchenfleisch mit der Soße bedecken. 5 Minuten kochen, bis das Hähnchenfleisch in der Mitte nicht mehr rosa ist (mit einem scharfen Messer testen).

Parmesan in die Soße rühren und über die Spaghetti gießen.

Curry-Hähnchen

Ist die Zeit abends einmal besonders knapp, ist dieses Gericht genau das Richtige. Die Zubereitung dauert lediglich 5 Minuten. Sie können das Huhn marinieren, wenn Sie möchten, und entweder backen oder grillen.

ergibt 6 Portionen	
pro Portion	
345	Kalorien
9 g	Gesamtfett
2 g	gesättigte Fette
53,9 g	Protein
9,2 g	Kohlenhydrate
0,3 g	Ballaststoffe
146 mg	Cholesterin
227 mg	Natrium

Zubereitungszeit: 5 Minuten • Backzeit: 35 Minuten

3 Esslöffel Honig • 3 Esslöffel grobkörniger Senf • 1 Esslöffel Rapsöl • 1 1/2 Teelöffel Currypulver • 1 Teelöffel gehackter frischer Schnittlauch • 1/2 Teelöffel Salz (wahlweise) • gemahlener schwarzer Pfeffer • 6 gehäutete Hähnchenbrusthälften (je 120g)

Backofen auf 200 °C vorheizen.

In einer Backform Honig, Senf, Öl, Currypulver, Schnittlauch und Salz (falls verwendet) vermischen. Mit Pfeffer würzen. Hähnchenfleisch zugeben und mit der Soße bedecken. Zugedeckt mindestens 5 Minuten kühlen.

Ohne Deckel und 30 bis 35 Minuten backen, bis das Hähnchenfleisch in der Mitte nicht mehr rosa ist (mit einem scharfen Messer testen).

Kochhinweise

Um Zeit zu sparen und den Geschmack zu intensivieren, das Hähnchenfleisch einen Tag vorher marinieren.
Um das Hähnchenfleisch zu grillen, den Grill vorheizen. Grillrost mit Backspray besprühen. Das Hähnchenfleisch 11 cm von der Hitzequelle entfernt 3 bis 4 Minuten pro Seite grillen, bis das Fleisch in der Mitte nicht mehr rosa ist (mit einem scharfen Messer testen).

SESAM-HÄHNCHEN-KEBABS

ergibt 4 Portionen	
pro Portion	
160	Kalorien
4,8 g	Gesamtfett
1,1 g	gesättigte Fette
26 g	Protein
1,9 g	Kohlenhydrate
0,2 g	Ballaststoffe
69 mg	Cholesterin
112 mg	Natrium

Diese kleinen Kebabs, deren Zubereitung genauso viel Spaß macht wie ihr Verzehr, sind sowohl eine prima Vorspeise als auch eine leichte Hauptmahlzeit. Marinieren Sie das Hähnchenfleisch bis zu 24 Stunden vorher, um den Geschmack zu intensivieren. Servieren Sie die Kebabs mit Erdnusssoße (siehe nächste Seite).

Zubereitungszeit: 15 Minuten • Kühlzeit: 1 Stunde

1 Esslöffel natriumarme Sojasoße • 1 Esslöffel Limettensaft • 1 Esslöffel Honig • 2 Teelöffel Sesamöl • 1 Teelöffel zerstoßener frischer Ingwer • 1 Knoblauchzehe, fein gehackt • 1/2 Teelöffel gemahlener Koriander • 1 Esslöffel Koriander oder Petersilie, frisch gehackt • 450 g gehäutete Hähnchenbrust, in ca. 1 cm breite Streifen geschnitten • 1 Esslöffel Sesamkörner

8 Schaschlikspieße in eine flache Schale legen und mit Wasser bedecken. Zum Einweichen beiseite stellen.

In einer kleinen Schüssel Sojasoße, Limettensaft, Honig, Öl, Ingwer, Knoblauch, gemahlenen Koriander, gehackten Koriander oder gehackte Petersilie vermischen. Hähnchenfleisch zugeben und mit der Marinade überdecken. Zugedeckt mindestens 1 Stunde kalt stellen.

Grill vorheizen. Grillpfanne mit Backspray besprühen. Die Schaschlikspieße abtropfen lassen. Das Hähnchenfleisch s-förmig aufstecken. Restliche Marinade wegschütten.

Die Fleischspieße in die Grillpfanne geben. Mit Sesamkörnern bestreuen. 11 cm von der Hitzequelle entfernt garen, bis das Hähnchenfleisch in der Mitte nicht mehr rosa ist (mit einem scharfen Messer testen).

KOCHHINWEIS

Um das Anbrennen von Holzspießen zu vermeiden, weichen Sie sie vor dem Gebrauch für mindestens 10 bis 20 Minuten im Wasser ein. Wenn Sie Metallspieße benutzen, reduzieren Sie die Garzeit etwas, weil Metall die Hitze leitet und die Zutaten schneller garen.

VARIATION

Sesam-Garnelen-Kebabs: Hähnchenfleisch durch 450 g Garnelen ersetzen, geschält und gesäubert. Mit Erdnuss-Soße servieren.

ERDNUSSSOSSE

Dies ist eine köstliche Soße zum Dippen für Sesam-Hähnchen- und andere Kebabs.

Zubereitungszeit: 5 Minuten

1/4 Tasse fettfreie Hühner- oder Gemüsebrühe • 2 Esslöffel Erdnussbutter • 1 Esslöffel Sesamöl • 1 Esslöffel natriumarme Sojasoße • 1 Teelöffel Zucker • 1/4 Teelöffel grob gemahlene Peperoni

Brühe, Erdnussbutter, Öl, Sojasoße, Zucker und Peperoni gut vermengen.

ergibt 6 Esslöffel

pro 1 1/2 Esslöffel	
72	Kalorien
5,7 g	Gesamtfett
0,9 g	gesättigte Fette
2,9 g	Protein
2,9 g	Kohlenhydrate
1 g	Ballaststoffe
0 mg	Cholesterin
175 mg	Natrium

ergibt 6 Portionen

pro Portion

390	Kalorien
11 g	Gesamtfett
2,4 g	gesättigte Fette
56,9 g	Protein
13,1 g	Kohlenhydrate
1,9 g	Ballaststoffe
147 mg	Cholesterin
347 mg	Natrium

TIPP

Wenn Sie Geflügel mit Haut kaufen, braten Sie es damit – so bleibt das Fleisch saftig. Entfernen Sie die Haut vor dem Verzehr. Das kann Ihnen bis zu 5 g Fett je 90-g-Portion ersparen.

Hähnchen im Buttermilchteig

Buttermilch und 3 Sorten Pfeffer machen den Teig schmackhaft. Wenn Sie nicht alle drei Sorten Pfeffer haben, nehmen Sie mehr von einer anderen Sorte. Knoblauch-Kartoffelpüree und gedünsteter Brokkoli sind köstliche Beilagen dazu.

Zubereitungszeit: 5 Minuten • Backzeit: 45 Minuten

$^3/_4$ Tasse fein gemahlenes Weizenvollkornmehl oder ungebleichtes Mehl • 1 Teelöffel Zwiebelpulver • $^1/_2$ Teelöffel Salz • gemahlener schwarzer Pfeffer • gemahlener weißer Pfeffer • gemahlener roter Pfeffer • 1 Tasse fettfreie oder fettarme Buttermilch • 2 Esslöffel Olivenöl • 6 gehäutete Hähnchenbrusthälften (je 115 g)

Backofen auf 190 °C vorheizen. Eine Auflaufform mit Backspray besprühen.

Mehl, Zwiebelpulver und Salz in einer kleinen Schüssel mischen. Mit schwarzem, weißem und rotem Pfeffer würzen. Buttermilch und Öl einrühren. Rühren, bis eine glatte Masse entsteht.

Hähnchenfleisch im Teig wälzen. In die vorbereitete Form geben. Jedes Stücks mit etwas Backspray besprühen. 45 Minuten backen, bis das Fleisch in der Mitte nicht mehr rosa ist (mit einem scharfen Messer testen). Soll die Kruste etwas brauner werden, 2 Minuten unter den Grillrost legen.

Mexikanisches Hähnchen in Tortillas

Dies ist eines meiner mexikanischen Lieblingsgerichte. Auch meine Gäste lieben es. Die Soße gibt dem Huhn ein reiches Aroma. Hier wird es in Tortillas serviert, aber es lässt sich auch mit gebackenen Kartoffeln oder Calzone kombinieren. Sie können es mit Cheddar-Streifen, Salsasoße und Koriander garnieren.

ergibt 6 Portionen	
pro Portion	
379	Kalorien
8,5 g	Gesamtfett
1,4 g	gesättigte Fette
26,3 g	Protein
57,2 g	Kohlenhydrate
16,8 g	Ballaststoffe
46 mg	Cholesterin
885 mg	Natrium

Zubereitungszeit: 15 Minuten • Kochzeit: 45 Minuten

2 Esslöffel Olivenöl • 1 Zwiebel, fein gehackt • 1 rote Paprika, fein gehackt • 4 Knoblauchzehen, fein gehackt • 3 Tassen gekochte und in Streifen geschnittene Hähnchenbrust • 1 Dose (420 g) gewürfelte Tomaten (mit Saft) • 1 Dose (170 g) Tomatenmark • $^{3}/_{4}$ Tasse Chilisoße • 12 Tortillas

Öl in einem großen Topf bei mittlerer Hitze erwärmen. Zwiebeln, Paprika und Knoblauch darin 10 Minuten dünsten. Hähnchenfleisch, Tomaten (mit Saft), Tomatenmark und Chilisoße einrühren. 15 Minuten dünsten, dabei oft rühren. Bei geringer Hitze 30 Minuten zugedeckt köcheln lassen.

In die Tortillas gewickelt servieren.

Kochhinweis

Für besondere Anlässe können Sie das Gericht mit Mango- und Papaya-Salsa (Seite 261) statt mit Tomaten-Salsa servieren.

Variationen

Mexikanische Hähnchen-Nachos: Lassen Sie die Tortillas weg. Belegen Sie den Boden einer Auflaufform mit gebackenen Tortilla-Chips. Geben Sie die Hälfte des Hähnchenfleisches darüber. Schichten Sie Salsa, Käsestreifen und gehackten Koriander darüber. Fügen Sie eine weitere Schicht Chips und das restliche Hähnchenfleisch hinzu. Bedecken Sie alles erneut mit Salsa sowie mit Käse und Koriander. 15 Minuten backen (190 °C), bis der Käse schmilzt.

Mexikanischer Tofu in Tortillas: Hähnchenfleisch durch 450 g ausgedrückten, zerbröselten Tofu ersetzen.

HÄHNCHEN MIT ERDNUSSSOSSE UND ANANAS-SALSA

ergibt 6 Portionen
pro Portion

582	Kalorien
14,7 g	Gesamtfett
2,8 g	gesättigte Fette
37,3 g	Protein
77,4 g	Kohlenhydrate
7,9 g	Ballaststoffe
69 mg	Cholesterin
304 mg	Natrium

Dieses Gericht hat einen ganz besonderen Geschmack. Fruchtige Salsa und pikante Erdnusssoße verleihen gegrilltem Hähnchen eine exotische Note. Trotz der vielen Zutaten ist das Gericht in weniger als einer Stunde fertig.

Zubereitungszeit: 45 Minuten

SALSA

1 Ananas, geschält, entkernt und in kleine Stücke geschnitten • 1 rote Paprika, geviertelt • $^1/_2$ große rote Zwiebel, geviertelt • 1 Jalapeno-Peperoni, entkernt (Ziehen Sie beim Verarbeiten Handschuhe an.) • 1 Knoblauchzehe • $^1/_4$ Tasse frischer Koriander • 1 Esslöffel Limettensaft • 1 Teelöffel geriebene Zitronenschale • Salz und gemahlener schwarzer Pfeffer • gemahlener roter Pfeffer

SOSSE

$^1/_4$ Tasse Erdnussbutter • 2 Esslöffel natriumarme Sojasoße • 1$^1/_4$ Esslöffel Reisessig oder Weißweinessig • 1 Esslöffel gehackter frischer Koriander • 1$^1/_2$ Teelöffel Zucker oder Honig • 1$^1/_2$ Teelöffel trockener Sherry oder alkoholfreier Weißwein • 1 Knoblauchzehe • $^1/_2$ Teelöffel gehackter frischer Ingwer • $^1/_2$ Tasse fettfreie Hühner- oder Gemüsebrühe • Salz und gemahlener schwarzer Pfeffer • gemahlener roter Pfeffer

HÄHNCHEN

6 gehäutete Hähnchenbrustfilets (je 120 g) • 6 Tassen gekochter Naturreis • 6 Esslöffel gehackte ungesalzene Erdnüsse

Für die Salsa: Backofen auf 260 °C vorheizen. Ein Backblech mit Folie auslegen und mit Backspray besprühen.

Die Hälfte der Ananas in eine große Schüssel geben. Restliche Stückchen in einer Schicht auf das vorbereitete Backblech legen und 15 bis 20 Minuten rösten, bis sie leicht braun werden. In die Schüssel geben.

In einer Küchenmaschine rote Paprika, Zwiebeln, Peperoni, Knoblauch und Koriander zusammen fein hacken. In die Schüssel geben. Limettensaft und Limettenschale hinzufügen. Mit Salz, gemahlenem schwarzen und roten Pfeffer abschmecken. Gut vermischen.

Für die Soße: Küchenmaschine ausspülen. Erdnussbutter, Soja-Soße, Essig, Koriander, Zucker oder Honig, Sherry oder Wein, Knoblauch und Ingwer hineingeben. Zu einer glatten Masse verarbeiten. Brühe hinzugießen. Mit Salz, schwarzem und rotem Pfeffer abschmecken. Gut vermischen. In eine mittelgroße Schüssel geben.

Für das Hähnchen: Grill vorheizen. Grillpfanne mit Backspray besprühen. Das Hähnchenfleisch 11 cm von der Hitzequelle entfernt 3 bis 4 Minuten pro Seite grillen, bis das Fleisch in der Mitte nicht mehr rosa ist (mit einem scharfen Messer testen).

Mit Reis, Erdnusssoße und Salsa servieren. Erdnüsse darüberstreuen.

Kochhinweis

Ananas reift nach dem Pflücken nicht mehr nach. Wählen Sie deshalb eine dicke, reife Frucht. Zunächst Ober- und Unterseite abschneiden, dann der Länge nach vierteln. Zuletzt holzige Mitte herausschneiden und Schale entfernen.

PUTE „PICCATA"

Putenbruststreifen ersetzen in diesem italienischen Klassiker das Kalbfleisch. Wenn möglich, verwenden Sie Nudeln mit Geschmack.

ergibt 6 Portionen
pro Portion

533	Kalorien
8,7 g	Gesamtfett
3,3 g	gesättigte Fette
35,6 g	Protein
74,1 g	Kohlenhydrate
18,9 g	Ballaststoffe
55 mg	Cholesterin
275 mg	Natrium

Zubereitungszeit: 25 Minuten

680 g Fettuccine • 1 Tasse fettfreie oder fettarme Hühner- oder Gemüsebrühe • $^1/_2$ Tasse fein gemahlenes Weizenvollkornmehl oder ungebleichtes Mehl • Salz und gemahlener schwarzer Pfeffer • 680 g in Streifen geschnittene Putenschnitzel • 1 Esslöffel + 3 Teelöffel Butter • $^1/_2$ Tasse trockener Weißwein oder alkoholfreier Weißwein • Saft einer großen Zitrone • 3 Esslöffel abgetropfte Kapern • 1 Esslöffel gehackte frische Petersilie

Die Nudeln in einem Topf gemäß der Packungsanweisung kochen. Abtropfen lassen und wieder in den Topf geben. Brühe zugeben, vermischen und bei niedriger Hitze warm halten.

In einer flachen Schüssel Mehl, Salz und Pfeffer mischen. Beide Seiten der Putenschnitzel mit der Mischung bedecken.

1 Esslöffel Butter in einer großen antihaft-beschichteten Pfanne bei mittlerer Hitze zerlassen. Putenbruststreifen in die Pfanne geben. 2 bis 3 Minuten pro Seite braten. Auf einen Teller legen und zugedeckt warm halten. Restliche Streifen ebenso braten, dabei zusätzlich $1^1/_2$ Teelöffel Butter verwenden.

Die Pfanne wieder auf mittlerer Hitze erwärmen. Wein, Zitronensaft, Kapern und die restlichen $1^1/_2$ Teelöffel Butter hinzufügen. 2 Minuten dünsten, ab und zu umrühren.

Putenbruststreifen auf die Nudeln geben und mit der Soße übergießen. Mit Petersilie bestreuen.

KOCHHINWEIS

Putenbruststreifen erhalten Sie in vielen Lebensmittelgeschäften. Um eigene zuzubereiten, kaufen Sie Putenschnitzel und frieren Sie sie ein. Lassen Sie sie antauen, schneiden Sie sie mit einem scharfen Messer in 0,5 cm dicke Streifen und lassen sie vor dem Braten vollständig auftauen.

Putenhackbraten „Southwest“

Ich habe das Gericht fettarm abgewandelt und nach „Southwest“-Art (Südwesten der USA) gewürzt. Geben Sie etwas Ketchup mit gehackten milden grünen Peperoni, scharfer Chilisoße und Chilipulver darüber.

ergibt 4 Portionen	
pro Portion	
254	Kalorien
7,9 g	Gesamtfett
1,4 g	gesättigte Fette
24,8 g	Protein
21,4 g	Kohlenhydrate
3,3 g	Ballaststoffe
97 mg	Cholesterin
390 mg	Natrium

Zubereitungszeit: 15 Minuten • Back- und Kühlzeit: 55 Minuten

1 Esslöffel Raps- oder Olivenöl • 1 Zwiebel, gehackt • 1 rote oder grüne Paprika, gehackt • 6 Knoblauchzehen, zerstoßen • 1 große Jalapeno-Peperoni, entkernt und gehackt (Ziehen Sie beim Verarbeiten Handschuhe an) • 1 Esslöffel gehackte frische Petersilie • 2 Teelöffel getrocknetes Basilikum • 1 1/2 Teelöffel getrockneter Oregano • 1 1/2 Teelöffel getrockneter Thymian • 1/2 bis 1 Teelöffel gemahlener Kümmel • 1 Ei • 1/3 Tasse zerdrückte gebackene Tortillachips • 1 Esslöffel Apfelweinessig • 1 Tasse Tomatensoße • 450 g Putenbrusthack • Salz und gemahlener schwarzer Pfeffer • scharfe Chilisoße

Etwas heißes Wasser in eine 32,5 x 23 cm große Backform geben. Auf die mittlere Schiene des Backofens stellen. Ofen auf 180 °C vorheizen. Eine 20 x 11 cm große Brotform mit Backspray besprühen.

Das Öl in einer antihaft-beschichteten Pfanne bei mittlerer Hitze erwärmen. Zwiebeln, rote oder grüne Paprika, Knoblauch und Peperoni 5 Minuten darin dünsten. Petersilie, Basilikum, Oregano, Thymian und Kümmel einrühren.

Das Ei in eine große Schüssel geben. Leicht verquirlen. Tortilla-Chips, Essig, Tomatensoße, Zwiebelmischung und Putenfleisch hinzufügen. Mit Salz, schwarzem Pfeffer und scharfer Chilisoße würzen. Gut vermischen.

In die vorbereitete Brotform geben, Oberfläche glatt streichen. Die Brotform in die Backform mit dem Wasser stellen. 45 Minuten backen. Aus dem Ofen nehmen und 10 Minuten auf einem Kuchengitter abkühlen lassen.

PUTENWURSTSANDWICHES

Wurstsandwiches sind sehr fettreich. Fettarmes Fleisch und Vollkornbrot machen sie bekömmlicher.

ergibt 4 Portionen

pro Portion	
325	Kalorien
8,5 g	Gesamtfett
2,1 g	gesättigte Fette
22,6 g	Protein
41,9 g	Kohlenhydrate
2,7 g	Ballaststoffe
54 mg	Cholesterin
995 mg	Natrium

Zubereitungszeit: 20 Minuten

2 große Zwiebeln, in Scheiben geschnitten • 2 rote, gelbe oder grüne Paprika, in dicke Scheiben geschnitten • Salz und gemahlener schwarzer Pfeffer • 4 (je 90 g) fettarme Putenwürstchen • 1 großes Vollkorn-Baguette

Eine große antihaft-beschichtete Pfanne mit Backspray besprühen und bei mittlerer Hitze auf die Kochplatte stellen. Zwiebeln darin 3 Minuten dünsten. Rote, grüne oder gelbe Paprika einrühren. Mit Salz und Pfeffer abschmecken. 5 Minuten dünsten. Würstchen hinzugeben und 10 bis 12 Minuten braten, bis sie gar sind (mit einem scharfen Messer testen).

Das Baguette in 4 gleich große Stücke schneiden. Jedes Stück der Länge nach seitlich aufschneiden. Ein Würstchen in jedes Stück Baguette legen sowie mit Zwiebeln und Paprika garnieren.

Rezepte

20

Fun Food – Pizza, Tacos & Co.

Pizza, Burritos, Tacos und Klößchen gehören zu meinen Lieblingsgerichten. Kräuter, Gewürze, Käse und viele andere Zutaten machen sie so aromatisch. Das Schöne an diesen Gerichten ist, dass Ihrer Fantasie keine Grenzen gesetzt sind, was die Füllung und den Belag angeht. Ich bereite die Gerichte lieber am Wochenende zu – wenn ich etwas mehr Zeit habe – und friere sie ein. So habe ich während der Woche immer eine schnell zubereitete Mahlzeit zur Hand.
So gelingt der Teig besonders gut:

- Heizen Sie den Backofen auf 260 °C vor.
- Verwenden Sie einen Pizzastein für eine extra-knusprige Pizza. Erhitzen Sie den Stein vorher im Ofen und legen Sie die Pizza direkt auf den Stein.
- Ersetzen Sie das ungebleichte Mehl teilweise oder vollständig durch Grießmehl.
- Fügen Sie Oregano, Basilikum und Knoblauchpulver zur Mehlmischung hinzu.
- Für einen Honig-Weizenvollkorn-Teig ersetzen Sie das ungebleichte Mehl durch Weizenvollkornmehl und den Zucker durch Honig.
- Für einen Käseteig geben Sie etwas geriebenen Parmesan in die Mehlmischung.

MEHRKORN-PIZZATEIG

ergibt 6 Portionen
pro Portion

219	Kalorien
1,8 g	Gesamtfett
0,2 g	gesättigte Fette
6,7 g	Proteine
44,4 g	Kohlenhydrate
3,8 g	Ballaststoffe
0 mg	Cholesterin
360 mg	Natrium

Pizza ist sehr beliebt. Sowohl Kinder als auch Erwachsene lieben es, ihre eigenen Pizza-Kreationen zuzubereiten. Dieser fettarme Teig macht Ihre Pizza ganz leicht.

Zubereitungszeit: 15 Minuten • Aufgehzeit: 1 Stunde

$1^1/_4$ Tassen warmes Wasser (ca. 45 °C) • 1 Esslöffel Trockenhefe • 1 Teelöffel Zucker oder Honig • $^1/_2$ Tasse Weizenvollkornmehl • $^1/_2$ Tasse Maismehl • 1 Teelöffel Salz • 1 Teelöffel Olivenöl • $1^3/_4$ bis 2 Tassen ungebleichtes Mehl

Wasser, Hefe und Zucker oder Honig in einer großen Schüssel vermengen. 5 Minuten beiseite stellen, bis die Mischung schaumig ist.

Weizenvollkornmehl, Maismehl, Salz und Öl hinzufügen. 3 Minuten mit einem Elektromixer oder 5 Minuten kräftig von Hand verrühren. $1^3/_4$ Tassen des ungebleichten Mehls einrühren.

Auf eine bemehlte Fläche geben und etwas (nicht zu viel) vom restlichen Mehl einkneten, um eine weiche Masse zu formen. 10 Minuten kneten, bis der Teig glatt und elastisch ist und diesen zu einer Kugel formen.

Eine große Schüssel mit Backspray besprühen. Den Teig in der Schüssel wenden, bis er rundum mit Backspray bedeckt ist. Zudecken und an einem warmen Ort 1 Stunde gehen lassen, bis sich das Volumen verdoppelt hat.

Teig durchkneten und bis zur Verwendung in Kühlschrank oder Tiefkühltruhe aufbewahren. Vor der Weiterverarbeitung auf Zimmertemperatur erwärmen.

PIZZA MIT ÄPFELN, WALNÜSSEN UND GORGONZOLA

Das volle Aroma dieser Pizza passt gut zur herbstlichen Jahreszeit. Servieren Sie sie mit einem leichten Salat mit fettarmem Dressing.

ergibt 6 Portionen	
pro Portion	
412	Kalorien
13,8 g	Gesamtfett
5,2 g	gesättigte Fette
17 g	Protein
57,3 g	Kohlenhydrate
5,6 g	Ballaststoffe
24 mg	Cholesterin
706 mg	Natrium

Zubereitungszeit: 15 Minuten • Backzeit: 30 Minuten

Maismehl • Mehrkorn-Pizzateig (Rezept vorherige Seite) oder 285 g tiefgefrorener Pizzateig • 2 Zwiebeln, in Scheiben geschnitten • 2 Äpfel, geschält und gehackt • 6 Esslöffel gehackte Walnüsse • 6 Esslöffel zerkrümelter Roquefort • 1 Tasse in Streifen geschnittener Mozzarella • 1½ Teelöffel getrockneter Oregano

Backofen auf 260 °C vorheizen. 3 Backbleche mit Backspray besprühen und mit Maismehl bestreuen.

Eine antihaft-beschichtete Pfanne mit Backspray besprühen und bei mittlerer Hitze erwärmen. Zwiebeln darin 5 bis 8 Minuten rösten, bis sie braun sind.

Den Teig in 6 Stücke teilen. Auf einer bemehlten Fläche jedes Stück zu einem ca. 17 cm großen Fladen rollen oder klopfen. Auf die vorbereiteten Backbleche legen.

Zwiebeln, Äpfel, Walnüsse, Roquefort und Mozzarella auf den Pizzen verteilen und mit Oregano bestreuen.

Auf der untersten Schiene jeweils ein Blech 10 bis 15 Minuten backen, bis der Käse geschmolzen ist und der Teig am Rand bräunlich wird.

Pizza „Mediterranée“

ergibt 6 Portionen
pro Portion

331	Kalorien
8,5 g	Gesamtfett
3,3 g	gesättigte Fette
15 g	Protein
51,2 g	Kohlenhydrate
5,7 g	Ballaststoffe
16 mg	Cholesterin
552 mg	Natrium

Wenn Sie Pizza gern dick belegen, ist dieses Rezept genau das Richtige für Sie. Geröstete rote Paprika und Oliven lassen Sie fettreiche Salami oder andere Wurstsorten nicht vermissen.

Zubereitungszeit: 10 Minuten • Backzeit: 30 Minuten

Maismehl • Mehrkorn-Pizzateig (Rezept Seite 200) oder 285 g tiefgefrorener Pizzateig • 10 Cahmpignons, in Scheiben geschnitten • 1 Zwiebel, fein gehackt • 1 Tasse gehackte (geröstete) rote Paprika • 18 kleine schwarze oder Kalamata-Oliven, entkernt und fein gehackt • 3 Knoblauchzehen, fein gehackt • $1^1/_2$ Tassen in Streifen geschnittener Mozzarella • $1^1/_2$ Tassen getrockneter Oregano

Backofen auf 260 °C vorheizen. 3 Backbleche mit Backspray besprühen und mit Maismehl bestreuen.

Den Teig in 6 Stücke teilen. Auf einer bemehlten Fläche jedes Stück zu einem ca. 17 cm großen Fladen rollen oder klopfen. Auf die vorbereiteten Backbleche legen.

Pilze, Zwiebeln, Paprika, Oliven, Knoblauch und Mozzarella auf den Pizzen verteilen. Mit Oregano bestreuen.

Auf der untersten Schiene jeweils ein Blech 10 bis 15 Minuten backen, bis der Käse geschmolzen ist und der Teig am Rand leicht braun wird.

Zum Belegen

Stellen Sie kleine Schüsseln mit Belägen bereit. So kann sich jeder seine Pizza individuell belegen. Hier einige Beispiele klassischer Kombinationen.

- *Vegetarisch:* Tomatensoße, Zwiebeln, grüner Pfeffer, Pilze und einige Oliven
- *„Garten-Ernte“:* Tomatensoße, kleine Brokkoli- und Blumenkohlröschen, klein gehackter Knoblauch, geröstete Paprika und frischer Spinat
- *Primavera:* Tomaten, Paprika, Frühlingszwiebeln, Pilze, Zucchini und Spargel
- *Spinat und Ricotta:* frischer oder gefrorener Spinat sautiert mit einigen Oliven, Oregano und Basilikum; Tomaten, Ricotta und Schweizer Käse (teilentrahmt)
- *Brokkoli und Cheddar:* Brokkoliröschen und Cheddarkäse
- *Chicken Fajita:* Hähnchenbruststreifen sautiert mit Zwiebeln, Paprika, Chilipulver, Oregano und Kümmel; frischer Koriander, Käse mit scharfem Pfeffer
- *Spinat und Feta:* rote Zwiebeln, Tomaten, Spinat, frisches Basilikum, Feta und Parmesan
- *Wilde Pilze:* Gemischte Pilze sautiert mit Schalotten, Knoblauch, Thymian und Rosmarin; Parmesan oder Schweizer Käse
- *Räucherlachs:* fettarmer oder fettfreier Frischkäse, frischer Dill, rote Zwiebeln, Tomaten und Havarti- oder Mozzarella
- *Shrimps / Scampi:* Shrimps sautiert mit Zwiebeln, Knoblauch und Zitrone; frisches Basilikum, Mozzarella und Havarti oder Provolone
- *Gegrilltes Hähnchen:* Hähnchenstreifen mit Barbecue-Soße, Zwiebeln, Paprika und Pilzen gegrillt; Provolone
- *Tomaten-Pesto:* Tomaten-Pesto (Seite 260), Artischocken, Ziegenkäse und Mozzarella
- *Meeresfrüchte-Marinara:* Marinara-Soße, gekochte gemischte Meeresfrüchte, Mozzarella und Provolone

GEFÜLLTE PIZZA

2 Teigarten, 3 Käsesorten und viel leckeres Gemüse – was könnte besser schmecken?

ergibt 8 Portionen
pro Portion

535	Kalorien
10,7 g	Gesamtfett
6,1 g	gesättigte Fette
35,1 g	Protein
77,8 g	Kohlenhydrate
5,5 g	Ballaststoffe
33 mg	Cholesterin
597 mg	Natrium

Zubereitungszeit: 20 Minuten • Back- und Aufgehzeit: 1 Stunde

TEIG

2 Tassen warmes Wasser (ca. 45°C) • 1 Esslöffel Trockenhefe • 1 Esslöffel Honig oder Zucker • 1 ½ Tassen Weizenvollkornmehl • 1 Teelöffel Salz • 3 bis 4 Tassen Grießmehl oder ungebleichtes Mehl • Maismehl

FÜLLUNG

5 Knoblauchzehen, fein gehackt • 430 g Ricotta • 2 Tassen kleine Brokkoliröschen • 2 Tassen frischer Spinat, in Stücke zerpflückt • 1 rote Zwiebel, in Scheiben geschnitten • 2 große Tomaten, in Scheiben geschnitten • ½ Tasse aufgeschnittene geröstete rote Paprika • 4 Tassen in Streifen geschnittener Mozzarella oder Provolone • 1 Teelöffel getrockneter Oregano • grob gemahlene Peperoni (wahlweise) • 1 Esslöffel geriebener Parmesan

Für den Teig: Wasser, Hefe und Honig oder Zucker in einer großen Schüssel vermischen. 5 Minuten beiseite stellen, bis die Mischung schaumig ist.

Weizenvollkornmehl und Salz hinzugeben. 3 Minuten mit einem Elektromixer oder 5 Minuten kräftig von Hand verrühren. 3 Tassen Grieß- oder ungebleichtes Mehl einrühren.

Auf eine bemehlte Fläche geben und etwas (nicht zu viel) vom restlichen Mehl einkneten, um eine weiche Masse zu formen. 10 Minuten kneten, bis der Teig glatt und elastisch ist. Anschließend zu einer Kugel formen.

Eine große Schüssel mit Backspray besprühen. Den Teig in die Schüssel geben und wenden, bis er rundum mit dem Spray bedeckt ist. Zugedeckt an einem warmen Ort etwa 45 Minuten gehen lassen, bis sich das Teigvolumen verdoppelt hat.

Ein Backblech mit Backspray besprühen und mit Maismehl bestäuben.

Teig flach kneten und halbieren. Auf einer bemehlten Fläche eine Hälfte zu einem ca 37 cm großen Fladen formen. Auf das vorbereitete Backblech legen.

Ofen auf 230 °C vorheizen.

Für die Füllung: Knoblauch und Ricotta auf dem Teig verteilen. Brokkoli, Spinat, Zwiebeln, Tomaten, geröstete Paprika und Mozzarella oder Provolone zugeben. Mit Oregano oder grob gemahlenen Peperoni (falls erwünscht) bestreuen.

Den restlichen Teig ebenfalls zu einem 37 cm großen Fladen formen. Über die Füllung legen und die obere und untere Teigschicht zusammendrücken. Den Teig mit Backspray besprühen und mit Parmesan bestreuen. Mit einem scharfen Messer 4 Schlitze in die Oberseite des Teigs schneiden. Auf der untersten Schiene 20 bis 30 Minuten backen, bis der Rand leicht braun wird. Vor dem Schneiden etwas abkühlen lassen.

SPINAT-RICOTTA-CALZONE

Wenn Sie gefüllte Pizza mögen, werden Sie diese Calzone lieben. Servieren Sie sie mit warmer Tomatensoße.

ergibt 6 Calzonen
pro Calzone

429	Kalorien
7,4 g	Gesamtfett
3,3 g	gesättigte Fette
22,6 g	Protein
71,4 g	Kohlenhydrate
7 g	Ballaststoffe
15 mg	Cholesterin
587 mg	Natrium

Zubereitungszeit: 35 Minuten • Back-, Gar- und Aufgehzeit: 1 1/2 Stunden

TEIG

1 2/3 Tassen warmes Wasser (ca. 45 °C) • 1 Esslöffel Trockenhefe • 2 Teelöffel Honig oder Zucker • 2 Tassen Weizenvollkornmehl oder ungebleichtes Mehl • 1 Teelöffel Salz • 1 Teelöffel Olivenöl • 2-3 Tassen ungebleichtes Mehl

FÜLLUNG

285 g gefrorener Spinat, aufgetaut • 1 Teelöffel Olivenöl • 1 Tasse gehackte Zwiebeln • 3 Knoblauchzehen, fein gehackt • 1 Teelöffel Zucker • Salz und gemahlener schwarzer Pfeffer • 1 Tasse in Streifen geschnittener Mozzarella • 3/4 Tasse Ricotta • 1/2 Teelöffel geriebene Zitronenschale • 1/4 Tasse + 1 Esslöffel geriebener Parmesan

Für den Teig: Wasser, Hefe und Honig oder Zucker in einer großen Schale vermischen. 5 Minuten beiseite stellen, bis die Mischung schaumig ist.

Weizenvollkornmehl oder ungebleichtes Mehl, Salz und Öl hinzufügen. 3 Minuten mit einem Elektromixer oder 5 Minuten kräftig von Hand verrühren. 2 Tassen ungebleichtes Mehl einrühren.

Auf eine bemehlte Fläche geben und etwas (nicht zu viel) vom restlichen Mehl einkneten, um eine weiche Masse zu formen. 10 Minuten kneten, bis der Teig glatt und elastisch ist. Anschließend zu einer Kugel formen.

Eine große Schale mit Backspray besprühen. Den Teig darin wenden, bis er rundum mit dem Spray bedeckt ist. Zudecken und an einem warmen Ort etwa 45 Minuten gehen lassen, bis sich das Volumen verdoppelt hat.

Ein Backblech mit Backspray besprühen.

Den Teig nochmals durchkneten und sechsteln. Jeden Teil zu einem ca. 17 cm großen Fladen formen.

Für die Füllung: Spinat abtropfen lassen und ausdrücken.

Öl in einer antihaft-beschichteten Pfanne bei mittlerer Hitze erwärmen. Zwiebeln und Knoblauch darin 5 Minuten garen. Spinat und Zucker dazugeben. Mit Salz und Pfeffer abschmecken. 10 Minuten garen, bis der Großteil der Flüssigkeit verkocht ist. Etwas abkühlen lassen.

Mozzarella, Ricotta, Zitronenschale und $^1/_4$ Tasse Parmesan in eine mittelgroße Schüssel geben. Spinatmischung zugeben und alles gut vermischen.

Ofen auf 190 °C vorheizen.

Jeweils die gleiche Menge Füllung auf eine Hälfte jedes Teigfladens verteilen. Andere Hälfte des Fladens über die Füllung klappen und die Ränder zusammendrücken.

Die Calzonen auf das vorbereitete Backblech legen und jeweils 2 Schlitze in die Oberseiten schneiden. Mit Backspray besprühen und mit dem restlichen Parmesan bestreuen. Auf der untersten Schiene 30 Minuten backen, bis der Rand leicht braun wird. Vor dem Servieren leicht abkühlen lassen.

ergibt 6 Calzonen
pro Calzone

451	Kalorien
8,9 g	Gesamtfett
4,5 g	gesättigte Fette
20,2 g	Protein
74 g	Kohlenhydrate
8,4 g	Ballaststoffe
21 mg	Cholesterin
500 mg	Natrium

PILZ-CALZONE

Diese Calzone ist in weniger als einer halben Stunde zubereitet. Nachdem der Teig aufgegangen ist, füllen Sie die Calzonen einfach mit den Pilzen und der Käsefüllung und legen sie in den Ofen. Ich bevorzuge eine Pilzmischung, wie z.B. Portobello-, Cremini- und Shiitake-Pilze.

Zubereitungszeit: 25 Minuten • Aufgeh- und Backzeit: $1^1/_2$ Stunden

TEIG

$1^2/_3$ Tassen warmes Wasser (ca. 45 °C) • 1 Esslöffel aktive Trockenhefe • 2 Teelöffel Honig oder Zucker • 2 Tassen Weizenvollkornmehl oder ungebleichtes Mehl • 1 Teelöffel Salz • 1 Teelöffel Olivenöl • 2 bis 3 Tassen ungebleichtes Mehl

FÜLLUNG

1 Esslöffel ungesalzene Butter oder Margarine • 1 Zwiebel, in Scheiben geschnitten • 4 Knoblauchzehen, gehackt • 450 g Pilze, gehackt • 1 Teelöffel getrockneter Thymian • Salz und gemahlener schwarzer Pfeffer • 2 Esslöffel ungebleichtes Mehl • 3 Esslöffel fettfreier Sauerrahm • 3 Esslöffel trockener Sherry oder alkoholfreier Weißwein • $1^1/_2$ Tassen in Streifen geschnittener Provolone, Schweizer Käse oder Mozzarella

Für den Teig: Wasser, Hefe und Honig oder Zucker in einer großen Schale vermischen. 5 Minuten beiseite stellen, bis die Mischung schaumig ist.

Weizenvollkornmehl oder ungebleichtes Mehl, Salz und Öl zufügen. 3 Minuten mit einem Elektromixer oder 5 Minuten kräftig von Hand verrühren. 2 Tassen ungebleichtes Mehl einrühren.

Auf eine bemehlte Fläche geben und etwas (nicht zu viel) vom restlichen Mehl einkneten, um eine weiche Masse zu formen. 10 Minuten kneten, bis der Teig glatt und elastisch ist. Anschließend zu einer Kugel formen.

Eine große Schale mit Backspray besprühen. Den Teig darin wenden, bis er rundum mit dem Backspray bedeckt ist. Zugedeckt an einem warmen Ort etwa 45 Minuten gehen lassen, bis sich das Teigvolumen verdoppelt hat.

Ein Backblech mit Backspray besprühen.

Den Teig nochmals durchkneten und sechsteln. Jeden Teil auf einer bemehlten Fläche zu einem 17 cm großen Fladen formen.

Für die Füllung: Butter oder Margarine in einer antihaft-beschichteten Pfanne bei mittlerer Hitze zerlassen. Zwiebeln und Knoblauch darin 3 Minuten garen. Pilze und Thymian dazugeben. Mit Salz und Pfeffer würzen. 15 Minuten garen, bis die gesamte Flüssigkeit verkocht ist. Mehl einrühren. Von der Kochstelle nehmen und Sauerrahm einrühren. In eine Schüssel geben und zum Abkühlen beiseite stellen.

Pfanne wieder auf die Kochplatte stellen und Sherry oder Wein hinzufügen. Unter Rühren 2 Minuten kochen, so dass sich der Fond ablöst. Diesen über die Pilze gießen. Provolone, Schweizer Käse oder Mozzarella einrühren und gut vermischen.

Ofen auf 190 °C vorheizen.

Jeweils die gleiche Menge Füllung auf eine Hälfte jedes Teigfladens verteilen. Andere Hälfte des Fladens über die Füllung klappen und die Ränder zusammendrücken.

Die Calzonen auf das vorbereitete Backblech legen und jeweils 2 Schlitze in die Oberseiten schneiden. Jeweils mit Backspray besprühen und mit dem restlichen Parmesan bestreuen. Auf der untersten Schiene 30 Minuten backen, bis der Rand leicht braun wird. Vor dem Servieren leicht abkühlen lassen.

KOCHHINWEIS

Bereiten Sie die Calzonen im Voraus zu, damit Sie bei der Zubereitung des Mittag- oder Abendessens nicht in Zeitnot geraten. Wickeln Sie dazu die Calzonen in Alufolie, dann können Sie sie bis zu eine Woche im Kühlschrank oder bis zu einem Monat in der Tiefkühltruhe aufbewahren. Tauen Sie sie vor dem Backen auf. Erhitzen Sie sie im Backofen 20 Minuten lang bei 180 °C, bis die Füllung heiß ist.

ergibt 6 Portionen
pro Portion

321	Kalorien
10,1 g	Gesamtfett
4,3 g	gesättigte Fette
22 g	Protein
39,4 g	Kohlenhydrate
4,8 g	Ballaststoffe
53 mg	Cholesterin
837 mg	Natrium

AUBERGINEN-POLENTA MIT PARMESAN

Polenta ist ein italienischer Brei aus Maisgrieß und Wasser. Sie wird beim Abkühlen fest. Um einen weichen Boden zu erhalten, streiche ich sie in eine Backform. Statt die Aubergine in viel Öl zu frittieren, röste ich sie im Backofen.

Zubereitungszeit: 45 Minuten • Back- und Abkühlzeit: 50 Minuten

$3^1/_3$ Tassen Wasser • 1 Tasse grobes Maismehl • Salz • 2 mittlere Auberginen, geschält und in ca. 1 cm dicke Scheiben geschnitten • 1 Esslöffel Olivenöl • 1 Zwiebel, gehackt • 5 Knoblauchzehen, fein gehackt • 800 g gepresste Tomaten • $^1/_2$ Tasse frisches Basilikum, gehackt • 2 Esslöffel gehackte frische Petersilie • 2 Esslöffel Tomatenmark • Gemahlener schwarzer Pfeffer • 1 Tasse Ricotta • 115 g fettarmer Frischkäse • 1 Ei • $^1/_2$ Tasse geriebener Parmesan • 1 Tasse in Streifen geschnittener Mozzarella

Ein 28 x 18 cm großes Backblech mit Backspray besprühen.

Wasser in einem großen Topf zum Kochen bringen. Nach und nach Maismehl und einen halben Teelöffel Salz hineinrühren. Hitze auf mittlere bis niedrige Stufe reduzieren. 10 bis 15 Minuten kochen und rühren, bis die Mischung so dick ist, dass der Löffel darin stehen bleibt. Die Hälfte der Polenta auf dem vorbereiteten Backblech verteilen. Bis zur Weiterverarbeitung kühlen. Auf einem mit Backspray besprühten Stück Alufolie die restliche Polenta zu einem flachen 28 x 18 cm großen Rechteck verstreichen. Bis zur Weiterverarbeitung kühlen.

Ofen auf 260 °C vorheizen. 2 Backbleche mit Backspray besprühen. Die Auberginenscheiben in einer Schicht darauflegen. Mit Backspray besprühen und mit etwas Salz bestreuen. 10 Minuten backen. Die Scheiben wenden, mit Backspray besprühen und wiederum 10 Minuten backen.

Die Ofentemperatur auf 190 °C reduzieren.

Das Öl in einem mittleren Topf bei mittlerer Hitze erwärmen. Zwiebeln und Knoblauch darin 5 Minuten garen. Tomaten, Basilikum, Petersilie und Tomatenmark hinzugeben. Mit Salz und Pfeffer abschmecken. Bei niedriger Hitze abgedeckt 10 Minuten garen.

Ricotta, Frischkäse und Ei in einer mittleren Schüssel vermischen. Mit einem Elektromixer glatt rühren.

Backform aus dem Kühlschrank nehmen. 1 Tasse Tomatensoße über die Polenta verteilen. Mit der Hälfte der Auberginescheiben bedecken. Die Hälfte der Ricottamischung darübergeben. Eine weitere Tasse der Soße verteilen. Mit den restlichen Auberginenscheiben und der restlichen Ricottamischung bedecken. Vorsichtig die aufbewahrte Polenta darübergeben. Die restliche Soße darübergießen und mit Mozzarella bestreuen.

35 Minuten backen, bis der Käse geschmolzen ist und die Soße Blasen wirft. Vor dem Servieren 15 Minuten abkühlen lassen.

KOCHHINWEIS

Die Sorte Maismehl (Maisgrieß), die für Polenta verwendet wird, ist grober als die, die für Maisbrot benutzt wird. Sie finden sie bei den Getreideprodukten in Ihrem Lebensmittelgeschäft. Achten Sie auf Etiketten wie „Polenta“, „Maisgrieß“ oder „grobes Maismehl“.

MEERESFRÜCHTE-CANNELLONI MIT ROTER SOSSE

ergibt 10 Portionen
pro Portion

286	Kalorien
4,6 g	Gesamtfett
1,5 g	gesättigte Fette
31 g	Protein
31 g	Kohlenhydrate
2,5 g	Ballaststoffe
85 mg	Cholesterin
650 mg	Natrium

Meeresfrüchte und Käse ergeben eine köstliche Füllung für Cannelloni. Frische Lasagne schmeckt am besten, aber trockene Cannelloni oder Manicotti sind eine Alternative. Kochen Sie sie entsprechend den Packungsanweisungen vor dem Füllen.

Zubereitungszeit: 35 Minuten • Backzeit: 30 Minuten

3 Tassen Tomatensoße • 2 Dosen (je 340 g) fettarme Kondensmilch • 1 Lachsfilet (230 g) • Zitronensaft • 230 g Meeresmuscheln • 230 g kleine Garnelen, geschält und gesäubert • 1 Ei • 430 g Ricotta • $^1/_2$ Tasse in Streifen geschnittener Havarti oder Mozzarella • 2 Esslöffel gehackte frische Petersilie • 1 Teelöffel geriebene Zitronenschale • $^1/_2$ Teelöffel Knoblauchpulver • Salz und gemahlener schwarzer Pfeffer • 340 g frische Lasagneblätter (ca. zehn 18 x 11 cm große Blätter) • $^1/_4$ Tasse geriebener Parmesan

Tomatensoße und Milch in einem mittleren Topf vermischen. Bei niedriger Hitze erwärmen und umrühren, bis die Soße zu kochen beginnt.

Grillofen vorheizen. Grillpfanne mit Backspray besprühen. Den Lachs in die vorbereitete Pfanne legen und mit Zitronensaft beträufeln. Pro 2,5 cm Dicke des Fisches 10 Minuten garen, bis er sich leicht mit der Gabel zerteilen lässt. Muscheln und Garnelen mit Zitronensaft beträufeln und zum Lachs in die Bratpfanne geben. 2 bis 3 Minuten kochen, bis Muscheln und Garnelen gar sind. Die Meeresfrüchte auf eine Platte geben.

Das Ei in eine große Schüssel geben. Mit einer Gabel leicht verquirlen. Ricotta, Havarti oder Mozzarella, Petersilie, Zitronenschale und Knoblauchpulver hinzufügen. Mit Salz und Pfeffer abschmecken. Gut vermischen. Meeresfrüchte in mundgerechte Stücke schneiden und in die Ricottamischung einrühren.

2 Tassen der Soße in einer 25,5 x 38 cm großen Backform verteilen.

Ca. 1 Tasse der Meeresfrüchtemischung auf die Mitte eines Lasagneblatts geben. Blatt vorsichtig längs aufrollen. Falls nötig, zusätzliche Füllung an die Enden der Rolle geben. Die Cannelloni mit der Nahtseite nach unten in die vorbereitete Backform setzen. Mit den restlichen Lasagneblättern wiederholen. Zwischen den Cannelloni in der Backform ein wenig Platz lassen.

Ofentemperatur auf 180 °C reduzieren. Die restliche Soße über die Cannelloni gießen. Mit Parmesan bestreuen und 30 Minuten backen Vor dem Servieren etwas abkühlen lassen.

GERÖSTETE GEMÜSE-QUESADILLAS

Quesadillas sind ein typisches mexikanisches Gericht. Hier werden sie mit geröstetem Gemüse sowie Käse gefüllt und mit Limetten-Sauerrahm garniert.

ergibt 4 Portionen
pro Portion

386	Kalorien
11,8 g	Gesamtfett
6,3 g	gesättigte Fette
29,1 g	Protein
49,9 g	Kohlenhydrate
13,3 g	Ballaststoffe
40 mg	Cholesterin
1036 mg	Natrium

Zubereitungszeit: 20 Minuten • Röstzeit: 30 Minuten

SOSSE

1/2 Tasse fettarmer Sauerrahm • 1 Teelöffel Limettensaft • 1/2 Teelöffel gemahlener Kümmel • 1/4 Teelöffel geriebene Zitronenschale

FÜLLUNG

1 1/3 Tassen Spargel, fein gehackt • 1 1/3 Tassen rote Paprika, fein gehackt • 1 1/3 Tassen gelber Kürbis oder Zucchini, fein gehackt • 1 große rote Zwiebel, in Scheiben geschnitten • 1 Teelöffel Olivenöl • Salz und gemahlener schwarzer Pfeffer

QUESADILLAS

8 fettfreie Tortillas (15 cm Durchmesser) • 230 g in Streifen geschnittener, fettreduzierter würziger Käse mit scharfem Pfeffer oder Cheddar • 4 Teelöffel fein gehackter Koriander (wahlweise)

Für die Soße: Sauerrahm, Limettensaft, Kümmel und Zitronenschale in einer kleinen Schüssel mischen. Zudecken und mindestens 30 Minuten kühlen.

Für die Füllung: Ofen auf 260 °C vorheizen. Eine Auflaufform mit Backspray besprühen.

Spargel, rote Paprika, Kürbis oder Zucchini, Zwiebeln und Öl in einer mittelgroßen Schüssel vermischen. Mit Salz und Pfeffer würzen und in die Auflaufform schichten. 15 Minuten backen, bis das Gemüse zart und leicht braun ist, dabei die Form zwischendurch schwenken, um das Gemüse zu wenden. Aus dem Ofen nehmen.

Für die Quesadillas: Grill vorheizen. Ein Backblech mit Backspray besprühen.

2 Tortillas nebeneinander auf das vorbereitete Blech legen. Beide mit $^{1}/_{4}$ der Gemüsemischung , 60 g Käse und 1 Teelöffel Koriander (falls verwendet) belegen. Jede mit 1 Tortilla bedecken und mit Backspray besprühen. 11 cm von der Hitze entfernt ungefähr 2 Minuten grillen. Mit einem langen Pfannenwender die Quesadillas vorsichtig wenden und weitere 2 Minuten grillen, bis der Käse geschmolzen ist und die Quesadillas bräunlich sind (Vorsicht, sie brennen schnell an!). Aus dem Ofen nehmen und auf eine Platte legen. Warm halten.

Den Vorgang mit den restlichen 4 Tortillas wiederholen.

Jede Quesadilla in 4 Teile schneiden und mit der Soße servieren.

Kochhinweise

Wenn Sie keinen fettreduzierten Käse mit scharfem Pfeffer finden können, fügen Sie jeder Quesadilla 1 Teelöffel gehackte scharfe Peperoni hinzu.
Mit einem Pizzaschneider können Sie die Quesadillas einfacher zerteilen.

KARTOFFELKLÖSSCHEN ASIATISCHE ART

ergibt 20 Klößchen
pro 5 Klößchen

420	Kalorien
4 g	Gesamtfett
2,1 g	gesättigte Fette
11,3 g	Protein
83,7 g	Kohlenhydrate
2,6 g	Ballaststoffe
9 mg	Cholesterin
441 mg	Natrium

Diese köstlichen Klößchen werden mit Kartoffelpüree gefüllt und gedämpft. Für eine komplette Mahlzeit reichen Sie dazu Naturreis, sautierten Spinat und Asiatischen Krautsalat mit Orangen-Ingwer-Dressing (Seite 115).

Zubereitungszeit: 1 Stunde • Gar- und Dünstzeit: 30 Minuten

TEIG

2 1/2 Tassen ungebleichtes Mehl • 1/4 Tasse Backpulver • 1/4 Teelöffel Salz • 3/4 Tasse Wasser

FÜLLUNG

450 g Tomaten, geschält und gewürfelt • 1/3 Tasse Magermilch, erwärmt • 1 Esslöffel gehackter frischer Koriander • 2 Frühlingszwiebeln, fein gehackt • 1 Esslöffel ungesalzene Butter oder Rapsöl • 1/4 Tasse gehackte rote Zwiebeln • 3 Knoblauchzehen, fein gehackt • 1 1/2 Teelöffel fein gehackter frischer Ingwer • 1 Esslöffel natriumarme Sojasoße • 1/2 Teelöffel Chilipulver • 1/4 Teelöffel Salz • 1/4 Teelöffel gemahlener schwarzer Pfeffer

Für den Teig: Mehl, Backpulver und Salz in einer mittleren Schüssel vermischen. Eine Mulde in die Mitte drücken. Langsam Wasser hineingießen, dabei den Teig mit einem Löffel verrühren. So viel Wasser zugeben, wie für einen glatten Teig nötig ist. Den Teig auf eine bemehlte Fläche geben und 5 Minuten kneten. Mit Frischhaltefolie zudecken. 30 Minuten beiseite stellen.

Für die Füllung: Kartoffeln in einen mittleren Topf geben. Mit Wasser bedecken. Bei hoher Hitze zum Kochen bringen. Hitze auf mittlere Stufe stellen und 10 Minuten weiterkochen, bis die Kartoffeln weich sind. Abtropfen lassen und in eine mittlere Schüssel geben. Milch, Koriander und Frühlingszwiebeln dazugeben. Alles zu einer glatten Masse zerstampfen.

Butter oder Öl in einer kleinen Pfanne bei mittlerer Hitze erwärmen. Zwiebeln, Knoblauch und Ingwer darin 5 Minuten garen. Sojasoße, Chilipulver, Salz und Pfeffer einrühren. Kartoffelmischung hinzufügen und gut vermischen.

Den Teig zu einer langen Rolle (ca. 3 cm Durchmesser) formen. Mit einem scharfen Messer in 20 Stücke zerteilen. Die Stücke mit Frischhaltefolie bedecken und jedes Teigstück auf etwa 9 cm Durchmesser ausrollen. Die Fladen sollten am Rand dünner sein als in der Mitte.

Etwa 1 Esslöffel Füllung in die Mitte jedes Fladens legen. Die Seiten des Teigs hochziehen, um die Füllung legen und in der Mitte zusammendrücken.

Die Klößchen nebeneinander in einen Dämpfeinsatz geben. In einem großen geschlossenen Topf über kochendem Wasser 15 Minuten dünsten. Danach herausnehmen und warm halten. Vorgang mit den restlichen Klößchen wiederholen.

ergibt 12 Portionen
pro Portion

202	Kalorien
5,2 g	Gesamtfett
1,4 g	gesättigte Fette
14,8 g	Protein
23,7 g	Kohlenhydrate
1,2 g	Ballaststoffe
28 mg	Cholesterin
187 mg	Natrium

HÄHNCHEN-TACOS

Tacos zuzubereiten und zu essen macht meiner Familie gleichermaßen viel Spaß. Wir legen die Tortillas und die Füllungen so auf den Tisch, dass jeder seine eigene Kreation zusammenstellen kann. Diese Tacos schmecken hervorragend mit Mango-Papaya-Salsa (Seite 261).

Zubereitungszeit: 20 Minuten

1 Esslöffel Olivenöl • 1 Zwiebel, fein gehackt • 2 Knoblauchzehen, fein gehackt • 1 Jalapeno-Peperoni, fein gehackt (Ziehen Sie beim Verarbeiten Plastikhandschuhe an.) • 3 Tassen in Streifen geschnittene Hähnchenbrust • $^3/_4$ Tasse fettfreie Hühner- oder Gemüsebrühe • $^1/_2$ Teelöffel gemahlener Kreuzkümmel • Salz und gemahlener schwarzer Pfeffer • 12 Tortillas (15 cm Durchmesser) oder Tacoschalen, erwärmt • 2 Tassen zerpflückter Römersalat • 1 Tasse in Streifen geschnittener würziger Cheddarkäse • 3 Tomaten, klein geschnitten • $^1/_4$ Tasse fettarmer Sauerrahm • Salsa (wahlweise)

Öl in einer antihaft-beschichteten Pfanne bei mittlerer Hitze erwärmen. Zwiebeln, Knoblauch und Peperoni darin 5 Minuten garen. Hähnchen, Brühe und Kümmel zufügen. Mit Salz und scharfem Pfeffer würzen. 10 Minuten garen, bis der Großteil der Flüssigkeit aufgesogen und die Hähnchenmischung ziemlich trocken ist. In eine mittlere Schüssel geben.

Tortillas oder Tacoschalen mit der Hähnchenmasse füllen. Mit Salat, Cheddar, Tomaten, Sauerrahm und Salsa (falls verwendet) garnieren.

VARIATION

Vegetarische Tacos: Das Hähnchenfleisch durch eine Dose (430 g) vegetarische Refried Beans (Bohnenpüree) ersetzen und 2 Tassen gekochten Reis dazugeben.

Rezepte

21

Leichte und leckere Aufläufe

Aufläufe sind als einfache, gut sättigende Ein-Teller-Gerichte sehr beliebt. Gemüse-, Pasta-, Bohnen-, Fisch- oder Geflügelreste können Sie dafür perfekt verwerten. Die Zubereitungsschritte sind einfach: Vermischen, in eine Auflaufform geben und backen.

Kinder lieben Aufläufe sehr. Meine Kinder freuen sich jedes Mal, wenn es „Huhn-Chili-Auflauf“ gibt. Hauptgerichte wie dieses sind sehr reichhaltig und daher eine geeignete Kost für die ganze Familie. Drängt einmal die Zeit, können Sie den Auflauf am Abend vorher vorbereiten und im Kühlschrank aufbewahren. Bei Bedarf stellen Sie ihn einfach in den Backofen. Reste sind auch einen Tag später noch eine gute Mahlzeit.

Die meisten Rezepte in diesem Kapitel sind vollwertige Gerichte. Eine Scheibe knuspriges Brot ist alles, was Sie zusätzlich brauchen. Ist der Appetit besonders groß, empfehle ich einen Salat (ab Seite 96) als Beilage.

GEBACKENE GNOCCHI MIT PROVOLONE

Gnocchi sind kleine italienische Klößchen. Gewöhnlich werden sie als Beilage mit zerlassener Butter und geriebenem Käse serviert. Die Gnocchi selbst sind ziemlich fettarm. Hier verwende ich sie als Basis für einen schnellen Auflauf mit Tomaten, Basilikum und Käse. Servieren Sie dieses Gericht mit viel knusprigem Vollwertbrot zum Eindippen.

ergibt 4 Portionen
pro Portion

545	Kalorien
7,9 g	Gesamtfett
3,5 g	gesättigte Fette
30 g	Protein
90,8 g	Kohlenhydrate
3,1 g	Ballaststoffe
17 mg	Cholesterin
611 mg	Natrium

Zubereitungszeit: 20 Minuten • Backzeit: 25 Minuten

1 Esslöffel Olivenöl • 2 Schalotten, fein gehackt • 4 Knoblauchzehen, fein gehackt • 800 g gewürfelte Tomaten (mit Saft) • $^{2}/_{3}$ Tasse fettfreie Hühner- oder Gemüsebrühe • $^{1}/_{2}$ Tasse trockener Weißwein oder alkoholfreier Weißwein • $^{1}/_{4}$ Tasse frisch gehacktes Basilikum • 1 Teelöffel Zucker • gemahlener schwarzer Pfeffer • 680 g Gnocchi, gefroren oder aus dem Kühlregal • 1 Tasse geraspelter Provolone oder Mozzarella

Backofen auf 180 °C vorheizen. Eine Auflaufform (ca. 2 Liter) mit Backspray besprühen.

Das Öl in einem großen Topf bei mittlerer Hitze erwärmen. Schalotten und Knoblauch darin 2 Minuten dünsten. Tomaten (mit Saft), Brühe, Wein, Basilikum und Zucker dazugeben. Zum Kochen bringen. Bei geringer bis mittlerer Hitze 10 Minuten kochen. Mit Pfeffer abschmecken.

Gnocchi gemäß der Packungsanleitung in einem großen Topf kochen. Abtropfen lassen und in die vorbereitete Backform geben. Mit Provolone oder Mozarella bestreuen und leicht vermischen. Soße dazugeben und mischen. Mit Folie zudecken und ca. 25 Minuten backen.

TIPP

Provolone ist geeigneter als andere Hartkäsesorten. Er ist fettärmer als Cheddar oder Schweizer Käse. Schon geringe Mengen sorgen für einen intensiven Geschmack, z.B. bei Sandwiches und Nudelgerichten. Wenn Sie Provolone verwenden, können Sie genießen und gleichzeitig Fett sparen.

Spaghettiauflauf mit Putenwürstchen

Dieser Auflauf ist genauso schmackhaft wie mit Würstchen aus Schweinefleisch. Einigen Testessern mundete er sogar besser.

ergibt 6 Portionen	
pro Portion	
449	Kalorien
9,2 g	Gesamtfett
2,4 g	gesättigte Fette
22,8 g	Protein
68,6 g	Kohlenhydrate
1,4 g	Ballaststoffe
39 mg	Cholesterin
879 mg	Natrium

Zubereitungszeit: 20 Minuten • Backzeit: 1 Stunde

340 g Spaghetti • 1 Esslöffel Olivenöl • 340 g Putenwurst, ohne Haut • 3 Dosen (je 800 g) gewürfelte Tomaten (mit Saft) • 1/2 Tasse geriebener Parmesan • 2 Teelöffel getrocknetes Basilikum • 1 Teelöffel Knoblauchpulver • 1 Teelöffel getrockneter Oregano • gemahlener schwarzer Pfeffer • grob gemahlene Peperoni • 1/2 Tasse Cracker-Brösel

Ofen auf 180 °C vorheizen. Eine Auflaufform (ca. 3 Liter) mit Backspray besprühen.

Spaghetti gemäß Packungsanweisung kochen. Abtropfen lassen und in eine große Schüssel geben.

Öl in einer großen antihaft-beschichteten Pfanne bei mittlerer Hitze erwärmen. Wurst zerkrümelt in die Pfanne geben und unter Rühren 5 Minuten erhitzen, bis sie braun wird. Zu den Spaghetti geben.

Tomaten (mit Saft), Parmesan, Basilikum, Knoblauchpulver und Oregano einrühren. Mit Pfeffer und Peperoni abschmecken.

In die vorbereitete Backform gießen und mit den Cracker-Bröseln bestreuen. Diese mit Backspray besprühen.

Eine Stunde backen, bis die Brösel braun sind und der Auflauf Blasen wirft.

HÜHNERPASTETE

ergibt 6 Portionen

pro Portion

436	Kalorien
9,5 g	Gesamtfett
4,7 g	gesättigte Fette
34,3 g	Protein
55,8 g	Kohlenhydrate
8,9 g	Ballaststoffe
65 mg	Cholesterin
598 mg	Natrium

Hühnerpastete ist gewöhnlich sehr fettreich. Eine cremige Soße sowie eine knusprige Kruste erreiche ich durch fettarme Kondensmilch statt Sahne und eine fettarme Teigmischung als Abschluss.

Zubereitungszeit: 30 Minuten • Back- und Abkühlzeit: 25 Minuten

FÜLLUNG

1 Esslöffel Butter oder Rapsöl • 1 Zwiebel, fein gehackt • 1 rote oder grüne Paprika, fein gehackt • 4 Knoblauchzehen, zerstoßen • 2 Stangen Sellerie, fein gehackt • 2 Karotten, in dünne Scheiben geschnitten • 230 g Pilze, in Scheiben geschnitten • 450 g Hühnchenbrust ohne Haut, gewürfelt • 1 1/2 Teelöffel getrocknete italienische Kräuter • 1/2 Teelöffel Senfpulver • 5 Esslöffel fein gemahlenes Weizenvollkornmehl oder ungebleichtes Mehl • 340 g fettarme Kondensmilch • 2 1/2 Tassen fettfreie Hühner- oder Gemüsebrühe • 1 Esslöffel trockener Sherry oder alkoholfreier Weißwein • 1 Tasse Erbsen • Salz und gemahlener schwarzer Pfeffer

KRUSTE

1 3/4 Tassen fein gemahlenes Weizenvollkornmehl oder ungebleichtes Mehl • 1 Esslöffel Backpulver • 1 Teelöffel Zucker • 1/4 Teelöffel Salz • 2 Esslöffel ungesalzene Butter oder Margarine • 1 Tasse fettfreie oder fettarme Buttermilch

Für die Füllung: 6 Backformen (je 480 ml) mit Backspray besprühen. Auf ein Backblech stellen.

Butter oder Öl in einem großen Topf bei mittlerer Hitze erwärmen. Zwiebeln, rote oder grüne Paprika, Knoblauch, Sellerie, Karotten und Pilze darin 5 Minuten kochen. Fleisch, italienische Kräuter und Senfpulver untermischen. 2 Minuten kochen. Mehl einrühren und gut vermischen. Nach und nach Milch und Brühe einrühren. Unter Rühren 5 bis 10 Minuten weiterkochen, bis die Mischung andickt. Sherry oder Wein sowie Erbsen einrühren. Mit Salz und schwarzem Pfeffer abschmecken. Die Füllung in die vorbereiteten Backformen füllen.

Für die Kruste: Backofen auf 200 °C vorheizen.

Mehl, Backpulver, Zucker und Salz in eine große Schüssel geben. Vermischen, Butter oder Margarine dazugeben und mit einem Mixer rühren, bis die Mischung feinkrümelig ist. Mit einer Gabel die Buttermilch unterrühren, bis der Teig feucht wird. Teig über die Füllung in den Backformen streichen.

20 Minuten backen, bis die Füllung brodelt und die Kruste leicht braun wird. Vor dem Servieren 5 Minuten auf einem Kuchengitter abkühlen lassen.

Variationen

Meeresfrüchtepastete: Das Huhn durch 450 bis 680 g gemischte Meeresfrüchte ersetzen. Garnelen, Muscheln, Krabben, Hummer, Thunfisch, Heilbutt, Lachs und Felchen sind gut geeignet.
Gemüsepastete: Huhn durch 3 Tassen gemischtes Gemüse oder gekochte Bohnen ersetzen. Kartoffeln, süße Kartoffeln, Brokkoli, Blumenkohl, grüne Bohnen, Mais, gekochte weiße Bohnen und Tofu sind weitere Variationsmöglichkeiten. Statt Hühnerbrühe können Sie auch Gemüsebrühe verwenden.

PASTETE MIT WURZELGEMÜSE

ergibt 6 Portionen
pro Portion

413	Kalorien
9,4 g	Gesamtfett
3,3 g	gesättigte Fette
12,2 g	Protein
71,7 g	Kohlenhydrate
8,9 g	Ballaststoffe
13 mg	Cholesterin
224 mg	Natrium

Dieses Hauptgericht passt gut zur kälteren Jahreszeit. Es schmeckt sowohl Fleischliebhabern als auch Vegetariern. Kartoffelpüree ummantelt herzhaftes Wurzelgemüse, das Sie nach Belieben abwandeln können (sie brauchen ungefähr 6 Tassen Gemüse).

Zubereitungszeit: 45 Minuten • Back- und Kochzeit: 45 Minuten

PASTETE

2 Süßkartoffeln, geschält und gewürfelt • 2 Pastinaken, geschält und gewürfelt • 6 mittelgroße Rote Beete, geschält und gewürfelt • 2 Zwiebeln, geviertelt • 6 Knoblauchzehen, halbiert • 2 Esslöffel Olivenöl • 1 Teelöffel getrockneter Thymian • Salz und gemahlener schwarzer Pfeffer • 5 Backkartoffeln, geschält und gewürfelt • $^1/_2$ Tasse Magermilch • 2 Esslöffel fettarmer Sauerrahm • 1 Esslöffel fettfreie Majonäse • 1 Esslöffel Butter oder Margarine

SOSSE

1 Esslöffel Butter oder Margarine • 1 Tasse fein gehackte Pilze • 1 Schalotte, fein gehackt • 1 Teelöffel getrockneter Thymian • 3 Esslöffel ungebleichtes Mehl • 340 g fettarme Kondensmilch • 2 Esslöffel trockener Sherry oder alkoholfreier Weißwein • Salz und gemahlener schwarzer Pfeffer

Für die Pastete: Ofen auf 260 °C vorheizen. 2 Backformen mit Backspray besprühen.

Süßkartoffeln, Pastinaken, Rüben, Zwiebeln, Knoblauch, Öl und Thymian in einer großen Schüssel vermischen. Mit Salz und Pfeffer würzen. Gleichmäßig auf die beiden vorbereiteten Backformen verteilen. 15 Minuten backen. Gemüse wenden und weitere 15 Minuten backen.

Währenddessen die Backkartoffeln in einen großen Topf geben und mit kaltem Wasser bedecken. Zum Kochen bringen. Bei großer bis mittlerer Hitze 15 Minuten weiterkochen, bis die Kartoffeln weich sind (mit einem scharfen Messer testen). Abtropfen lassen und in eine große Schüssel geben. Milch, Sauerrahm, Majonäse und Butter oder Margarine zugeben. Kartoffeln mit Elektromixer oder Kartoffelstampfer pürieren. Mit Salz und Pfeffer abschmecken.

Ofentemperatur auf 180 °C reduzieren. Eine 20 x 20 cm große Backform mit Backspray besprühen.

Eine dünne Schicht Kartoffelbrei auf den Boden der Backform verteilen. Das geröstete Gemüse hinzufügen und mit dem restlichen Kartoffelbrei bedecken. 30 Minuten backen.

Für die Soße: Butter oder Margarine in einem kleinen Topf bei mittlerer Hitze zerlassen. Pilze, Schalotten und Thymian 10 Minuten darin dünsten. Mehl einrühren. Nach und nach Milch und Sherry oder Wein hinzufügen. Unter Rühren 5 Minuten kochen, bis die Mischung andickt. Mit Salz und Pfeffer abschmecken. Zu der Pastete servieren.

Kochhinweis

Probieren Sie als Pilzsoße eine Kombination aus Portobello-Pilzen und Champignons.

HUHN-CHILI-AUFLAUF

ergibt 6 Portionen
pro Portion

523	Kalorien
13,8 g	Gesamtfett
4 g	gesättigte Fette
40,3 g	Protein
64,9 g	Kohlenhydrate
8,4 g	Ballaststoffe
75 mg	Cholesterin
935 mg	Natrium

Haben Sie Lust auf ein sättigendes Tex-Mex-Gericht? Probieren Sie diesen Auflauf aus Bohnen, Gemüse und Huhn, gebacken in einer Maisbrotkruste. Bereiten Sie während des Backens einen gemischten Salat zu, um das Gericht abzurunden.

Zubereitungszeit: 25 Minuten • Back- und Abkühlzeit: 35 Minuten

FÜLLUNG

450 g Hähnchenbrust (ohne Haut), in mundgerechte Stücke geschnitten • 1/2 Tasse Wasser • 1 Zwiebel, in Scheiben geschnitten • 1 rote oder grüne Paprika, in Scheiben geschnitten • 430 g Chilibohnen • 130 g fein gehackte grüne Peperoni

KRUSTE

1 Tasse fein gemahlenes Weizenvollkornmehl oder ungebleichtes Mehl • 3/4 Tasse Maismehl • 1/3 Tasse Zucker • 1 Esslöffel Backpulver • 1/2 Teelöffel Salz • 1 Tasse Magermilch • 2 Eiweiß, leicht verquirlt • 2 Esslöffel Rapsöl • 1 Tasse Maiskörner • 1 1/2 Tassen geraspelter würziger Cheddar (Teilrahmstufe)

Für die Füllung: Eine antihaft-beschichtete Pfanne mit Backspray besprühen und bei mittlerer bis hoher Hitze auf die Kochplatte stellen. Hähnchen darin unter Rühren 5 Minuten braten, bis es leicht braun ist. Wasser zugeben. Zudecken und 10 Minuten garen, bis das Fleisch gar ist. In eine große Schüssel geben.

Backofen auf 215 °C vorheizen. Eine Backform (ca. 2 Liter) mit etwas Backspray besprühen.

Pfanne säubern und mit Backspray besprühen. Bei mittlerer bis hoher Hitze auf die Kochplatte stellen. Zwiebeln darin 3 Minuten garen. Die aufgeschnittenen Paprika einrühren und 5 Minuten garen, bis das Gemüse weich ist. Das Gemüse zum Fleisch geben. Bohnen oder Chili sowie Peperoni hinzufügen und gut vermischen.

Für die Kruste: Mehl, Maismehl, Zucker, Backpulver und Salz in einer großen Schüssel gut vermischen.

In einer anderen Schüssel Milch, Eiweiß und Öl gut vermischen. Mit der Mehlmischung verrühren bis die trockenen Zutaten angefeuchtet sind. Mais zugeben.

TIPP

Putenbrust ist eine prima fettarme Alternative zu Rinderhack. Bei Fleischklößchen und Hackbraten können Sie bis zu 50% des Rinderhacks durch Putenbrust-Gehacktes ersetzen, ohne geschmacklich einen Unterschied zu bemerken. 100%iges Putenbrust-Gehacktes ohne dunkles Fleisch und Haut ist am fettärmsten.

Die Hälfte des Krustenteigs auf den Boden der vorbereiteten Backform verteilen. Mit einer halben Tasse Cheddarkäse bestreuen. Das Fleisch und die Bohnenmischung dazugeben. Mit der restlichen Tasse Cheddar bestreuen und dem restlichen Teig überziehen.

25 Minuten backen, bis die Kruste leicht braun wird. Vor dem Servieren 10 Minuten auf einem Kuchengitter abkühlen lassen.

Kochhinweis

Sie können die Hähnchenbrust durch Pute oder Putenwurst ersetzen.

Variation

Vegetarischer Chiliauflauf: Das Hähnchen durch 450 g gewürfelten oder zerbröselten Tofu oder Tempeh (fermentierte Sojabohnen) ersetzen. Ersetzen Sie die Chilibohnen gegebenenfalls durch selbst gemachtes Chili oder Chili ohne Fleisch aus der Dose.

Rezepte

22

Einfache Beilagen

Beilagen sind ein wichtiger Bestandteil fettarmer Gerichte. Sie sorgen für Geschmack und Farbe und liefern wertvolle Nährstoffe. Die Beilage auszuwählen macht manchmal genauso viel Spaß wie die Wahl des Hauptgerichts. Hier einige Anregungen:

- Kartoffelpüree mit gerösteten Schalotten (Seite 244) schmeckt herzhaft und ist von einer hellbraunen Farbe. Am besten serviert man es zu Hauptgerichten wie Putenhackbraten „Southwest“ (Seite 195) oder Mariniertem Thunfisch mit Kirschsoße (Seite 172).
- Leichte und weiche Safrannudeln harmonieren prächtig mit dem milden Aroma von Schwertfisch mit Basilikum-Pesto (Seite) oder in Buttermilchteig gebackenem Hähnchen (Seite 190)
- Spargel mit Zitronen-Haselnuss-Soße (Seite 235) hat einen feinen, ganz eigenen Geschmack. Er passt gut zu Capellini mit Jakobsmuscheln und Tomaten (Seite 158)
- Italienischer Brokkoli passt perfekt zu Pasta „Marinara“ mit Meeresfrüchten (Seite 155).

Schauen Sie sich für Bohnen- und Getreidebeilagen die Rezepte ab Seite 140 an. Wenn Sie Hunger auf pikante Snacks haben, sind die Rezepte am Ende dieses Kapitels das Richtige für Sie.

ITALIENISCHER BROKKOLI

Knoblauch und rote Paprika machen gedämpften Brokkoli schmackhaft. Dieses farbenfrohe Gemüse passt fast zu jedem Hauptgericht.

ergibt 4 Portionen
pro Portion

94	Kalorien
4,1 g	Gesamtfett
0,5 g	gesättigte Fette
5,4 g	Protein
12,7 g	Kohlenhydrate
1,1 g	Ballaststoffe
0 mg	Cholesterin
37 mg	Natrium

Zubereitungszeit: 15 Minuten

1 großer Brokkoli, in Röschen geschnitten • 1 Esslöffel Olivenöl • 4 Knoblauchzehen, in dicke Scheiben geschnitten • 1 rote Paprika, in Scheiben geschnitten • Salz und gemahlener schwarzer Pfeffer • grob gemahlene Peperoni

Den Brokkoli in einen Dämpfkorb geben. Bei kochendem Wasser in einem großen geschlossenen Topf 3 bis 5 Minuten dämpfen, bis er hellgrün und knusprigzart ist. Anschließend in eine große Schüssel geben.

Eine große antihaft-beschichtete Pfanne mit Backspray besprühen. Öl hinzugeben und bei mittlerer Hitze auf den Herd stellen. Knoblauch und rote Paprika darin 3 Minuten rösten. Brokkoli zugeben und gut mischen.

Mit Salz, schwarzem Pfeffer und Peperoni abschmecken.

Zucchini mit Tomaten und Kräutern

Besonders während der Erntezeit empfehlen sich Zucchinirezepte. In diesem Beispiel werden die Zucchini in einer Tomatensoße nach italienischer Art zubereitet. Das Gericht gibt auch eine gute Pastasoße ab.

ergibt 6 Portionen	
pro Portion	
79	Kalorien
2,6 g	Gesamtfett
0,4 g	gesättigte Fette
2,9 g	Protein
12,7 g	Kohlenhydrate
2,5 g	Ballaststoffe
0 mg	Cholesterin
303 mg	Natrium

Zubereitungszeit: 35 Minuten

1 Esslöffel Olivenöl • 1 Zwiebel, in Scheiben geschnitten • 8 Knoblauchzehen, fein gehackt • 4 mittelgroße Zucchini, in dicke Scheiben geschnitten • $^1/_4$ Tasse gehacktes frisches Basilikum • 1 Teelöffel getrockneter Oregano • 1 Teelöffel getrocknete italienische Gewürzmischung • 415 g gewürfelte Tomaten (mit Saft) • 1 Tasse Tomatensoße • 1 Teelöffel Zucker • $^1/_2$ Teelöffel geriebene Zitronenschale • gemahlener schwarzer Pfeffer • geriebener Parmesan (wahlweise)

Das Öl in einer großen antihaft-beschichteten Kasserolle bei mittlerer Hitze erwärmen. Zwiebeln und Knoblauch darin 3 Minuten dünsten. Zucchini, Basilikum, Oregano und italienische Gewürzmischung einrühren. 15 Minuten kochen, häufig umrühren.

Tomaten (mit Saft), Tomatensoße, Zucker und Zitronenschale dazugeben. 15 bis 30 Minuten kochen, ab und zu umrühren. Mit Pfeffer würzen. Eventuell mit Parmesan bestreuen.

Kochhinweis

Etwas Zucker kann den bitteren Beigeschmack einiger Gerichte mildern. Runden Sie den Geschmack von Tomatensoßen, gekochtem Spinat, Suppen und Eintöpfe mit $^1/_2$ bis 1 Teelöffel Zucker ab.

ZUCCHINI-BRATLINGE MIT PARMESAN

ergibt 15 Bratlinge
pro Bratling

34	Kalorien
1,2 g	Gesamtfett
0,6 g	gesättigte Fette
1,2 g	Protein
4,1 g	Kohlenhydrate
0,7 g	Ballaststoffe
16 mg	Cholesterin
71 mg	Natrium

In einer antihaft-beschichteten Pfanne können Sie mit wenig Fett knusprige Zucchini-Bratlinge zubereiten. Servieren Sie sie mit warmer Tomatensoße zu Salat und Brot.

Zubereitungszeit: 10 Minuten • Abtropfzeit: 20 Minuten

3 Tassen geraspelte Zucchini • Salz • 1 Ei • $^1/_4$ Tasse Magermilch • $^1/_4$ Tasse geriebener Parmesan • $^1/_2$ Tasse fein gemahlenes Weizenvollkornmehl oder ungebleichtes Mehl • $1^1/_2$ Teelöffel Backpulver • $^1/_4$ Teelöffel gemahlener schwarzer Pfeffer • 1 Teelöffel Butter oder Margarine

Zucchini in ein Sieb geben und mit Salz bestreuen. 20 Minuten beiseite stellen, damit das Wasser entzogen wird. Mit kaltem Wasser gut abspülen. Zucchini auspressen.

Ei in eine große Schüssel geben. Leicht schlagen. Milch und Parmesan zugeben. Gut vermischen.

Mehl, Backpulver und Pfeffer in eine Tasse geben. Gut vermischen und in die Ei-Mischung einrühren. Zucchini hinzugeben.

Eine große antihaft-beschichtete Pfanne mit Backspray besprühen und bei mittlerer Hitze erwärmen. Butter oder Margarine darin schmelzen lassen. Den Teig esslöffelweise in die Pfanne geben, glatt streichen und pro Seite 2 bis 4 Minuten braten, bis die Bratlinge leicht braun sind.

Spargel mit Zitronen-Haselnuss-Sosse

Spargel ist eines der ersten Gemüse im Frühling. Diese Soße mit Zitronengeschmack ist eine erfrischende Alternative zu den schweren Soßen, mit denen Spargel oft serviert wird.

Zubereitungszeit: 15 Minuten

15 Haselnüsse • 1/2 Teelöffel geriebene Zitronenschale • 1/4 Tasse fettarme Majonäse • 2 Esslöffel Zitronensaft • 2 Esslöffel Magermilch • 1 Teelöffel Weißweinessig • Salz und gemahlener schwarzer Pfeffer • 450 g Spargel

Haselnüsse und Zitronenschale mit Küchenmaschine oder Mixer fein mahlen. Majonäse, Zitronensaft, Milch und Essig zugeben. Mit Salz und Pfeffer abschmecken. Gut vermischen. In eine kleine Schüssel geben.

Spargel in einen Dämpfkorb legen. In einem geschlossenen Topf 5 bis 10 Minuten über kochendem Wasser dämpfen, bis der Spargel weich ist. Auf eine Platte geben. Mit der Soße servieren.

ergibt 4 Portionen

pro Portion	
64	Kalorien
2,7 g	Gesamtfett
0,3 g	gesättigte Fette
3,5 g	Protein
9,2 g	Kohlenhydrate
0,5 g	Ballaststoffe
0 mg	Cholesterin
206 mg	Natrium

Kochhinweise

Sie können sowohl dünne als auch dicke Spargelstangen verwenden. Wichtig ist, dass sie gerade, feste Enden haben.
Als Vorspeise können Sie den Spargel dünsten, bis er zartknusprig ist. Stellen Sie die ganzen Stangen in ein großes Glas und reichen Sie die Soße zum Dippen dazu.

WÜRZIGE MAISSOSSE

Bereiten Sie diese würzige Soße zum Ende des Sommers zu, wenn Maisernte ist. Der Geschmack passt hervorragend zu Sandwiches, Aufläufen sowie Hähnchen- und Fischgerichten. Die Soße hält sich im Kühlschrank bis zu drei Wochen.

ergibt 4 Tassen
pro $^{1}/_{2}$ Tasse

33	Kalorien
0,4 g	Gesamtfett
0 g	gesättigte Fette
1,1 g	Protein
7,8 g	Kohlenhydrate
1,2 g	Ballaststoffe
0 mg	Cholesterin
9 mg	Natrium

Zubereitungszeit: 10 Minuten • Kochzeit: 10 Minuten

1 kleine rote Zwiebel, geviertelt • $^{1}/_{2}$ rote Paprika, in Scheiben geschnitten • 1 kleine Jalapeno-Peperoni, entkernt und gehackt (Tragen Sie Plastik-Handschuhe beim Schneiden.) • $^{1}/_{4}$ Tasse frische Korianderblätter • $^{1}/_{4}$ Tasse frische Petersilienblätter • $^{1}/_{4}$ Tasse frische Basilikumblätter • 1 Esslöffel frischer Dill • 2 Knoblauchzehen • $4^{1}/_{2}$ Tassen Maiskörner • $^{1}/_{2}$ Tasse Weißweinessig • $^{1}/_{4}$ Teelöffel gemahlener Kümmel • $^{1}/_{4}$ Teelöffel gemahlene Kurkuma • Salz und gemahlener schwarzer Pfeffer

Zwiebeln, rote Paprika, Peperoni, Koriander, Petersilie, Basilikum, Dill und Knoblauch in einer Küchenmaschine fein hacken. In einen großen Topf geben. Mais hinzufügen. Essig, Kümmel und Kurkuma einrühren. Mit Salz und schwarzem Pfeffer abschmecken.

Bei mittlerer Hitze 10 Minuten kochen. Heiß oder kalt servieren.

KOCHHINWEIS

Wenn Sie frischen Mais verwenden, benötigen Sie etwa 5 Kolben.

GEBACKENER BLUMENKOHL

Mit diesem einfachen Gericht können Sie beeindrucken. Kreuzblütler wie Blumenkohl (sowie Brokkoli, Rosenkohl, Kohl, Rüben und Rettich) sollten Sie oft essen, da sie nach Expertenmeinung zur Senkung des Krebsrisikos beitragen können.

ergibt 4 Portionen
pro Portion

74	Kalorien
4 g	Gesamtfett
2,2 g	gesättigte Fette
5,8 g	Protein
6,4 g	Kohlenhydrate
5,5 g	Ballaststoffe
9 mg	Cholesterin
274 mg	Natrium

Zubereitungszeit: 10 Minuten • Backzeit: 1 Stunde

1 Blumenkohl • 1/2 Tasse fettfreie Hühner- oder Gemüsebrühe • 1 Esslöffel Butter oder Margarine, zerlassen • 1 Knoblauchzehe, fein gehackt • 1 Teelöffel getrocknetes Basilikum • 1/2 Teelöffel geriebene Zitronenschale • 1/4 Teelöffel Salz • 1 Esslöffel geriebener Parmesan • gemahlener schwarzer Pfeffer

Backofen auf 190 °C vorheizen.

Blumenkohl putzen und mit einem scharfen Messer den Strunk herausschneiden. Den Blumenkohl mit der Strunkseite nach unten in eine passende Glas- oder Keramikform legen.

Brühe, Butter oder Margarine, Knoblauch, Basilikum, Zitronenschale und Salz in einer kleinen Schüssel vermengen. Über den Blumenkohl geben. Mit Parmesan bestreuen und mit Pfeffer würzen.

Mit Alufolie gut zudecken und 1 bis 1 1/4 Stunden backen, bis der Kohl weich ist (mit einem scharfen Messer testen).

KOCHHINWEIS

Vermeiden Sie es, den Blumenkohl in Aluminiumgeschirr zu backen, da dieses gelbliche Rückstände hinterlässt.

Glasierter Rosenkohl

ergibt 4 Portionen	
pro Portion	
100	Kalorien
3,7 g	Gesamtfett
2 g	gesättigte Fette
4,4 g	Protein
11,3 g	Kohlenhydrate
0,1 g	Ballaststoffe
8 mg	Cholesterin
112 mg	Natrium

Kleine, frische Rosenkohlröschen schmecken am besten. Je größer sie sind und je länger Sie sie aufbewahren, desto „strenger" wird der Geschmack.

Zubereitungszeit: 20 Minuten

450 g Rosenkohl, geputzt • 1 Tasse fettfreie Hühner- oder Gemüsebrühe • $^1/_2$ Tasse trockener Weißwein oder alkoholfreier Weißwein • 1 Esslöffel Butter oder Margarine • Salz und gemahlener schwarzer Pfeffer

Ein Kreuz in die Wurzelseite jedes Rosenkohls schneiden.

Brühe, Wein und Butter oder Margarine in einem großen Topf mischen. Mit Salz und Pfeffer würzen. Rosenkohl in einer Schicht dazugeben. Bei starker Hitze zum Kochen bringen und bei mittlerer Hitze 10 bis 15 Minuten weiterkochen, bis der Kohl weich und ein Großteil der Flüssigkeit verdampft ist. Ab und zu umrühren, um den Kohl mit der restlichen Flüssigkeit zu bedecken.

GESCHMORTER ROTKOHL

Das Vorkochen von Rotkohl mildert seinen strengen Geschmack. Hier wird er mit Essig und Rohzucker geschmort, damit er angenehm süßsauer schmeckt. Geben Sie zur Abwechslung einen Teelöffel Kümmel dazu.

ergibt 6 Portionen	
pro Portion	
96	Kalorien
2,5 g	Gesamtfett
0,2 g	gesättigte Fette
1,5 g	Protein
17,1 g	Kohlenhydrate
0,4 g	Ballaststoffe
0 mg	Cholesterin
19 mg	Natrium

Zubereitungszeit: 45 Minuten

1 Rotkohlkopf, in dünne Scheiben geschnitten • 1 Esslöffel Rapsöl • 1 rote Zwiebel, fein gehackt • 1/4 Tasse Rotweinessig • 1/4 Tasse trockener Rotwein oder alkoholfreier Rotwein • 1/4 Tasse Rohzucker • 1 Esslöffel frisch gehackte Petersilie • 1 Lorbeerblatt • 1/2 Teelöffel trockener Thymian • Salz und gemahlener schwarzer Pfeffer • Balsamico-Essig

Den Kohl in einem großen Topf mit kochendem Wasser 2 bis 3 Minuten blanchieren. Abtropfen lassen.

Das Öl in einer großen antihaft-beschichteten Pfanne bei mittlerer Hitze erwärmen. Zwiebeln darin 5 Minuten dünsten. Kohl, Essig, Wein, Rohzucker, Petersilie, Lorbeerblatt und Thymian einrühren. Zudecken und unter häufigem Rühren 30 Minuten kochen, bis der Kohl weich ist. Mit Salz, Pfeffer und Balsamico-Essig würzen. Lorbeerblatt herausnehmen.

Pikante Pilzpastete

Verwenden Sie verschiedene Pilzsorten für mehr Geschmack.

ergibt 8 Portionen
pro Portion

187	Kalorien
6,2 g	Gesamtfett
2,8 g	gesättigte Fette
7,3 g	Protein
25,7 g	Kohlenhydrate
2 g	Ballaststoffe
11 mg	Cholesterin
215 mg	Natrium

Zubereitungszeit: 30 Minuten • Backzeit: 45 Minuten

2 Esslöffel ungesalzene Butter oder Margarine • 1 Zwiebel, fein gehackt • 900 g Pilze, in dünne Scheiben geschnitten • 2 Teelöffel getrockneter Thymian • 2 Esslöffel trockener Sherry oder alkoholfreier Weißwein • Salz und gemahlener schwarzer Pfeffer • 1/4 Tasse ungebleichtes Mehl • 230 g Blätterteig • 2 Eiweiß, leicht geschlagen • 4 Esslöffel geriebener Parmesan

Butter oder Margarine in einer großen Pfanne bei mittlerer Hitze auslassen. Zwiebeln, Pilze und Thymian darin 10 Minuten dünsten, gelegentlich umrühren. Sherry oder Wein zugeben. Mit Salz und Pfeffer abschmecken. 2 Minuten kochen. Mehl einrühren. 5 Minuten unter Rühren kochen.

Ofen auf 180 °C vorheizen. Ein 20 x 20 cm große Backform mit Backspray besprühen.

Blätterteig ausrollen und halbieren, so dass zwei Stapel entstehen. Einen Stapel mit Folie abdecken, um zu vermeiden, dass er austrocknet. Eine Lage Teig vom anderen Stapel nehmen und in die Backform legen. Mit Backspray besprühen. Eine weitere Lage auflegen und mit etwas Eiweiß bepinseln. Restliche Lagen aufschichten, dabei abwechselnd mit Backspray oder Eiweiß bestreichen. Mit 2 Esslöffeln Parmesan bestreuen.

Die Pilzmischung gleichmäßig über den Blätterteig verteilen. Mit dem restlichen Parmesan bestreuen.

Den anderen Blätterteigstapel über die Pilzmischung aufschichten, dabei wieder abwechselnd die einzelnen Lagen mit Backspray oder Eiweiß behandeln. Teigrand an die Backform pressen. Oberfläche mit Backspray besprühen. 45 Minuten backen, bis der Teig braun und knusprig ist. Vor dem Servieren leicht abkühlen lassen.

Kastanienfüllung mit Putenwurst

Die Füllung reicht für eine 2-Liter-Auflaufform und für einen Truthahn von 8-9 kg Gewicht. Wenn Sie nicht für viele Leute kochen, bereiten Sie nur die Hälfte zu.

Zubereitungszeit: 15 Minuten • Backzeit: 30 Minuten

1 Laib Brot (vom Vortag), gewürfelt • 1 Packung (450 g) Maisbrotkrumen (zum Füllen) • 340 g Putenwurst, gekocht und zerbröselt • 2 Esslöffel Rapsöl • 2 Zwiebeln, gehackt • 2 Stangen Sellerie, gehackt • 3 Tassen gekochte Esskastanien, grob gehackt • 1 Tasse getrocknete Kirschen oder Preiselbeeren • 3 Esslöffel frisch gehackte Petersilie • 1 Esslöffel getrockneter Salbei • Salz und gemahlener schwarzer Pfeffer • 4 bis 6 Tassen fettfreie Hühner- oder Gemüsebrühe.

ergibt 12 Portionen	
pro Portion	
371	Kalorien
6,2 g	Gesamtfett
1,2 g	gesättigte Fette
13,3 g	Protein
65,4 g	Kohlenhydrate
2,5 g	Ballaststoffe
13 mg	Cholesterin
892 mg	Natrium

Ofen auf 180 °C vorheizen. Eine 2-Liter-Auflaufform mit Backspray besprühen.

Brot, Maisbrotkrumen und Wurst in einer großen Schüssel vermengen.

Das Öl in einer antihaft-beschichteten Pfanne bei mittlerer Hitze erwärmen. Zwiebeln und Sellerie 5 Minuten darin dünsten. Esskastanien, Kirschen oder Preiselbeeren, Petersilie und Salbei einrühren. Mit Salz und Pfeffer abschmecken. In die Brotmischung rühren.

Genug Brühe eingießen, um die Füllung zu befeuchten. Leicht vermengen. Den vorgegarten Truthahn füllen und die restliche Füllung in die vorbereitete Backform geben. Zudecken und 30 bis 40 Minuten backen, bis die Füllung gar und auf der Oberseite leicht gebräunt ist.

Tipp

Esskastanien (Maronen) sind eine der wenigen fettarmen Nussarten. 30 g Esskastanien enthalten nur 70 Kalorien und 0,5 g Fett. Die meisten Nüsse kommen bei der gleichen Menge auf ungefähr 170 Kalorien und 15 g Fett. Um sich auch während der Feiertage gesund zu ernähren, sollten Sie die Esskastanien anderen Nüssen vorziehen.

Kochhinweise

Füllen Sie den Truthahn locker, damit die Füllung gleichmäßig gar wird. Den Truthahn erst kurz vor dem Backen füllen.
Wenn Sie kein Brot vom Vortag haben, legen Sie ein frisches Brot (gewürfelt) bei 150 °C 15 bis 20 Minuten lang auf das Backblech, bis es trocken ist.

GERÖSTETES WINTERGEMÜSE

ergibt 4 Portionen
pro Portion

238	Kalorien
3,7 g	Gesamtfett
0,5 g	gesättigte Fette
5,1 g	Protein
48,2 g	Kohlenhydrate
7,9 g	Ballaststoffe
0 mg	Cholesterin
367 mg	Natrium

Alle Beilagen sollten so einfach zuzubereiten sein. Vermengen Sie das Gemüse mit Öl, Salz und Pfeffer und backen Sie es. Schneiden Sie das Gemüse in gleich große Teile, damit es gleichzeitig gar wird. Für zusätzliches Aroma fügen Sie etwas frischen Thymian oder Rosmarin hinzu.

Zubereitungszeit: 15 Minuten • Backzeit: 30 Minuten

2 Kartoffeln, gewürfelt • 2 Steckrüben, geschält und gewürfelt • 1 große Süßkartoffel oder Yamswurzel, geschält und gewürfelt • 1 Zwiebel, gehackt • 1 Esslöffel Olivenöl • $^{1}/_{2}$ Teelöffel getrockneter Rosmarin • $^{1}/_{2}$ Teelöffel getrockneter Thymian • $^{1}/_{2}$ Teelöffel Salz • gemahlener schwarzer Pfeffer

Backofen auf 260 °C vorheizen. Eine 32,5 x 18 cm große Backform mit Backspray besprühen.

Kartoffeln, Rüben, Süßkartoffel oder Yamswurzel und Zwiebeln in die vorbereitete Backform legen. Öl, Rosmarin, Thymian und Salz hinzufügen. Mit Pfeffer würzen. Gut mischen. Unter gelegentlichem Umrühren 30 Minuten backen, bis das Gemüse zart ist.

FRISCHE RÖSTKARTOFFELN

Dieses Gericht wird im Backofen gegart. Das mildert das Aroma des Knoblauchs und erhöht den Geschmack der Kartoffeln. Thymian fügt eine pikante Note hinzu. Sie können auch Rosmarin verwenden.

ergibt 4 Portionen
pro Portion

190	Kalorien
1,4 g	Gesamtfett
0,2 g	gesättigte Fette
4,4 g	Protein
41,2 g	Kohlenhydrate
0,1 g	Ballaststoffe
0 mg	Cholesterin
14 mg	Natrium

Zubereitungszeit: 10 Minuten • Backzeit: 40 Minuten

680 g kleine Kartoffeln, eventuell halbiert • 8 Knoblauchzehen, geschält • 12 Zweige frischer Thymian • 1 Teelöffel Olivenöl • Salz und gemahlener schwarzer Pfeffer

Ofen auf 260 °C vorheizen. Eine 32,5 x 18 cm große Backform mit Backspray besprühen.

Kartoffeln und Knoblauch in einer Schicht in die vorbereitete Form legen. Thymian und Öl hinzufügen. Mit Salz und Pfeffer würzen. Leicht vermischen.

Form gut mit Alufolie zudecken. 20 Minuten backen. Form schütteln, um die Zutaten zu wenden. 20 Minuten backen, bis die Kartoffeln zart sind.

Kartoffelpüree mit Knoblauch

ergibt 4 Portionen
pro Portion

315	Kalorien
3,4 g	Gesamtfett
2 g	gesättigte Fette
7 g	Protein
66 g	Kohlenhydrate
0,1 g	Ballaststoffe
8 mg	Cholesterin
29 mg	Natrium

Sahne oder Butter können Kartoffeln in eine fettreiche Beilage verwandeln, die Sie lieber vermeiden sollten. Benutzen Sie deshalb fettarmen Sauerrahm und Magermilch für weniger Fett bei gleicher Cremigkeit. Knoblauch gibt dem Gericht ein leckeres Aroma – würzen Sie damit nach Belieben.

Zubereitungszeit: 15 Minuten • Kochzeit: 15 Minuten

2 1/2 Pfund Kartoffeln, gewürfelt • 4-8 große Knoblauchzehen, fein gehackt • 1/4 Tasse Magermilch, erwärmt • 2 Esslöffel fettarmer Sauerrahm • 1 Esslöffel Butter oder Margarine • Salz und gemahlener schwarzer Pfeffer

Kartoffeln in einen großen Topf geben und mit kaltem Wasser bedecken. Bei starker Hitze zum Kochen bringen und auf mittlerer Stufe 15 Minuten weiterkochen, bis die Kartoffeln gar sind (mit einem Messer testen). Abtropfen lassen und in eine große Schüssel geben.

Knoblauch, Milch, Sauerrahm und Butter oder Margarine hinzufügen. Mit einem Elektromixer glattrühren. Mit Salz und Pfeffer abschmecken.

Kochhinweis

Für einen noch milderen Geschmack rösten Sie den Knoblauch 15 Minuten bei 260 °C, bevor Sie ihn zu den Kartoffeln geben. Oder fügen Sie die geschälten Knoblauchzehen den kochenden Kartoffeln erst 5 Minuten vor dem Ende der Kochzeit hinzu.

Variation

Kartoffelpüree mit gerösteten Schalotten: Den Knoblauch durch 7 geschälte Schalotten ersetzen. Die Schalotten auf ein kleines Backblech legen und mit Backspray besprühen. In einem 260 °C heißen Ofen 10 Minuten rösten. Blech schütteln und weitere 10 Minuten rösten. Zusammen mit dem Sauerrahm zu den Kartoffeln geben.

REIBEKUCHEN

Reibekuchen werden meist in Öl frittiert. Hier werden die Kuchen in einer antihaft-beschichteten Pfanne mit sehr wenig Öl gebraten. Sie sind eine Mahlzeit für jede Jahreszeit.

ergibt 16 Stück
pro Reibekuchen

72	Kalorien
0,7 g	Gesamtfett
0,2 g	gesättigte Fette
2,2 g	Protein
14,7 g	Kohlenhydrate
2,1 g	Ballaststoffe
27 mg	Cholesterin
24 mg	Natrium

Zubereitungszeit: 10 Minuten • Abtropfzeit: 15 Minuten

450 g Kartoffeln, geschält und geraspelt • 2 Eier • 1 Zwiebel, gerieben • 2 Esslöffel fein gemahlenes Weizenvollkornmehl oder ungebleichtes Mehl • 1/2 Teelöffel Backpulver • Salz und gemahlener schwarzer Pfeffer • 1 Esslöffel Raps- oder Olivenöl (wahlweise) • fettarmer Sauerrahm (wahlweise)

Die Kartoffeln in ein Sieb geben und 15 Minuten abtropfen lassen. Mit kaltem Wasser abspülen und restliche Flüssigkeit auspressen.

Eier in eine große Schüssel geben. Leicht schlagen. Kartoffeln, Zwiebeln, Mehl und Backpulver einrühren. Mit Salz und Pfeffer würzen.

Eine große antihaft-beschichtete Pfanne mit Backspray besprühen. Öl (falls verwendet) hinzufügen. Bei mittlerer Hitze erwärmen.

Teig teelöffelweise in die Pfanne geben. Zu Küchlein von ca. 7,5 cm Durchmesser streichen. 2 bis 4 Minuten braten, bis sie leicht braun sind.

Zusammen mit dem Sauerrahm (falls verwendet) warm servieren.

VARIATION

Reibekuchen aus Süßkartoffeln: Die Kartoffeln durch 450 g Süßkartoffeln (geschält und geraspelt) ersetzen.

CHILI-KARTOFFELN

ergibt 4 Portionen
pro Portion

312	Kalorien
3,8 g	Gesamtfett
0,5 g	gesättigte Fette
6,1 g	Protein
65,4 g	Kohlenhydrate
6,5 g	Ballaststoffe
0 mg	Cholesterin
27 mg	Natrium

Diese im Ofen gebackenen Kartoffeln können Sie scharf oder mild zubereiten. Nehmen Sie dafür entweder mehr oder weniger roten Pfeffer.

Zubereitungszeit: 10 Minuten • Backzeit: 25 Minuten

1 Esslöffel Oliven- oder Rapsöl • 1 Teelöffel Knoblauchpulver • 1 Teelöffel Paprika • 1 Teelöffel Chilipulver • 1/2 Teelöffel Zucker • Salz und gemahlener schwarzer Pfeffer • gemahlener roter Pfeffer • 5 Backkartoffeln, in dünne Streifen geschnitten

Ofen auf 245 °C vorheizen. Ein Backblech mit Backspray besprühen.

Öl, Knoblauch, Paprika, Chilipulver und Zucker in einer großen Schüssel vermischen. Mit Salz, schwarzem und rotem Pfeffer würzen. Kartoffeln zufügen und gut mischen.

Kartoffeln in einer Schicht auf dem vorbereiteten Backblech verteilen. 25 bis 30 Minuten backen, bis sie leicht gebräunt sind.

Eine große Schüssel mit Papiertüchern auslegen. Kartoffeln in die Schüssel geben und warm servieren.

KOCHHINWEIS

Für extraknusprige Kartoffeln diese 11 cm von der Hitze 2 bis 3 Minuten braten, bis sie gebräunt und knusprig sind, dabei ab und zu wenden.

VARIATIONEN

Kräuter-Kartoffeln: Knoblauchpulver, Paprika, Chilipulver, Zucker und gemahlenes Paprikagewürz durch 1 bis 2 Esslöffel frisch gehackten Thymian oder Rosmarin ersetzen.

Chili-Süßkartoffeln: Einige oder alle Backkartoffeln durch Süßkartoffeln ersetzen.

Toast mit Tomaten, Basilikum und gerösteten Paprika

Diese Toasts heißen in Italien Bruschetta. Sie werden mit einer Soße nach italienischer Art und etwas Mozarella garniert und warm serviert. Probieren Sie sie als Vorspeise oder Snack.

ergibt 12 Toasts
pro Toast

88	Kalorien
3,1 g	Gesamtfett
1,2 g	gesättigte Fette
4 g	Protein
11,4 g	Kohlenhydrate
1,4 g	Ballaststoffe
5 mg	Cholesterin
154 mg	Natrium

Zubereitungszeit: 10 Minuten • Backzeit: 10 Minuten

2 Tomaten, gewürfelt • 1/4 Tasse gehackte geröstete rote Paprika • 2 Esslöffel geriebener Parmesan • 2 Esslöffel frisch gehacktes Basilikum oder gehackte Petersilie • 1 Esslöffel Olivenöl • 1 Knoblauchzehe, gehackt • Salz und gemahlener schwarzer Pfeffer • 12 Scheiben italienisches Vollkorn- oder Sauerteig-Brot (ca. 1 cm dick) • 3/4 Tasse geraspelter Mozzarella

Ofen auf 190 °C vorheizen.

Tomaten, rote Paprika, Parmesan, Basilikum oder Petersilie, Öl und Knoblauch in einer kleinen Schüssel vermengen. Mit Salz und schwarzem Pfeffer abschmecken. Gut vermischen.

Das Brot in einer Schicht auf ein Backblech legen und 10 Minuten backen, bis die Ränder bräunlich werden.

Den Grill vorheizen.

Die Tomatenmischung auf die Brotscheiben geben. Mit Mozzarella bestreuen. 2 bis 4 Minuten 11 cm von der Hitzequelle entfernt braten, bis der Käse geschmolzen ist.

Kochhinweis

Die Häppchen kann man vielfältig variieren. Hier einige Möglichkeiten: Ersetzen Sie geröstete Paprika und Parmesan durch Feta und Kapern. Probieren Sie Ziegenkäse statt geröstetem Paprika und Parmesan oder ersetzen Sie Tomaten und geröstete Paprika durch geröstetes Gemüse.

Knoblauch-Croutons

Möchten Sie Ihren Salat oder Ihre Suppe aufpeppen? Mit diesen fettarmen Croutons gelingt Ihnen das. Ich habe den Fettgehalt auf ca. 1 g pro Portion reduziert. Wenn Sie die Croutons in einem luftdichten Behälter aufbewahren, halten Sie wochenlang. Geriebener Parmesan und vor dem Backen aufgestreute Trockenkräuter sorgen für Abwechslung.

ergibt 14 Tassen
pro 1/3 Tasse

35	Kalorien
1,3 g	Gesamtfett
0,2 g	gesättigte Fette
0,8 g	Protein
5 g	Kohlenhydrate
0 g	Ballaststoffe
0 mg	Cholesterin
57 mg	Natrium

Zubereitungszeit: 10 Minuten • Backzeit: 15 Minuten

3 Esslöffel Olivenöl • 5 Knoblauchzehen, zerstoßen • 14 Tassen gewürfeltes Sauerteig-Baguette (vom Vortag)

Ofen auf 190 °C vorheizen. Zwei Backbleche mit Backspray besprühen.

Öl und Knoblauch in einer Tasse vermengen.

Brotwürfel in eine entsprechend große Schüssel geben. Die Öl-Knoblauch-Mischung langsam über das Brot geben und mit einer Gabel wenden und mischen, bis das Brot ausreichend bedeckt ist.

Brotwürfel auf die vorbereiteten Bleche legen und mit Backspray besprühen. Unter häufigem Wenden 15 bis 20 Minuten backen, bis sie leicht braun werden. Vollständig abkühlen lassen.

Kochhinweis

Wenn Sie frisches Brot verwenden, können Sie es würfeln und auf Backblechen bei 150 °C trocknen (15 bis 20 Minuten).

KNUSPRIGE PITASTREIFEN

Hier ist ein raffinierter Snack zum Dippen oder einfach zum Naschen. Meine Kinder bedienen sich direkt aus dem Glas. Um den Geschmack abzuwandeln, ersetzen Sie den Knoblauch durch Chilipulver, Kreuzkümmel, Currypulver, Parmesan oder gemahlenen roten Pfeffer.

ergibt ca. 3 Tassen
pro $^1/_4$ Tasse

38	Kalorien
1,4 g	Gesamtfett
0,2 g	gesättigte Fette
1 g	Protein
5,9 g	Kohlenhydrate
0 g	Ballaststoffe
0 mg	Cholesterin
57 mg	Natrium

Zubereitungszeit: 15 Minuten

2 Vollkorn-Pitabrote, halbiert • 1 Esslöffel Olivenöl • Knoblauchpulver • Salz und gemahlener schwarzer Pfeffer

Ofen auf 180 °C vorheizen. Ein Backblech mit Backspray besprühen.

Die Brothälften mit einem scharfen Messer an den Außenkanten aufschneiden. Die 8 Halbkreise in etwa 0,5 cm breite Streifen schneiden, dabei die längeren Streifen halbieren. In eine große Schüssel geben.

Mit Öl beträufeln und gut vermischen. Mit Knoblauchpulver, Salz und Pfeffer würzen.

Die Streifen in einer Schicht auf dem vorbereiteten Backblech verteilen und mit Backspray besprühen. Streifen von jeder Seite 5 Minuten backen, bis sie beginnen, braun zu werden. Vollständig abkühlen lassen. In einem luftdichten Behälter aufbewahren.

Gewürzte Tortillachips

ergibt 4 Portionen
pro Portion

153	Kalorien
2,8 g	Gesamtfett
0,3 g	gesättigte Fette
3,6 g	Protein
29,6 g	Kohlenhydrate
0,1 g	Ballaststoffe
0 mg	Cholesterin
237 mg	Natrium

Das ist genau das Richtige für Chips-Fans! Diese Chips sind eine fettarme Alternative zu fettreichen, übersalzenen Tüten-Snacks. Für noch mehr Aroma geben Sie eine oder zwei Prisen gemahlenen roten Pfeffer hinzu.

Zubereitungszeit: 10 Minuten

10 Mais-Tortillas (15 cm Durchmesser), halbiert und in 0,5 cm breite Streifen geschnitten • 1 Teelöffel Rapsöl • 1/2 Teelöffel Chilipulver • 1/2 Teelöffel Paprika • 1/4 Teelöffel gemahlener Kreuzkümmel • 1/4 Teelöffel Knoblauchpulver • 1/4 Teelöffel Salz • 1/4 Teelöffel gemahlener schwarzer Pfeffer

Ofen auf 260 °C vorheizen. Ein großes Backblech mit Backspray besprühen.

Tortilla-Streifen in eine große Schüssel geben. Mit Öl beträufeln und vermischen, bis die Streifen bedeckt sind.

Chilipulver, Paprika, Kümmel, Knoblauchpulver, Salz und Pfeffer in einer Tasse vermengen. Über die Tortilla-Streifen geben. Gut vermischen.

Die Streifen in einer Schicht (sie können sich leicht überlappen) auf das vorbereitete Backblech verteilen. Mit Backspray besprühen. 5 Minuten backen. Warm servieren oder völlig abkühlen lassen und in einem luftdichten Behälter aufbewahren.

Variationen

Cajun-Tortillachips: Chilipulver und Kümmel durch gemahlenen roten Pfeffer, Zwiebelpulver, getrockneten Oregano und getrockneten Thymian ersetzen.
Curry-Tortillachips: Currypulver statt Chilipulver, Kümmel und Pfeffer verwenden.
Indische Tortillachips: Chilipulver und Pfeffer durch Koriander und Ingwer ersetzen.
Italienische Tortillachips: Parmesan, Knoblauchpulver, getrockneten Oregano und getrocknetes Basilikum statt Chilipulver, Paprika, Kümmel, Knoblauchpulver und Pfeffer verwenden.

Rezepte

23

Fett verbrennende Dips, Aufstriche und Soßen

Dips und Aufstriche erhalten ihre typische Konsistenz oft durch fettreiche Zutaten wie Butter, Sauerrahm, Käse oder Öl. Mit weniger fettigen Alternativen können Sie Fett vermeiden. Die meisten Salsasoßen sind naturgemäß fettfrei und reich an Geschmack. Mit fettarmen Milchprodukten können Sie cremige Dips und Aufstriche zaubern, ohne sich Sorgen um Ihr Gewicht machen zu müssen. Meine Butter-Aufstriche bereite ich mit fettarmem Frischkäse und etwas Butter zu. Sie liefern die richtige Konsistenz – ohne zu viele gesättigte Fettsäuren. Probieren Sie die Aufstriche auf Toasts, Crackern, gedünstetem Gemüse, Pasta und als Ersatz für Kräuterbutter.
Um Sandwiches mehr Pep zu verleihen, ersetzen Sie die fettreiche Majonäse durch leckere Aufstriche, z.B. Artischocken-Oliven-Aufstrich. Räucherlachs-Mousse ist in wenigen Minuten zubereitet – falls Sie einmal wenig Zeit haben.
Suchen Sie leckere, fettarme Snacks, die gut zu den Aufstrichen und Dips passen? Dann sollten Sie einen Blick in Kapitel 22 werfen.

Kräuterbutter-Aufstrich

ergibt $^{1}/_{2}$ Tasse
pro Teelöffel

27	Kalorien
2 g	Gesamtfett
1,3 g	gesättigte Fette
1,4 g	Protein
0,5 g	Kohlenhydrate
0 g	Ballaststoffe
5 mg	Cholesterin
57 mg	Natrium

Meine würzigen Butter-Aufstriche sind eine ideale fettarme Alternative zu Butter. Sie haben nur halb so viel Fett wie echte Butter und schmecken köstlich. Bestreichen Sie damit Brot, Kartoffeln oder Nudeln. Sie können sie auch anstelle von Butter verwenden, um Reis und andere Getreideprodukte anzureichern.

Zubereitungszeit: 5 Minuten

115 g fettfreier Frischkäse, raumtemperiert • 2 Esslöffel Butter, raumtemperiert • 2 Teelöffel gehacktes frisches Basilikum • 2 Teelöffel gehackte frische Petersilie • 1 Teelöffel gehackter frischer Dill • 1 kleine Knoblauchzehe, fein gehackt • Salz

Frischkäse, Butter, Basilikum, Petersilie, Dill und Knoblauch mit Küchenmaschine oder Mixer vermischen. Mit Salz abschmecken. Zu einer glatten Masse verarbeiten. In einem luftdichten Behälter ist der Aufstrich im Kühlschrank bis zu 7 Tage haltbar. Er wird fest, wenn er sich abkühlt.

Pesto-Aufstrich

ergibt eine $^{2}/_{3}$ Tasse
pro Teelöffel

8	Kalorien
0,5 g	Gesamtfett
0,3 g	gesättigte Fette
0,6 g	Protein
0,2 g	Kohlenhydrate
0 g	Ballaststoffe
1 mg	Cholesterin
24 mg	Natrium

Frisches Basilikum, Nüsse und Parmesan geben diesem schnellen und leckeren Aufstrich die Würze. Probieren Sie ihn auf knusprigem italienischem Brot. Oder rühren Sie ihn für mehr Geschmack in Suppen oder Pastasoßen ein.

Zubereitungszeit: 5 Minuten

115 g fettfreier Frischkäse, raumtemperiert • $^{1}/_{4}$ Tasse gehacktes frisches Basilikum • 1 Esslöffel gehackte frische Petersilie • 1 Esslöffel geriebener Parmesan • 1 Esslöffel Butter, raumtemperiert • 2 Teelöffel Walnüsse oder Pinienkerne • 1 kleine Knoblauchzehe • Salz

Frischkäse, Basilikum, Petersilie, Parmesan, Butter, Walnüsse oder Pinienkerne und Knoblauch in einer Küchenmaschine oder einem Mixgerät mischen. Mit Salz abschmecken. Zu einer glatten Masse verarbeiten. In einem luftdichten Behälter ist der Aufstrich im Kühlschrank bis zu 7 Tage haltbar. Er wird fest, wenn er sich abkühlt.

Pilz-Aufstrich

Sie können für diesen Aufstrich milde Champignons verwenden. Auch würzigere Porcini-, Portobello-, Shiitake- und Cremini-Pilze sind geeignet. Der Aufstrich passt gut zu frischem Brot sowie zu Brötchen, Crackern, Pita-Brot und Bagels.

ergibt 1 $^3/_4$ Tassen	
pro Esslöffel	
43	Kalorien
2,2 g	Gesamtfett
1,4 g	gesättigte Fette
3,6 g	Protein
1,7 g	Kohlenhydrate
0,1 g	Ballaststoffe
7 mg	Cholesterin
134 mg	Natrium

Zubereitungszeit: 15 Minuten

115 g Pilze • 1 Teelöffel Butter oder Margarine • 1 Schalotte, fein gehackt • Salz • 360 g fettarmer Frischkäse • $^1/_2$ Tasse Magermilch

Pilze in einer Küchenmaschine fein hacken.

Butter oder Margarine in einer antihaft-beschichteten Auflaufform bei mittlerer Hitze zerlassen. Schalotten darin eine Minute dünsten. Pilze hinzufügen und mit Salz abschmecken. 10 Minuten weiterkochen bis die Flüssigkeit verdampft ist.

Frischkäse, Milch und Pilze mit der Küchenmaschine zu einer glatten Masse verarbeiten. In einem luftdichten Behälter ist der Aufstrich im Kühlschrank bis zu 4 Tage haltbar. Er wird fest, wenn er sich abkühlt.

Zitronen-Aufstrich

Haben Sie genug von Erdnussbutter? Probieren Sie diesen leichten, erfrischenden Zitronen-Aufstrich. Er schmeckt vorzüglich auf frischem Brot sowie auf Brötchen, Bagels und Crackern.

ergibt eine 3/4 Tasse	
pro Esslöffel	
38	Kalorien
1,4 g	Gesamtfett
0,8 g	gesättigte Fette
1,8 g	Protein
4,5 g	Kohlenhydrate
0 g	Ballaststoffe
4 mg	Cholesterin
76 mg	Natrium

Zubereitungszeit: 5 Minuten

115 g fettfreier Frischkäse, raumtemperiert • 2 Esslöffel Honig • 1 Esslöffel Butter oder Margarine • 1 Esslöffel geriebene Zitronenschale • 1 Esslöffel Zitronensaft

Frischkäse, Honig, Butter oder Margarine, Zitronenschale und Zitronensaft mit Küchenmaschine oder Mixgerät vermischen, bis eine glatte Masse entsteht. In einem luftdichten Behälter ist der Aufstrich im Kühlschrank bis zu 4 Tage haltbar. Er wird fest, wenn er sich abkühlt.

Kochhinweis

Dieser Aufstrich schmeckt sehr gut zu Thunfisch-Sandwich. Streichen Sie ihn auf das Brot, bevor Sie den Thunfisch daraufgeben.

ARTISCHOCKEN-OLIVEN-AUFSTRICH

Dies ist meine Version eines Oliven-Aufstrichs aus der Provence. In dieser leichteren Variante verwende ich schmackhafte Artischockenherzen und geröstete Paprika, um das Fett zu verringern. Mit einer Küchenmaschine ist der Aufstrich schnell zubereitet.

ergibt 2 1/2 Tassen
pro Esslöffel

17	Kalorien
1,2 g	Gesamtfett
0,1 g	gesättigte Fette
0,4 g	Protein
1,6 g	Kohlenhydrate
0,5 g	Ballaststoffe
0 mg	Cholesterin
135 mg	Natrium

Zubereitungszeit: 10 Minuten

1 Esslöffel gehackte frische Petersilie • 1 große Knoblauchzehe • 1 Tasse entkernte schwarze oder grüne Oliven • 400 g in Wasser eingelegte Artischocken-Herzen, abgetropft • 1/2 Tasse klein geschnittene, geröstete rote Paprika • 2 Esslöffel Kapern, abgetropft • 1 Esslöffel Zitronensaft • gemahlener schwarzer Pfeffer

Petersilie und Knoblauch mit Küchenmaschine oder Mixgerät fein hacken. Oliven zugeben und fein hacken, aber nicht pürieren. In eine mittelgroße Schüssel geben.

Artischocken mit der Küchenmaschine fein hacken, aber nicht pürieren. Zur Olivenmischung geben. Paprika, Kapern und Zitronensaft einrühren. Mit schwarzem Pfeffer abschmecken. Bei Raumtemperatur servieren. In einem luftdichten Behälter ist der Aufstrich im Kühlschrank bis zu 7 Tage haltbar.

AUBERGINEN-AUFSTRICH

Geröstete Auberginen haben einen rauchigen, saftigen Geschmack. Frischer Knoblauch eignet sich sehr gut zum Würzen.

ergibt 1 1/4 Tassen
pro Esslöffel

14	Kalorien
0,8 g	Gesamtfett
0,1 g	gesättigte Fette
0,2 g	Protein
1,7 g	Kohlenhydrate
0 g	Ballaststoffe
1 mg	Cholesterin
4 mg	Natrium

Zubereitungszeit: 25 Minuten

1 mittelgroße Aubergine, geschält und in 2,5 cm dicke Scheiben geschnitten • 1 Knoblauchzehe • 1/4 Tasse fettarme Majonäse • Salz und gemahlener schwarzer Pfeffer

Backofen auf 260 °C vorheizen. Ein Backblech mit Backspray besprühen.

Auberginenscheiben auf das vorbereitete Backblech legen. Mit Backspray besprühen und mit Salz bestreuen. 10 Minuten backen. Scheiben wenden und den Vorgang wiederholen.

Knoblauch in Küchenmaschine oder Mixgerät geben und fein hacken. Majonäse und Aubergine hinzugeben. Zu einer glatten Masse verarbeiten. Mit Salz und Pfeffer abschmecken.

In eine mittelgroße Schale geben. In einem luftdichten Behälter ist der Aufstrich im Kühlschrank bis zu 4 Tage haltbar.

RÄUCHERLACHS-MOUSSE

Mousse enthält meist fettreiche Sahne. Um Fett zu reduzieren, benutze ich eine Kombination aus fettarmen Milchprodukten und Gelatine. Probieren Sie diesen proteinreichen Snack mit Crackern, Brotwürfeln und knackigem Rohgemüse.

ergibt 2 Tassen
pro 3 Esslöffel

41	Kalorien
0,7 g	Gesamtfett
0,2 g	gesättigte Fette
6,7 g	Protein
1,4 g	Kohlenhydrate
0 g	Ballaststoffe
3 mg	Cholesterin
230 mg	Natrium

Zubereitungszeit: 25 Minuten • Kühlzeit: 1 Stunde

115 g geräucherter Lachs • 115 g fettarmer Frischkäse, raumtemperiert • 2 Frühlingszwiebeln, fein gehackt • 8 Stangen Schnittlauch, fein gehackt • 1 Esslöffel Zitronensaft • 1/4 Teelöffel geriebene Zitronenschale • gemahlener schwarzer Pfeffer • 1 Tasse fettarmer Hüttenkäse • 1/4 Tasse Magermilch • 1 Blatt Gelatine

Lachs, Frischkäse, Frühlingszwiebeln, Schnittlauch, Zitronensaft und Zitronenschale mit Küchenmaschine oder Mixer vermischen. Mit Pfeffer abschmecken. Zu einer glatten Masse verarbeiten. In eine kleine Schüssel geben. Abdecken und in die Tiefkühltruhe stellen.

Hüttenkäse mit Küchenmaschine oder Mixgerät verarbeiten, bis eine glatte Masse entsteht. In eine große Schüssel geben.

Die Milch in einen kleinen Topf gießen. Die Gelatine hinein bröckeln und 5 Minuten stehen lassen. Unter Rühren bei mittlerer Hitze 1 Minute kochen, bis die Gelatine sich auflöst. Topf von der Kochstelle nehmen und einige Esslöffel pürierten Hüttenkäse hinzugeben. Mischung in die Schüssel mit dem Hüttenkäse gießen. Mit dem Mixer auf hoher Stufe 8 Minuten schlagen, bis die Masse schaumig wird.

Lachsmischung zugeben und bei niedriger Geschwindigkeit gut vermischen. Anschließend in eine Schüssel geben. Abdecken und 1 Stunde in den Kühlschrank stellen.

Die Schüssel auf eine Servierplatte stürzen und die Mousse vorsichtig lösen (zum Lösen eventuell vorher warmes Wasser über die Schüssel laufen lassen). Die Mousse kann auch in der Schale serviert werden.

Tomaten-Pesto

ergibt $1^3/_4$ Tassen	
pro Esslöffel	
27	Kalorien
1,6 g	Gesamtfett
0,4 g	gesättigte Fette
1,2 g	Protein
2,6 g	Kohlenhydrate
0,2 g	Ballaststoffe
1 mg	Cholesterin
39 mg	Natrium

Dieses kräftige Pesto enthält nur 1,6 g Fett pro Esslöffel und hat trotzdem einen intensiven Geschmack. Fügen Sie Nudelgerichten einige Löffel Pesto hinzu, bestreichen Sie Pizzateig mit Pesto anstatt Tomatensoße, würzen Sie Suppen damit oder verwenden Sie es als Marinade für gegrilltes Huhn, Fisch, Pute oder Tofu.

Zubereitungszeit: 5 Minuten • Einweichzeit: 15 Minuten

$1^1/_2$ Tassen fettfreie Hühner- oder Gemüsebrühe • 90 g getrocknete Tomaten • $^1/_2$ Tasse frische Basilikumblätter • $^1/_2$ Tasse frische Petersilienblätter • $^1/_4$ Tasse geriebener Parmesan • 2 Esslöffel Pinienkerne oder Walnüsse • 2 Knoblauchzehen • 1 Teelöffel Honig oder Zucker • 2 Esslöffel Olivenöl • Salz und gemahlener schwarzer Pfeffer

Die Brühe in einem kleinen Topf bei starker Hitze zum Kochen bringen. Tomaten hinzugeben. Topf von der Kochstelle nehmen und Tomaten 15 Minuten einweichen lassen.

Basilikum, Petersilie, Parmesan, Pinienkerne oder Walnüsse, Knoblauch sowie Honig oder Zucker in Küchenmaschine oder Mixer geben und fein hacken. Öl und Tomaten mit Einweichflüssigkeit hinzufügen. Zu einer glatten Masse verarbeiten. Mit Salz und Pfeffer abschmecken. In eine mittlere Schüssel geben. In einem luftdichten Behälter ist der Aufstrich im Kühlschrank bis zu 4 Tage haltbar.

Kochhinweis

Pesto lässt sich gut einfrieren. Geben Sie Portionen von $^1/_4$ Tasse in wiederverschließbare Gefrierbeutel und frieren Sie sie bis zu 4 Monate ein. Sie können Pesto auch in einen gewöhnlichen Eiswürfeleinsatz füllen. Diesen legen Sie in einen wieder verschließbaren Gefrierbeutel und frieren ihn über Nacht ein. Danach holen Sie die Pesto-Würfel heraus und frieren sie im Gefrierbeutel bis zu 4 Monate ein.

MANGO-PAPAYA-SALSA

Diese Salsasoße mit tropischem Aroma verfeinert Bohnen mit Reis und gegrilltes Hähnchen ebenso wie Fisch. Ich serviere sie gerne zu Mexikanischem Hähnchen in Tortillas (Seite 191)

ergibt 4 Tassen
pro 1/2 Tasse

68	Kalorien
0,3 g	Gesamtfett
0 g	gesättigte Fette
1,1 g	Protein
16,3 g	Kohlenhydrate
2,5 g	Ballaststoffe
0 mg	Cholesterin
14 mg	Natrium

Zubereitungszeit: 10 Minuten

1 reife Papaya, klein geschnitten • 1 reife Mango, klein geschnitten • Saft einer Limette • 1 rote oder grüne Paprika, geviertelt • 1 rote Zwiebel, geviertelt • 1/4 Tasse frisches Koriandergrün • 1 Jalapeno-Peperoni, entkernt (Ziehen Sie beim Verarbeiten Handschuhe an.) • 1 Knoblauchzehe • Salz

Papaya, Mango und Limettensaft in einer mittelgroßen Schüssel gut vermischen.

Rote oder grüne Paprika, Zwiebeln, Koriandergrün, Peperoni und Knoblauch in einer Küchenmaschine oder einem Mixgerät grob hacken. Zur Papayamasse geben. Mit Salz abschmecken. Abgedeckt im Kühlschrank bis zu 4 Tage haltbar.

VARIATION

Ananas-Pfirsich-Salsa: Ersetzen Sie die Mango und Papaya durch 1 1/2 Tassen klein geschnittene Ananas und 1 1/2 Tassen klein geschnittene Pfirsiche.

REMOULADENSOSSE

Diese Soße ist weder zu scharf noch zu süß. Sie passt perfekt zu gebratenen Krabbenküchlein (Seite 177).

ergibt eine 3/4 Tasse	
pro Esslöffel	
12	Kalorien
0,7 g	Gesamtfett
0,1 g	gesättigte Fette
0,1 g	Protein
2,1 g	Kohlenhydrate
0,1 g	Ballaststoffe
1 mg	Cholesterin
105 mg	Natrium

Zubereitungszeit: 5 Minuten • Kühlzeit: 1 Stunde

1/2 Tasse fettarme Majonäse • 1 Schalotte, fein gehackt • 2 Esslöffel fein gehackte grüne Peperoni • 1 1/2 Esslöffel fein gehackte Dillgurken • 1 Esslöffel gehackte frische Petersilie • 1 Esslöffel Zitronensaft • 1/2 Teelöffel Worcester-Soße • scharfe Chilisoße • Salz und gemahlener schwarzer Pfeffer

Majonäse, Schalotten, Peperoni, Gurken, Petersilie, Zitronensaft und Worcester-Soße in einer kleinen Schüssel vermischen. Mit scharfer Chilisoße, Salz und schwarzem Pfeffer abschmecken. Gut vermischen. Abdecken und mindestens 1 Stunde kühlen. Abgedeckt im Kühlschrank 2 Tage haltbar.

TIPP

Joghurt enthält mehr als doppelt so viel Kalzium wie Hüttenkäse – er enthält sogar mehr Kalzium als Milch. Joghurt enthält pro Becher zwischen 300 und 450 mg Kalzium. Das sind zwischen 25 und 50% des Tagesbedarfs. Essen Sie zwischendurch einen Joghurt oder verwenden Sie ihn in Ihren Lieblings-Soßen, Dips und Aufstrichen. Das ist gut für Ihren Kalziumhaushalt und für Ihre Knochen.

Tomaten-Paprika-Sosse

Garnieren Sie Fisch oder Hähnchenbrust mit dieser Soße. Sie passt auch gut zu Nudel- und Körnergerichten.

ergibt 4 Tassen	
pro $^{2}/_{3}$ Tasse	
54	Kalorien
2,7 g	Gesamtfett
0,4 g	gesättigte Fette
1,3 g	Protein
7,8 g	Kohlenhydrate
2,2 g	Ballaststoffe
0 mg	Cholesterin
11 mg	Natrium

Zubereitungszeit: 15 Minuten • Backzeit: 30 Minuten

680 g Flaschentomaten, längs halbiert • 1 Esslöffel Olivenöl • 1 Schalotte, fein gehackt • 2 Knoblauchzehen, fein gehackt • 1 Tasse geröstete rote Paprika, klein geschnitten • 1 Esslöffel gehacktes frisches Basilikum • 1 Teelöffel Balsamico-Essig • $^{1}/_{4}$ Teelöffel geriebene Zitronenschale • Salz und gemahlener schwarzer Pfeffer

Backofen auf 260 °C vorheizen. Eine 20 x 20 cm große Backform mit Backspray besprühen. Tomaten mit der aufgeschnittenen Seite nach oben hineinlegen. 30 bis 40 Minuten backen, bis die Tomaten weich und braun sind. Leicht abkühlen lassen. Tomaten aus dem Ofen nehmen, enthäuten und klein schneiden.

Das Öl in einem mittelgroßen Topf bei mittlerer Hitze erwärmen. Schalotten und Knoblauch darin 2 Minuten glasig dünsten. Topf von der Kochstelle nehmen und rote Paprika, Basilikum, Essig, Zitronenschale und Tomaten einrühren. Mit Salz und schwarzem Pfeffer abschmecken.

Soße in eine mittelgroße Schüssel geben. Abgedeckt und im Kühlschrank bis zu 4 Tage haltbar. Warm, kalt oder raumtemperiert servieren.

Rezepte

24

FETTARMES GEBÄCK

Nichts schmeckt besser als selbst gemachtes Brot. Bei uns zieht der Duft von frisch gebackenem Brot die ganze Familie in die Küche. Meine Familie bekommt hochwertiges Vollkornbrot ohne Zusatzstoffe. Sie glauben vielleicht, Brot selbst zu backen ist aufwändig. Das stimmt nicht. In etwas mehr als 20 Minuten ist es erledigt. Sie können Brotteig über Nacht im Kühlschrank aufbewahren und erst am nächsten Morgen gehen lassen und backen. Sie können ihn aber auch bis zu vier Monate in der Tiefkühltruhe lagern und weiterverarbeiten, wenn Sie Zeit und Lust haben.
Sie müssen nicht jeden Tag backen. Ich backe gern mehrere Laibe auf einmal – der Zeitaufwand ist der gleiche. Einen Laib verzehren wir sofort nach dem Kühlen, einen weiteren innerhalb der nächsten Tage, die restlichen lagere ich in der Tiefkühltruhe.
Wenn Sie kein Freund von Hefeteig sind, finden Sie hier auch Rezepte für schnell zubereitetes Brot, wie z.B. Maisbrot. Das Kräuterbrot aus fertig gekauftem Brotteig ist besonders schnell gebacken.

ergibt ca. 6 Kekse
pro Keks

121	Kalorien
2,5 g	Gesamtfett
1,4 g	gesättigte Fette
4,3 g	Protein
20,6 g	Kohlenhydrate
1,7 g	Ballaststoffe
6 mg	Cholesterin
236 mg	Natrium

BUTTERMILCHKEKSE

Wissen Sie, wie gut selbst gemachte Kekse schmecken? Probieren Sie dieses einfache und schnelle Rezept aus. Die Kekse sind leicht und locker und sie passen zu fast jeder Mahlzeit.

Zubereitungszeit: 10 Minuten • Backzeit: 10 Minuten

3/4 Tasse ungebleichtes Mehl • 1 Teelöffel Backpulver • 1/2 Teelöffel Natron • 1/4 Teelöffel Zucker • 1 Prise Salz • 8 Esslöffel fein gemahlenes Weizenvollkornmehl • 1 Eiweiß • 1/2 Tasse fettarme Buttermilch • 1 Teelöffel zerlassene Butter oder Margarine

Backofen auf 230 °C vorheizen. Ein Backblech mit Backspray besprühen.

Ungebleichtes Mehl, Backpulver, Natron, Zucker, Salz und 6 Esslöffel Weizenvollkornmehls in einer mittelgroßen Schüssel gut vermischen.

Das Ei in einer kleinen Schüssel leicht schlagen. Mit Buttermilch und Butter oder Margarine verquirlen. In die Mehlmischung gießen und mit einer Gabel vermengen.

Arbeitsfläche mit den übrigen 2 Esslöffeln Mehl bestreuen. Den Teig darauf ca. 1 cm dick ausrollen. Mit einem umgedrehten Glas Kekse ausstechen. Auf ein Backblech legen. Teigreste zusammenkneten und erneut ausrollen.

7 bis 10 Minuten backen, bis die Kekse leicht braun sind.

Kekse mit Hüttenkäse und Dill

Diese leckeren Kekse enthalten nur sehr wenig Fett. Servieren Sie sie heiß aus dem Ofen zu Suppen und Eintöpfen.

ergibt 15 Kekse

pro Keks

79	Kalorien
2,8 g	Gesamtfett
1,6 g	gesättigte Fette
3,2 g	Protein
11,3 g	Kohlenhydrate
1,8 g	Ballaststoffe
7 mg	Cholesterin
152 mg	Natrium

Zubereitungszeit: 10 Minuten • Backzeit: 10 Minuten

1/2 Tasse fettarmer Hüttenkäse • 1/2 Tasse fettarme Buttermilch • 2 Teelöffel frisch gehackter Dill • 1 3/4 Tassen fein gemahlenes Weizenvollkornmehl oder ungebleichtes Mehl • 1 Esslöffel Backpulver • 1 Teelöffel Zucker • 1/4 Teelöffel Natron • 1/4 Teelöffel Salz • 3 Esslöffel Butter oder Margarine

Backofen auf 230 °C vorheizen. Backblech mit Backspray besprühen.

Hüttenkäse, Buttermilch und Dill in einer kleinen Schüssel vermischen.

Mehl, Backpulver, Zucker, Natron und Salz in einer großen Schüssel gut vermengen. Mit Hilfe einer Gabel die Butter oder Margarine unter die Masse mischen, bis feine Krümel entstehen.

Hüttenkäsemischung mit der Mehlmischung verrühren, bis der Teig angefeuchtet ist. Mit einem großen Löffel etwa 15 Häufchen formen und auf ein vorbereitetes Backblech legen. 10 bis 12 Minuten backen, bis die Kekse leicht braun sind.

BANANEN-NUSS-BROT

ergibt 2 Brote (24 Scheiben)
pro Scheibe

160	Kalorien
2 g	Gesamtfett
0.2 g	gesättigte Fette
4,8 g	Protein
32,7 g	Kohlenhydrate
3,3 g	Ballaststoffe
0 mg	Cholesterin
91 mg	Natrium

Überreife Bananen müssen Sie nicht in fettreichen Kuchen verarbeiten. Sie können Sie auch für fettarme Hefebrote wie dieses verwenden, das sich perfekt fürs Frühstück oder als Snack eignet. Das Brot hält lange im Tiefkühlfach, backen Sie also zwei Laibe und frieren Sie einen ein.

Zubereitungszeit: 20 Minuten • Aufgeh- und Backzeit: $2^1/_4$ Stunden

1 Tasse warmes Wasser (ca. 45°C) • 1 Esslöffel Trockenhefe • 1 Esslöffel + $^1/_2$ Tasse Honig • 4 Tassen fein gemahlenes Weizenvollkornmehl • 3 sehr reife Bananen, zerdrückt • $^1/_2$ Tasse gehackte Walnüsse • 1 Teelöffel Salz • 2-3 Tassen ungebleichtes Mehl

Wasser, Hefe und 1 Esslöffel Honig in einer großen Schüssel mischen. 5 Minuten ruhen lassen, bis die Mischung schaumig wird. 2 Tassen fein gemahlenes Weizenvollkornmehl dazugeben. Mit einem Elektromixer 3 Minuten vermengen – oder 5 Minuten mit dem Schneebesen schlagen. Bananen, Walnüsse, Salz und den restlichen Honig einrühren. $1^1/_2$ Tassen ungebleichtes Mehl und das restliche fein gemahlene Weizenvollkornmehl einrühren.

Mischung auf einer bemehlten Oberfläche zusammen mit dem restlichen ungebleichten Mehl zu einem weichen Teig kneten (nicht zu viel Mehl verwenden!). Weitere 10 Minuten kneten, bis der Teig glatt und elastisch ist. Dann zu einer Kugel formen.

Eine große Schüssel mit Backspray einsprühen. Den Teig darin wenden. Abdecken und an einem warmen Platz ca. 1 Stunde aufgehen lassen, bis sich die Menge verdoppelt hat.

Zwei 23 x 13 cm Kastenformen mit Backspray einsprühen. Teig zu 2 gleich großen Laiben formen und in die vorbereiteten Kastenformen legen. Die Oberseiten der Laibe mit Backspray besprühen. Abdecken und an einem warmen Platz 35 Minuten aufgehen lassen, bis sich die Menge verdoppelt hat.

Ofen auf 230 °C vorheizen. 40 Minuten backen, bis die Oberseiten braun sind und es beim Klopfen auf die Unterseite der Form hohl klingt. Formen auf einem Kuchengitter abkühlen lassen.

Schnelles Kräuterkrustenbrot

Eingefrorener Teig ist eine große Hilfe, wenn Sie gerne frisch gebackenes Brot mögen. Vergewissern Sie sich, dass Sie fettarmen Teig kaufen, der zumindest etwas Vollkornmehl enthält. Hier habe ich den Teig mit Kräutern, Öl, einer Prise Salz und Mohn verfeinert.

ergibt 2 Brote (28 Scheiben)
pro Scheibe

92	Kalorien
2,1 g	Gesamtfett
0,5 g	gesättigte Fette
2,5 g	Protein
15,3 g	Kohlenhydrate
0 g	Ballaststoffe
1 mg	Cholesterin
194 g	Natrium

Zubereitungszeit: 15 Minuten • Backzeit: 20 Minuten

1 Esslöffel Olivenöl • 1/4 Teelöffel getrocknetes Oregano • 1/4 Teelöffel getrocknetes Basilikum • 1/8 Teelöffel getrockneter Thymian • 1/8 Teelöffel Knoblauchpulver • 900 g gefrorener fettarmer Vollkornteig, aufgetaut • 1/2 Teelöffel Salz • 1 Teelöffel Mohn

Ofen auf 230 °C vorheizen. Backblech mit Backspray einsprühen.

Öl, Oregano, Basilikum, Thymian und Knoblauchpulver in einer Tasse vermischen.

Teig durchkneten und auf einer bemehlten Fläche zu 2 etwa 30 bis 35 cm langen Strängen rollen. Diese mit ca. 10 cm Abstand auf das vorbereitete Backblech legen und leicht andrücken. Mit einem scharfen Messer auf beiden Seiten sechsmal diagonal einschneiden (von der Mitte nach außen). Unten senkrecht einschneiden.

Brote mit der Ölmischung bepinseln. Gleichmäßig mit Salz und Mohn bestreuen.

20 bis 25 Minuten backen, bis sie leicht braun sind.

WEICHE GRIESSBRÖTCHEN

ergibt 16 Brötchen	
pro Brötchen	
113	Kalorien
0,6 g	Gesamtfett
0,1 g	gesättigte Fette
4,1 g	Protein
22,3 g	Kohlenhydrate
0,4 g	Ballaststoffe
13 mg	Cholesterin
205 mg	Natrium

Grießmehl wird meist für Pasta- und Pizzateige benutzt. Sie finden es in der Backabteilung Ihres Supermarktes oder in italienischen Lebensmittelgeschäften. Aus dem proteinreichen Mehl werden weiche, leichte Brötchen gebacken, die sich hervorragend zum Dippen in Tomatensoße eignen.

Zubereitungszeit: 20 Minuten • Aufgeh- und Backzeit: 2 Stunden

1 Tasse warmes Wasser (ca. 45 °C) • 1 Esslöffel Trockenhefe • 1 Esslöffel Zucker • 2 Tassen Grießmehl • 1 Ei, leicht verquirlt • 1 1/2 Teelöffei Salz • 1 bis 1 1/2 Tassen ungebleichtes Mehl

Wasser, Hefe und Zucker in einer großen Schüssel verrühren. 5 Minuten beiseite stellen, bis die Mischung schaumig wird.

1 Tasse Grießmehl hinzugeben. Mit einem Elektromixer 3 Minuten vermengen oder 5 Minuten mit dem Schneebesen schlagen. Eier und Salz dazugeben. Eine halbe Tasse ungebleichtes Mehl und die restliche Tasse Grießmehl einrühren. Auf eine bemehlte Fläche geben und so viel (nicht zu viel) von dem restlichen ungebleichten Mehl einkneten, bis ein sehr weicher Teig entsteht. Weitere 10 Minuten kneten, bis der Teig glatt und elastisch ist. Zu einer Kugel formen.

Eine große Schüssel mit Backspray einsprühen. Den Teig hineingeben und darin wenden. Abdecken und an einem warmen Platz ca. 1 Stunde aufgehen lassen, bis sich die Menge verdoppelt hat.

Backblech mit Backspray besprühen.

Teig durchkneten und in 16 Stücke teilen. Jedes Stück zu einer Kugel formen, in ungebleichtem Mehl wälzen und auf das vorbereitete Blech setzen (mit mindestens 10 cm Abstand zwischen den Teigbällchen). Die Oberseiten der Teigbällchen mit Backspray besprühen. Abdecken und an einem warmen Ort ungefähr 30 Minuten aufgehen lassen, bis die Menge sich verdoppelt hat.

Ofen auf 200 °C vorheizen. Brötchen 20 Minuten backen, bis sie leicht braun sind. Vom Backblech nehmen und auf einem Kuchengitter abkühlen lassen.

ITALIENISCHES KRÄUTERBROT

Dieses flache italienische Brot ist auch unter dem Namen Focaccia bekannt. Ich benutze dafür gerne Mischungen aus Vollkorn-, Hafer-, Roggen- und Grießmehl. Das Rezept gelingt aber auch nur mit ungebleichtem Mehl.

ergibt 8 Scheiben	
pro Scheibe	
164	Kalorien
2,2 g	Gesamtfett
0,6 g	gesättigte Fette
5,1 g	Protein
30,7 g	Kohlenhydrate
2,1 g	Ballaststoffe
1 mg	Cholesterin
298 mg	Natrium

Zubereitungszeit: 25 Minuten • Aufgeh- und Backzeit: 1 1/4 Stunden

1 Tasse warmes Wasser (ca. 45 °C) • 1 Esslöffel Trockenhefe • 1 Teelöffel Zucker • 2 bis 2 1/4 Tassen ungebleichtes Mehl • 1 Teelöffel Salz • 1/4 Teelöffel getrockneter Oregano • 1/8 Teelöffel Knoblauchpulver • 1/2 Tasse Mehrkornmehl • Maismehl • 2 Teelöffel Olivenöl • 2 Esslöffel geriebener Parmesan

Wasser, Hefe und Zucker in einer großen Schüssel verrühren. Für 5 Minuten beiseite stellen, bis die Mischung schaumig wird.

Eine Tasse ungebleichtes Mehl zugeben. Mit Elektromixer 3 Minuten verrühren oder 5 Minuten mit dem Schneebesen schlagen. Salz, Oregano und Knoblauchpulver einrühren. Mit dem Mehrkornmehl und einer Tasse ungebleichtem Mehl verrühren.

Auf eine bemehlte Fläche geben und so viel (nicht zu viel) des restlichen ungebleichten Mehls unterkneten, bis ein weicher Teig entsteht. Nochmals 5 Minuten kneten, bis der Teig weich und elastisch ist. Den Teig zu einer Kugel formen.

Eine große Schüssel mit Backspray einsprühen. Den Teig hineingeben und darin wenden. Zugedeckt an einem warmen Ort 45 Minuten aufgehen lassen, bis sich das Teigvolumen verdoppelt hat.

Backblech mit Backspray besprühen und mit Maismehl bestreuen.

Teig durchkneten und auf das vorbereitete Backblech legen. Zu einem Kreis von 30 bis 35 cm Durchmesser formen. Das Öl gleichmäßig über den Teig verteilen und mit Parmesan bestreuen. Zudecken und an einem warmen Ort 15 Minuten aufgehen lassen.

Ofen auf 215°C vorheizen. Auf der untersten Schiene 10 Minuten backen, bis die Focaccia leicht braun wird. Danach vom Backblech nehmen und auf einem Kuchengitter abkühlen lassen.

ergibt 2 Brote (30 Scheiben)
pro Scheibe

161	Kalorien
3,1 g	Gesamtfett
0,4 g	gesättigte Fette
4,9 g	Protein
29,7 g	Kohlenhydrate
3,8 g	Ballaststoffe
0 mg	Cholesterin
147 mg	Natrium

MEHRKORN-SONNENBLUMEN-BROT

Dieses saftige und reichhaltige Brot enthält sieben herzhafte Körnersorten und ist mit einer Kruste aus gerösteten Sonnenblumenkernen garniert. Sie können verschiedene Mehlsorten benutzen – je nachdem, was Sie zur Verfügung haben.

Zubereitungszeit: 20 Minuten • Aufgeh- und Backzeit: 2 1/2 Stunden

1 1/2 Tassen kaltes Wasser • 1/2 Tasse Hirse • 1/2 Tasse Bulgur • 1 1/2 Tassen warmes Wasser (ca. 45 °C) • 1 1/2 Esslöffel Trockenhefe • 1 Esslöffel + 1/2 Tasse Honig • 2 Tassen Weizenvollkornmehl • 1/4 Tasse Sesamkerne • 2 Teelöffel Salz • 1/2 Tasse Haferflocken • 1/2 Tasse grobes Maismehl • 1/2 Tasse Roggenmehl • 1/2 Tasse Naturreismehl • 1/2 Tasse Gerstenmehl • 2 bis 3 Tassen ungebleichtes Mehl • 3/4 Tasse geröstete Sonnenblumenkerne • 1 Eiweiß, leicht geschlagen

Das kalte Wasser in einem mittelgroßen Topf bei starker Hitze zum Kochen bringen. Hirse und Bulgur einrühren. Topf von der Kochstelle nehmen. Bis zur weiteren Verarbeitung stehen lassen.

Warmes Wasser, Hefe und 1 Esslöffel Honig in einer großen Schüssel vermengen. 5 Minuten beiseite stellen, bis die Mischung schaumig ist.

Weizenvollkornmehl dazugeben. 3 Minuten mit dem Elektromixer oder 5 Minuten von Hand rühren. Sesamkerne, Salz und die restliche halbe Tasse Honig einrühren. Hirsemischung abtropfen lassen und in die Schüssel rühren. Haferflocken, Roggen-, Naturreis- und Gerstenmehl unter Rühren hinzufügen.

Auf eine bemehlte Fläche geben und so viel (nicht zu viel) vom ungebleichten Mehl einkneten, bis ein weicher Teig entsteht. Anschließend weitere 10 Minuten kneten, bis der Teig glatt und elastisch ist (der Teig wird wegen des Mehrkornmehls ein wenig fest und zäh bleiben). Den Teig zu einer Kugel formen.

Eine große Schüssel mit Backspray besprühen. Den Teig darin wenden. Zudecken und an einem warmen Ort eine Stunde lang aufgehen lassen, bis sich die Menge verdoppelt hat.

Ein Backblech mit Backspray besprühen.

Teig durchkneten und halbieren. Jede Hälfte zu einem rechteckigen Brotlaib formen.

Sonnenblumenkerne auf einem Stück Alufolie verteilen. Brote von allen Seiten mit Eiweiß bepinseln. In den Sonnenblumenkernen wenden und mit Hilfe der Folie die Kerne von allen Seiten an die Brote drücken. Auf das vorbereitete Backblech legen und dabei mindestens 15 cm Abstand zwischen den Laiben lassen. Mit einem scharfen Messer einen langen Schlitz in die Oberseite der Brote schneiden.

Zudecken und an einem warmen Ort 50 Minuten gehen lassen, bis sich das Volumen verdoppelt hat.

Ofen auf 180 °C vorheizen. 40 Minuten backen, bis die Brotlaibe auf der Oberseite braun werden und es hohl klingt, wenn Sie gegen die Unterseite klopfen.

Brote vom Backblech nehmen und auf einem Kuchengitter abkühlen lassen.

ROSINEN-PECANNUSS-BROT

ergibt 3 Brote (45 Scheiben)
pro Scheibe

184	Kalorien
3,7 g	Gesamtfett
0,3 g	gesättigte Fette
4,5 g	Protein
35,3 g	Kohlenhydrate
3,2 g	Ballaststoffe
0 mg	Cholesterin
99 mg	Natrium

Dieses Rezept ergibt 3 Brote. Zwei davon friere ich gerne für schnelle Snacks ein. Wenn Sie zwei kleine Brote backen möchten, halbieren Sie die Zutaten. Servieren Sie das Brot mit fettarmem Rahmkäse als Snack oder zum Frühstück.

Zubereitungszeit: 25 Minuten • Aufgeh- und Backzeit: $2^1/_4$ Stunden

3 Tassen kaltes Wasser • 3 Tassen Rosinen • 3 Tassen warmes Wasser (ca. 45 °C) • 2 Esslöffel Trockenhefe • 1 Esslöffel + $^1/_2$ Tasse Honig • 6 Tassen Weizenvollkornmehl • $^1/_2$ Tasse Melasse • 2 Teelöffel Salz • 2 Tassen geröstete Pecannüsse, grob gehackt • 5 bis $5^1/_2$ Tassen ungebleichtes Mehl

Das kalte Wasser in einem mittelgroßen Topf bei starker Hitze zum Kochen bringen. Rosinen einrühren und Topf von der Kochstelle nehmen. Bis zur weiteren Verarbeitung stehen lassen.

Warmes Wasser, Hefe und 1 Esslöffel Honig in einer großen Schüssel vermengen. Für 5 Minuten beiseite stellen, bis die Mischung schaumig ist.

3 Tassen Weizenvollkornmehl hinzugeben. 3 Minuten mit dem Elektromixer oder 5 Minuten von Hand rühren. Melasse, Salz und den restlichen Honig einrühren.

Rosinen abtropfen lassen und in die Schüssel geben. Pecannüsse, 4 Tassen ungebleichtes Mehl und die restlichen 3 Tassen Weizenvollkornmehl einrühren.

Auf eine bemehlte Fläche geben und so viel (nicht zu viel) vom restlichen ungebleichten Mehl einarbeiten, bis ein weicher Teig entsteht. 10 Minuten kneten, bis der Teig glatt und elastisch ist (der Teig bleibt etwas klebrig). Zu einer Kugel formen.

Eine große Schüssel mit Backspray besprühen. Teig darin wenden. Zudecken und an einem warmen Ort etwa 1 Stunde gehen lassen, bis sich das Volumen verdoppelt hat.

TIPP

Nüsse verbessern den Geschmack und die Konsistenz von Broten, Keksen und Muffins. Sie enthalten jedoch ca. 75% Fett. Rösten Sie Nüsse vor der Verarbeitung. So können diese ihren Geschmack entfalten und Sie benötigen weniger. Rösten Sie die Nüsse in einer trockenen Pfanne bei mittlerer Hitze 3 bis 5 Minuten lang, bis sie duften und goldbraun werden. Wenden Sie sie dabei einige Male in der Pfanne, damit sie gleichmäßig geröstet werden. Sie können sie auch im Backofen rösten – 5 bis 10 Minuten lang bei 150 °C.

Zwei Backbleche mit Backspray besprühen.

Teig durchkneten und dritteln. Zu drei länglichen Brotlaiben formen und auf die vorbereiteten Backbleche legen. Die Oberseiten der Brote mit Backspray besprühen. Zudecken und an einem warmen Ort 35 Minuten gehen lassen, bis sich das Volumen verdoppelt hat.

Ofen auf 180 °C vorheizen. Mit einem scharfen Messer jedes Brot längs (0,5 cm tief) einschneiden. 40 bis 45 Minuten backen, bis die Brote auf der Oberseite braun werden und hohl klingen, wenn Sie gegen die Unterseite klopfen.

Vom Backblech nehmen und auf einem Kuchengitter abkühlen lassen.

Kochhinweis

Melasse ist reich an Mineralstoffen wie Kalium, Eisen und Kalzium. Sie enthält außerdem viel Vitamin B.

Aprikosen-Mandel-Brot

ergibt 2 Brote (24 Scheiben)	
pro Scheibe	
122	Kalorien
2 g	Gesamtfett
0,2 g	gesättigte Fette
3,8 g	Protein
23,3 g	Kohlenhydrate
2,4 g	Ballaststoffe
0 mg	Cholesterin
90 mg	Natrium

Dieses Brot eignet sich hervorragend für Snacks, zum Frühstück und für Sandwiches. Die Aprikosen liefern Ballaststoffe und Vitamin A. Die Mandeln enthalten Kalzium und andere Mineralstoffe.

Zubereitungszeit: 15 Minuten • Aufgeh- und Backzeit: $2^1/_2$ Stunden

$2^1/_4$ Tassen Wasser • $^2/_3$ Tasse getrocknete Aprikosen • 1 Esslöffel Trockenhefe • 2 Tassen Weizenvollkornmehl • $^1/_4$ Tasse Honig • 1 Teelöffel Salz • 1 Tasse Haferflocken • $^1/_2$ Tasse geröstete Mandeln, gehackt • 2 bis $2^1/_2$ Tassen ungebleichtes Mehl

Das Wasser in einem mittelgroßen Topf bei starker Hitze zum Kochen bringen. Aprikosen einrühren und Topf von der Kochstelle nehmen. 15 Minuten beiseite stellen, bis die Aprikosen weich und aufgequollen sind. Die Früchte mit einem Schöpflöffel aus dem Wasser nehmen und das Wasser im Topf lassen. Aprikosen grob schneiden.

Das Wasser bei mittlerer Hitze auf eine Temperatur von etwa 45 °C erwärmen. In eine große Schüssel gießen. Hefe hinzugeben und 5 Minuten beiseite stellen, bis sie schaumig ist.

Weizenvollkornmehl hinzufügen. 3 Minuten mit dem Elektromixer oder 5 Minuten von Hand rühren. Honig und Salz einrühren. Hafer, Mandeln, Aprikosen und eine halbe Tasse ungebleichtes Mehl einrühren.

Auf eine bemehlte Fläche geben und so viel (nicht zu viel) vom restlichen ungebleichten Mehl einarbeiten, bis ein weicher Teig entsteht. 10 Minuten kneten, bis der Teig glatt und elastisch ist (er bleibt ein wenig klebrig). Zu einer Kugel formen.

Eine große Schüssel mit Backspray besprühen. Teig darin wenden. Zugedeckt an einem warmen Ort etwa 1 Stunde gehen lassen, bis sich das Teigvolumen verdoppelt hat.

Zwei 23 x 13 cm große Kastenformen mit Backspray besprühen.

Teig durchkneten und halbieren. Zwei Brotlaibe formen und in die vorbereiteten Kastenformen legen. Die Oberseiten der Brote mit Backspray besprühen. Zudecken und an einem warmen Ort ca. 35 Minuten gehen lassen, bis sich das Volumen verdoppelt hat.

Ofen auf 180 °C vorheizen. 40 Minuten backen, bis die Brote auf der Oberseite braun werden und hohl klingen, wenn Sie gegen die Unterseite klopfen.

Auf einem Kuchengitter abkühlen lassen.

ergibt 16 Stangen
pro Stange

265	Kalorien
3,6 g	Gesamtfett
1,7 g	gesättigte Fette
7,7 g	Protein
51,4 g	Kohlenhydrate
3 g	Ballaststoffe
33 mg	Cholesterin
162 mg	Natrium

TIPP

Wollen Sie mehr Ballaststoffe und komplexe Kohlenhydrate? Wechseln Sie von weißem Mehl, weißem Reis und Weißbrot zu Weizenvollkornmehl, braunem Reis und Vollkornbrot. Schauen Sie beim Brotkauf auf die Zutatenliste auf der Verpackung. Es handelt sich nicht um ein Vollkornprodukt, wenn an erster Stelle der Liste Weizenmehl (=Weißmehl) steht. Die erstgenannten Zutaten in Vollkornbroten sind Weizenvollkornmehl, Roggenmehl oder andere Vollkornmehlsorten.

ZIMT-ZUCKER-STANGEN

Diese Stangen schmecken wie gebackene Krapfen – leicht, süß und luftig. Sie haben ein leckeres Zimtaroma. Für die Zubereitung benötigen Sie lediglich 25 Minuten.

Zubereitungszeit: 25 Minuten • Aufgeh- und Backzeit: $1^3/_4$ Stunden

$1^1/_2$ Tassen Magermilch • 3 Esslöffel Butter oder Margarine • $^1/_4$ Tasse warmes Wasser (ca. 45 °C) • $1^1/_2$ Esslöffel Trockenhefe • 2 Eier, leicht geschlagen • 1 Teelöffel Salz • $^1/_2$ Tasse + $^2/_3$ Tasse Zucker • $^1/_2$ Teelöffel + 1 Esslöffel gemahlener Zimt • 2 Tassen Weizenvollkornmehl • 4 Tassen ungebleichtes Mehl • 2 Eiweiß, leicht geschlagen

Milch und Butter oder Margarine in einer mittleren, für die Mikrowelle geeigneten Schale vermengen. Auf hoher Stufe 1 Minute erhitzen, bis die Butter oder Margarine schmilzt.

Wasser und Hefe in einer großen Schale vermischen. 5 Minuten beiseite stellen, bis sie schaumig wird.

Milchmischung einrühren. Eier, Salz, $^1/_3$ Tasse Zucker und $^1/_2$ Teelöffel Zimt einrühren. Weizenvollkornmehl hinzugeben. 3 Minuten mit dem Elektromixer oder 5 Minuten von Hand rühren. 2 Tassen ungebleichtes Mehl einrühren.

Auf eine bemehlte Fläche geben und so viel (nicht zu viel) vom restlichen ungebleichten Mehl einarbeiten, bis ein weicher Teig entsteht. 10 Minuten kneten, bis der Teig glatt, elastisch und nur wenig klebrig ist.

Eine große Schüssel mit Backspray besprühen. Mit bemehlten Händen den Teig zu einer Kugel formen, in die Schüssel geben und darin wenden. Zudecken und an einem warmen Ort 60 Minuten gehen lassen, bis sich das Volumen verdoppelt hat.

2 Backbleche mit Backspray besprühen und mit etwas Mehl bestäuben.

Die restliche $^{2}/_{3}$ Tasse Zucker und den restlichen Esslöffel Zimt in einer Tasse gut vermischen.

Teig durchkneten und auf eine großzügig bemehlte Fläche geben (der Teig wird sehr weich und klebrig sein). Mit einem bemehlten Nudelholz die Masse zu einem etwa 20 x 45 cm großen Rechteck ausrollen und mit einem bemehlten Messer in 16 Streifen von 20 cm Länge schneiden.

Die Streifen mit dem Eiweiß bestreichen und mit etwas Zimt-Zucker besprenkeln. Jeden Streifen falten und die Enden zusammendrücken. Die Zimt-Zucker-Mischung liegt innen. Mit je einer Hand das zusammengedrückte und das gegenüberliegende Ende aufnehmen und in entgegengesetzte Richtungen drehen, so dass eine lange Spirale entsteht. Auf die vorbereiteten Backbleche legen, dabei darauf achten, dass zwischen den einzelnen Stangen mindestens 2,5 cm Abstand ist. Mit dem restlichen Zimt-Zucker bestreuen.

Zudecken und an einem warmen Ort 25 Minuten gehen lassen, bis sich das Volumen verdoppelt hat (Spiralen lösen sich beim Aufgehen etwas).

Ofen auf 180 °C vorheizen. 15 bis 20 Minuten backen, bis die Stangen bräunlich werden. Von den Backblechen nehmen und auf einem Kuchengitter abkühlen lassen.

Rezepte

Leichte Desserts

Desserts passen durchaus zu einem fettarmen Lebensstil, sie können sogar eine gesunde Ergänzung zum Abendessen sein. Den typischen „Durchhänger" nach dem Abendessen können Sie vermeiden, indem Sie zwischen der Hauptmahlzeit und dem Dessert ein wenig Zeit verstreichen lassen. Meine Familie und ich bewegen uns stets etwas, bevor wir das Dessert zu uns nehmen. Das können ein abendlicher Spaziergang, der Abwasch oder einige leichte Übungen sein – Hauptsache, der Stoffwechsel kommt in Fahrt. Auf diese Weise schmeckt das Dessert besser und Sie können weiteren Versuchungen, Süßigkeiten zu essen, besser widerstehen.
Aber diese Leckereien sollten nicht nur auf die abendlichen Stunden beschränkt sein. Auch nachmittags können Sie einige schmackhafte Snacks naschen. Runden Sie eine Mahlzeit beispielsweise mit einem Stück Mokka-Engelskuchen ab. Haben die Kinder Lust auf etwas Süßes, sollten Sie es ihnen nicht verbieten.
Mehr süße Snacks, z.B. Kekse und Puddings, finden Sie in Kapitel 13.

ergibt 9 Portionen
pro Portion

259	Kalorien
2 g	Gesamtfett
0,9 g	gesättigte Fette
2,8 g	Proteine
62 g	Kohlenhydrate
4,2 g	Ballaststoffe
4 mg	Cholesterin
20 mg	Natrium

BLAUBEERKUCHEN

Frische und getrocknete Blaubeeren werden hier zu einer fettarmen Leckerei kombiniert. Getrocknete Blaubeeren bekommen Sie im Reformhaus.

Zubereitungszeit: 15 Minuten • Backzeit: 45 Minuten

FÜLLUNG

4 Tassen frische Blaubeeren • 1 Tasse getrocknete Blaubeeren • 2/3 Tasse Zucker • 60 g schnell kochende Tapioka (Maniokstärke) • 3 Esslöffel Zitronensaft • 1/2 Teelöffel gemahlener Zimt • 1/4 Teelöffel gemahlener Muskat

GLASUR

1/2 Tasse feines Weizenvollkornmehl oder ungebleichtes Mehl • 1/2 Tasse brauner Zucker • 1/2 Teelöffel gemahlener Zimt • 1 Esslöffel Butter oder Margarine • 1 Esslöffel Honig

KRUSTE

2/3 Tasse fettarme Graham-Cracker

Ofen auf 190 °C vorheizen. Eine 20 x 20 cm große Backform mit Backspray besprühen.

Für die Füllung: In einer großen Schüssel frische und getrocknete Blaubeeren, Zucker, Tapioka, Zitronensaft, Zimt und Muskat vermischen.

Für die Glasur: In einer kleinen Schüssel Mehl, braunen Zucker und Zimt vermischen.

In einer für die Mikrowelle geeigneten Tasse Butter oder Margarine und Honig vermischen. 15 Sekunden auf hoher Stufe erhitzen, bis die Butter geschmolzen ist. Über die Mehlmischung gießen und verrühren.

Für die Kruste: Graham-Cracker-Brösel gleichmäßig auf die vorbereitete Backform verteilen. Mit Backspray besprühen. Füllung darauf geben. Glasur darübergießen und leicht andrücken. 45 Minuten backen, bis der Kuchen braun wird und sich Bläschen bilden.

Pistazienbecher mit Eiscreme und Beeren

Dieses feine Buttergebäck wird noch heiß zu Bechern geformt. Nach dem Abkühlen können Sie diese z.B. mit Diät-Eiscreme und frischen Beeren füllen.

ergibt 8 Portionen	
pro Portion	
225	Kalorien
7,9 g	Gesamtfett
3,9 g	gesättigte Fette
4,9 g	Proteine
36,5 g	Kohlenhydrate
3,4 g	Ballaststoffe
16 mg	Cholesterin
111 mg	Natrium

Zubereitungszeit: 10 Minuten • Back- und Ruhezeit: 1 1/4 Stunden

1 Eiweiß • 1/4 Tasse Zucker • 3 Esslöffel Weizenvollkornmehl oder ungebleichtes Mehl • 1/4 Tasse ungesalzene Butter oder Margarine, geschmolzen • 2 Teelöffel Vanille • 1/4 Teelöffel gemahlener Zimt • Prise Salz • 2 Teelöffel fein gehackte Pistazien • 4 Tassen fettfreie oder Diät-Eiscreme oder gefrorener Joghurt • 4 Tassen frische Himbeeren

Backofen auf 160 °C vorheizen. Backform mit Pergamentpapier auslegen.

In einer mittelgroßen Schüssel Eiweiß, Zucker, Mehl, Butter oder Margarine, Vanille, Zimt und Salz vermischen. Pistazien einrühren. Das Ganze abdecken und für eine Stunde kühlen.

Jeweils einen Teelöffel Teig pro Keks auf das vorbereitete Backblech geben, hierbei zwischen den Keksen einige Zentimeter Abstand lassen. Teig mit einem Messer flach streichen.

Kekse 10 bis 12 Minuten backen, bis der Rand leicht braun wird. Danach aus dem Ofen nehmen. Während Sie noch heiß sind, Kekse auf eine kleine umgedrehte Tasse drücken. Ablösen und abkühlen lassen.

Becher mit Diät-Eiscreme oder gefrorenem Joghurt und Himbeeren füllen. Sofort servieren.

Kochhinweis

Variieren Sie das Rezept, indem Sie die Pistazien durch Walnüsse, Mandeln, Pecannüsse oder andere Nüsse ersetzen. Anstelle der Eiscreme oder des gefrorenen Joghurts können Sie Sorbet, Pudding oder frisch geschnittenes Obst verwenden.

PFIRSICH-MANDEL-SOSSE

ergibt 6 Portionen	
pro Portion	
155.	Kalorien
0,1 g	Gesamtfett
0 g	gesättigte Fette
0,6 g	Proteine
35,9 g	Kohlenhydrate
1,4 g	Ballaststoffe
0 mg	Cholesterin
1 mg	Natrium

Diese Soße schmeckt gut zu gefrorenem Vanillejoghurt, Diät-Eiscreme oder Engelskuchen. Bestreuen Sie die Portionen mit einem Esslöffel gehackter Pecannüsse oder Mandeln. Sie sollten die Soße einige Zeit vor dem Verzehr zubereiten, so kann sich ihr Aroma am besten entfalten.

Zubereitungszeit: 5 Minuten • Marinierzeit: 30 Minuten

1/3 Tasse Zucker • 1/4 Tasse Mandellikör • 1/4 Tasse Honig • 1/4 Tasse Wasser • 1 Esslöffel Zitronensaft • 8 Pfirsiche, geschält und in dünne Scheiben geschnitten

Zucker, Likör, Honig, Wasser und Zitronensaft in eine große Schüssel geben und vermischen. Pfirsiche hinzugeben. Mindestens 30 Minuten ruhen lassen.

VARIATION

Erdbeersoße mit Mandelgeschmack: Ersetzen Sie die Pfirsiche durch vier Tassen frische, in Scheiben geschnittene Erdbeeren.

BUNDTKUCHEN MIT MOKKASCHOKOLADE

Dieses reichhaltige Dessert enthält nur 4 g Fett pro Portion. Kakaopulver, starker Kaffee und Pflaumenpüree geben ihm Geschmack. Ich serviere den Kuchen mit einer Prise Puderzucker. Für besondere Anlässe probieren Sie ihn mit gefrorenem Joghurt, frischen Beeren oder Himbeersoße (Seite 77).

ergibt 12 Portionen

pro Portion

396	Kalorien
4,2 g	Gesamtfett
0,5 g	gesättigte Fette
7 g	Proteine
4,8 g	Ballaststoffe
85,4 g	Kohlenhydrate
0 mg	Cholesterin
374 mg	Natrium

Zubereitungszeit: 15 Minuten • Back- und Abkühlzeit: 1 1/4 Stunde

2 Tassen fein gemahlenes Weizenvollkornmehl oder ungebleichtes Mehl • 1 1/2 Tassen Zucker • 1 Tasse ungesüßtes Kakaopulver • 1/2 Tasse Rohzucker • 2 Teelöffel Natron • 1/4 Teelöffel Salz • 4 Eiweiß • 1 1/4 Tasse aufgebrühter Espresso oder sehr starker Kaffee • 1/2 Tasse Kaffeelikör oder starker Kaffee • 2 Esslöffel Rapsöl • 1 Esslöffel Vanillepulver • 1 1/2 Tassen Pflaumenpüree (siehe Tipp)

Ofen auf 180 °C vorheizen. Eine Bundtkuchenform für 12 Küchlein mit Backspray besprühen.

In einer großen Schüssel Mehl, Zucker, Kakao, Rohzucker, Natron, Backpulver und Salz gut vermischen.

In einer mittleren Schüssel Eiweiß leicht verquirlen. Danach Espresso oder Kaffee, Likör oder Kaffee, Öl und Vanillepulver hinzufügen, Pflaumenpüree dazugeben und gut vermischen.

Eine Vertiefung in die Mehlmischung drücken und die Kaffeemischung hineingeben. Zutaten gut vermengen. In die vorbreitete Form geben.

1 Stunde backen. Teig zum Test mit einem Zahnstocher einstechen. Bleibt dieser trocken, nehmen Sie die Form aus dem Ofen.

Die Form 15 Minuten auf einem Kuchengitter abkühlen lassen. Kuchen aus der Form nehmen und weiter abkühlen lassen.

TIPP

Fett gibt Gebäck die richtige Konsistenz und macht es weich. Es ist jedoch möglich, bis zu 50% des Fettes in Schokoladenrezepten durch Pflaumenpüree zu ersetzen, das nicht nur mehr Nährstoffe enthält, sondern auch viele Ballaststoffe (was den Cholesterinspiegel senken kann). Sie können Pflaumen püriert als Babynahrung kaufen oder selbst pürieren. Für 1 1/2 Tassen Pflaumenpüree weichen Sie 1 1/4 Tassen entkernte Pflaumen in einer Tasse heißen Wassers 5 Minuten ein. In Küchenmaschine oder Mixer geben und verrühren, bis eine glatte Masse entsteht. Gehen Sie vor, wie im Rezept beschrieben. Selbst gemachtes Pflaumenpüree ist luftdicht verpackt im Kühlschrank ungefähr zwei Monate haltbar.

ORANGEN-NUSS-KRANZ MIT PREISELBEEREN

ergibt 1 Kranz (40 Scheiben)
pro Scheibe

154	Kalorien
2,5 g	Gesamtfett
0,3 g	gesättigte Fette
3,7 g	Proteine
28,8 g	Kohlenhydrate
1,4 g	Ballaststoffe
16 mg	Cholesterin
59 mg	Natrium

Jeder Hobbykoch freut sich, wenn es seiner Familie oder seinen Freunden schmeckt. Eine meiner festlichsten und schönsten Kreationen ist dieser große Kranz. An kühlen Tagen serviere ich ihn mit fettarmem Rahmkäse. Wenn Sie nicht für viele Personen backen, halbieren Sie die Zutaten und formen einen entsprechend kleineren Kranz. Sie können den Kranz auch im Bratentopf backen.

Zubereitungszeit: 35 Minuten • Back- und Ruhezeit: 2 1/4 Stunden

TEIG

2 Tassen kaltes Wasser • 2 Tassen getrocknete Preiselbeeren • 2 Tassen warmes Wasser (ca. 45 °C) • 2 Esslöffel Trockenhefe • 1 Teelöffel + 1 Tasse Zucker • 2 Tasse Weizenvollkornmehl • 2 Eier • 2 Teelöffel gemahlene (frische) Orangenschale • 1 Teelöffel Salz • 1 Tasse gehackte Pecannüsse oder Walnüsse • 6-7 Tassen ungebleichtes Mehl

GLASUR

1 leicht geschlagenes Ei • 1 Esslöffel Zucker

Für den Kranz: Das kalte Wasser in einem Topf bei starker Hitze zum Kochen bringen. Preiselbeeren einrühren und von der Kochstelle nehmen. Bis zur Verarbeitung einweichen lassen.

In einer großen Schüssel warmes Wasser, Hefe und 1 Teelöffel Zucker mischen. 5 Minuten beiseite stellen, bis die Mischung schaumig ist.

Vollkornweizenmehl, Eier, Orangenschale, Salz und den restlichen Zucker einrühren. 3 Minuten mit einem Elektromixer schlagen oder 5 Minuten kräftig von Hand rühren.

Preiselbeeren abtropfen lassen und in den Teig rühren. Anschließend Pecannüsse oder Walnüsse und 5 Tassen des ungebleichten Mehls untermengen. Inhalt auf eine mit Mehl bestreute Fläche geben und das restliche Mehl einkneten, um einen weichen Teig zu formen (Vorsicht: nicht zu viel Mehl dazugeben). 10 Minuten kneten, bis der Teig glatt ist (er bleibt weich und klebrig). Teig zu einer Kugel formen.

Eine große Schüssel mit Backspray besprühen. Den Teig darin wälzen. Abdecken und an einem warmen Platz 1 bis $1^1/_2$ Stunden aufgehen lassen, bis sich sein Volumen verdoppelt hat.

Ein großes Backblech mit Backspray besprühen. Teig nochmal kneten und in 3 Teile teilen. Aus jedem Teil einen ca. 90 cm langen Strang formen. Auf einer leicht mit Mehl bestreuten Frischhaltefolie Stränge zusammenflechten.

Die Enden der Zöpfe verbinden und zu einem großen Kranz zusammendrücken. Kranz samt Folie auf das vorbereitete Backblech legen, danach Folie entfernen. Abdecken und an einem warmen Ort aufgehen lassen (ca. 30 Minuten).

Ofen auf 180 °C vorheizen.

Für die Glasur: Teig mit Ei bepinseln und mit Zucker bestreuen.

40 Minuten backen, bis die Oberseite braun ist.

Kranz vom Backblech nehmen und auf einem Kuchengitter abkühlen lassen.

MOKKA-ENGELSKUCHEN

ergibt 16 Portionen
pro Portion
111 Kalorien
0.2 g Gesamtfett
0 g gesättigte Fette
3,7 g Proteine
23 g Kohlenhydrate
0,7 g Ballaststoffe
0 g Cholesterin
43 mg Natrium

Kakaopulver und Kahlua (Kaffeelikör) machen diesen Kuchen zu einem Klassiker der fettarmen Küche. Garnieren Sie ihn mit frischen Beeren und Puderzucker.

Zubereitungszeit: 25 Minuten • Back- und Kühlzeit: $2^1/_2$ Stunden

$^3/_4$ Tasse fein gemahlenes Weizenvollkornmehl oder ungebleichtes Mehl • $^1/_4$ Tasse ungesüßtes Kakaopulver • $^1/_4$ Teelöffel Salz (wahlweise) • 12 Eiweiß • 1 Teelöffel Weinstein • $^1/_4$ Tasse Kaffeelikör oder starker Kaffee • 1 Teelöffel Vanillepulver

Ofen auf 180 °C vorheizen.

Mehl, Kakao, (Salz) und $^1/_4$ Tasse des Zuckers in ein Sieb geben. Auf Wachspapier sieben. Diesen Vorgang noch dreimal wiederholen.

Das Eiweiß in eine große Schüssel geben. Mit einem Elektromixer schaumig schlagen. Weinstein hinzugeben und so lange schlagen, bis das Eiweiß fest, aber nicht trocken ist.

Nach und nach restlichen Zucker unterheben und die Mehlmischung über den Teig sieben und zwischendurch unterheben, bis das gesamte Mehl im Teig ist.

Likör oder Kaffee und Vanillepulver in einer kleinen Schüssel vermengen. Vorsichtig mit 1 Tasse des Teigs vermischen. Über den restlichen Teig geben und unterheben.

Den Teig in eine 25 cm lange Kastenform geben und 55 Minuten backen.

Form aus dem Ofen nehmen und auskühlen lassen. Dann den Kuchen mit Hilfe eines Messers aus der Form lösen.

VANILLECREME

Diese fettarme Creme veredelt Kuchen, Torten und Früchtedesserts. Der Joghurt wird in diesem Rezept ohne Molke verwendet. So entsteht eine leicht süße, cremige Joghurtglasur, die sich vielfach variieren lässt.

ergibt eine Tasse	
pro Esslöffel	
34	Kalorien
0 g	Gesamtfett
0 g	gesättigte Fette
2 g	Proteine
7 g	Kohlenhydrate
0 g	Ballaststoffe
0 mg	Cholesterin
12 mg	Natrium

Zubereitungszeit: 5 Minuten • Kühlzeit: 4 Stunden

2 Becher (je 240 g) fettarmer Vanillejoghurt • 1 Becher (240 g) fettarmer Naturjoghurt • 1/4 Tasse Zucker

Natur- und Vanille-Joghurt in einer mittleren Schüssel gut vermischen.

Ein Sieb mit 2 Lagen Seihtuch auslegen. Joghurt hineingeben und über eine große Schüssel halten. Abdecken und für mindestens 4 Stunden (oder über Nacht) in den Kühlschrank stellen. Je länger der Joghurt abtropft, desto dicker wird die Creme.

Joghurt in eine mittelgroße Schüssel geben. Zucker einrühren. Fest verschlossen im Kühlschrank aufbewahren.

KOCHHINWEIS

Haben Sie kein Seihtuch zur Hand, benutzen Sie einen großen Kaffeefilter zum Abtropfen des Joghurts. Legen Sie ihn in das Sieb.

VARIATIONEN

Fruchtcreme: Mit Küchenmaschine oder Mixgerät eine halbe Tasse Erdbeeren, Himbeeren, Heidelbeeren, Pfirsiche oder Birnen grob mixen. Vor dem Abtropfen des Joghurts die Obstmischung untermengen.

Zitronencreme: Ersetzen Sie den Vanillejoghurt durch fettarmen Zitronenjoghurt.

Muskatcreme: Rühren Sie vor dem Abtropfen 1/4 Teelöffel gemahlenen Muskat in den Joghurt.

Bezugsquellen

Die meisten der in den Rezepten benötigten Zutaten können Sie im Supermarkt kaufen. Einige Lebensmittel (z.B. Tofu, fettarmer Sahneersatz) sind im Reformhaus oder Naturkostladen erhältlich. Daneben bieten Asia-Shops u.a. ein großes Angebot an Soßen und Gewürzen.

Amerikanische Produkte finden Sie in vielen Lebensmittelgeschäften sowie in großen Supermärkten in der Abteilung für Internationales oder in Regalen für US-Produkte und „Tex-Mex-Food“ (typische texanisch-mexikanische Lebensmittel). Die Lebensmittelabteilungen großer Kaufhäuser bieten häufig ebenfalls eine umfangreiche Auswahl derartiger Produkte an.

Achten Sie auf zeitlich begrenzte Sonderaktionen in Supermärkten und Kaufhäusern, wie z.B. „kulinarische Wochen“, in denen spezielle Zutaten der nordamerikanischen Küche angeboten werden. Befindet sich in Ihrer Nähe ein Stützpunkt der US-Armee, erhalten Sie derartige Produkte evtl. auch im regulären Einzelhandel.

Falls sich in Ihrer Nähe kein solches Angebot befindet, können Sie ausgewählte Lebensmittel auch per Mailorder bestellen. Auf amerikanische Produkte spezialisierte Versandhändler führen u.a. spezielle Soßen, Gewürze, fettarme und fettfreie Produkte, Trockenfrüchte und Zerealien sowie Backspray. Hier einige ausgewählte Links:

http://www.ab-foods.de
http://www.allamerican.de
http://www.american-style.de
http://www.hunterhilsberg.de
http://www.united-foods.de
http://www.usa-direkt.de
http://www.usa-gourmet.com
http://www.weststyle.de

Einige der Anbieter haben auch Geschäfte vor Ort.

Register

Fett gesetzte Seitenzahlen verweisen auf eingerahmte Texte. *Kursiv* gesetzte Seitenzahlen verweisen auf Tabellen.

L

M

N

T

U

V